DENIS DIDEROT

Né en 1713, Denis Diderot suit des études de philosophie, de théologie et de droit. Travailleur infatigable et touche-à-tout de génie, Diderot est l'âme de l'*Encyclopédie* : il s'emploie à sa rédaction avec une énergie considérable, fixant à la monumentale entreprise son but, à la fois didactique et humaniste. Son œuvre littéraire, originale et variée, renouvelle les genres dramatique et romanesque (*Jacques le Fataliste*, *Le Neveu de Rameau*), tout en innovant dans le domaine de la critique d'art (*Salons*). Philosophe des Lumières, il consacra sa vie à démontrer que l'homme se plaît à être bon, et chercha à rapprocher le bien général du bien individuel. Diderot s'est éteint à Paris en 1784.

POCKET CLASSIQUES

collection créée par Claude AZIZA

DENIS DIDEROT

SUPPLÉMENT AU VOYAGE DE BOUGAINVILLE

Présentation et « Les clés de l'œuvre »
par Annie COLLOGNAT-BARÈS

© 2002, Pocket, pour la présentation,

« Les clés de l'œuvre » et le Guide de lecture

ISBN : 978-2-266-12907-7

SOMMAIRE

* Pour approfondir votre lecture, *Au fil du texte* vous propose une sélection commentée :
• de morceaux « classiques » devenus incontournables, signalés par ➔ (droit au but)
• d'extraits représentatifs de l'œuvre, signalés par ↝ (en flânant).

AVANT-PROPOS

> « Une île paresseuse où la nature donne
> Des arbres singuliers et des fruits savoureux
> Des hommes dont le corps est mince et vigoureux
> Et des femmes dont l'œil par sa franchise étonne. »

BAUDELAIRE, « Parfum exotique »,
Les Fleurs du mal, 1857

1492 : l'Europe découvre le Nouveau Monde et apprend à se voir désormais comme l'Ancien. Après des siècles d'immobilisme social et culturel, elle entre dans « les Temps modernes » : les explorations, les grandes découvertes scientifiques, l'imprimerie bouleversent les mentalités en même temps qu'elles ouvrent les esprits à la Renaissance.

Après des siècles d'ethnocentrisme refermé sur la *Mare nostrum*, cette Méditerranée dont les marins connaissent tous les rivages et tous les pièges depuis Ulysse, de hardis navigateurs ont osé explorer le grand Océan, mystérieux et fascinant, du côté du Couchant.

« Les bateaux de Christophe Colomb crèvent moins l'espace de la terre que celui des intelligences. Ils enseignent que les codes de l'Europe ne forment qu'une floraison et que des milliers d'autres fleurs peuvent s'épanouir. C'est par cette fracture-là que la conquête du Nouveau Monde renouvelle la science politique : mieux, elle bouleverse son sens, les modes de sa naissance, les horizons qui la bornent » (Gilles Lapouge, *Utopie et civilisation*, Paris, Flammarion, 1978).

L'Europe invente l'Histoire et le sens du progrès, mais elle croit toujours à ses mythes : pour l'homme « renaissant », l'Antiquité reste la grille de lecture d'un imaginaire qui a per-

mis à l'Occident de structurer son univers. Or le monde des
Anciens s'est construit dans la dualité fondamentale qui oppose
la Nature à la Culture, l'espace « sauvage » (du latin *silvaticus*,
qui renvoie à *silva*, la forêt) et inculte de la forêt à celui de la
cité, ordonné par les lois du « politique » (du grec *polis*, la
cité), le comportement « naturel » de l'homme primitif aux
mœurs « civilisées » des sociétés évoluées. L'*homo naturalis*
contre l'*homo faber* prométhéen.

Mais, comme le dit Diderot, cela ne fut pas sans tiraille-
ments : « Il existait un homme naturel : on a introduit au-
dedans de cet homme un homme artificiel ; et il s'est élevé
dans la caverne une guerre continuelle qui dure toute la vie.
Tantôt l'homme naturel est le plus fort ; tantôt il est terrassé
par l'homme moral et artificiel ; et, dans l'un et l'autre cas, le
triste monstre est tiraillé, tenaillé, tourmenté, étendu sur la
roue ; sans cesse gémissant, sans cesse malheureux, soit qu'un
faux enthousiasme de gloire le transporte et l'enivre, ou qu'une
fausse ignominie le courbe et l'abatte. Cependant il est des
circonstances extrêmes qui ramènent l'homme à sa première
simplicité » (*Supplément au Voyage de Bougainville*, p. 69).

Ainsi donc, le « triste monstre » n'a plus qu'à se réfugier
dans la nostalgie des origines : que ce soit l'Âge d'or des
mythes gréco-romains ou l'Éden de la Bible, le paradis perdu
est un jardin bien clos où d'innocents enfants vivent indéfini-
ment dans le plaisir, sans labeur ni pudeur, puisque le péché
n'a pas encore été inventé ni la tentatrice, qu'elle s'appelle
Pandore ou Ève. Les modèles archétypaux ne manquent pas :
de Cythère, où la déesse de l'Amour aborda, à l'Arcadie, terre
de prédilection de bergers toujours en fête, « les tiroirs étaient
prêts », comme l'écrit François Lupu (*Papeete au temps composé, op. cit.* dans la bibliographie, Les clés de l'œuvre).

Puis vint le temps de l'Utopie. Avec « l'île de Nulle Part »,
l'âge d'or n'est plus derrière l'homme, mais il se dessine
comme un champ du possible, même si Thomas More ne croit
guère à sa réalisation : « Il y a dans la république utopienne
bien des choses que je souhaiterais voir dans nos cités. Je le
souhaite plutôt que je ne l'espère » (*L'Utopie*, 1516, livre
second, chap. X, « Discours final »). Car l'utopie est par
essence hors de l'histoire : hors de l'espace, comme son nom
l'indique, mais aussi hors du temps, elle est sans nul doute une

eu/topia (*eu* signifie « bien » en grec), c'est-à-dire un lieu de bonheur, mais elle est dépourvue de toute réalité. La « fable » platonicienne de l'Atlantide avait déjà montré l'exemple : les hommes doivent savoir gérer les dons de la nature, sans céder à leur *libido dominandi*, leur désir de domination nourri d'orgueil et d'inconscience. Les sociétés « civilisées » se découvrent fragiles et promises à la catastrophe si elles ne savent pas déjouer les pièges du progrès et son engrenage fatal : commerce / luxe / corruption / impérialisme expansionniste.

1768 : Bougainville est le premier explorateur français à faire le tour du monde. Comme le dit joliment un article sur Tahiti paru en 1843 : « L'Amérique, connue depuis trois cents ans à peine, devenait vieille auprès de cette jeune sœur l'*Océanie*, qui semblait sortir des flots. » Dans leur périple, *La Boudeuse* et *L'Étoile* abordent au rivage d'un nouveau paradis.

Belle occasion de réactiver l'imagerie mythique : « Je reviens sur mes pas pour vous tracer une légère esquisse de cette île heureuse dont je ne vous ai fait qu'une légère mention dans le dénombrement des nouvelles terres que nous avons vues en tournant le monde. Je lui avais appliqué le nom d'"Utopie" que Thomas Morus avait donné à sa République idéale (en le dérivant des racines grecques *eu* et *topos*, *quasi felix locus*), je ne savais pas encore que M. de Bougainville l'avait nommée la Nouvelle Cythère et ce n'est que bien postérieurement qu'un prince de cette nation que l'on conduit en Europe nous a appris qu'elle se nommait Tahiti par ses propres habitants » (*post-scriptum sur l'île de la Nouvelle Cythère ou Tahiti par M. Commerçon, docteur en médecine, embarqué sur la frégate du Roi* La Boudeuse *commandée par M. de Bougainville*, 1769).

Comme 1492 avait bouleversé les certitudes des Européens, l'exploration du Pacifique, qui en moins d'une décennie (les expéditions de Wallis, Bougainville et Cook se succèdent entre 1767 et 1769) met fin à la légende d'un continent austral mystérieux, nourrit le débat des Lumières à un moment « charnière » du siècle où la confiance dans les progrès de la civilisation paraît ébranlée. « Le Tahitien touche à l'origine du monde, et l'Européen touche à sa vieillesse », commente Diderot (*Supplément*, p. 23).

Voici donc que les philosophes s'emparent du « sauvage »

pour en faire un modèle pratique de réflexion « en chambre », de quoi exaspérer l'explorateur qui se sent pillé : « Je suis voyageur et marin, c'est-à-dire un menteur et un imbécile aux yeux de cette classe d'écrivains paresseux et superbes qui, dans l'ombre de leur cabinet, philosophent à perte de vue sur le monde et ses habitants, et soumettent impérieusement la nature à leurs imaginations. Procédé bien singulier, bien inconcevable de la part des gens qui, n'ayant rien observé par eux-mêmes, n'écrivent, ne dogmatisent que d'après des observations empruntées de ces mêmes voyageurs auxquels ils refusent la faculté de voir et de penser » (Bougainville, discours préliminaire au *Voyage autour du monde*, 1771).

Diderot contre Rousseau : le premier fait de la « nature » tahitienne une grille de lecture des mœurs politiques et religieuses de la société européenne pour mieux en dénoncer les abus et les absurdités ; le second invente le sauvage virtuel, l'homme dans son « état de nature », natif et naïf (toujours au sens des principes de la Nature, cette force universelle qui génère la vie), tel que le firent les premières lois de l'espèce, pour mieux condamner la civilisation tout entière, « dénaturée » et corruptrice. En fin de compte, au-delà des divergences, les deux amis devenus ennemis sont bien du même avis : impossible d'échapper à l'Histoire et à la nécessité du progrès.

Reste le mythe d'un paradis préservé, une île au bout de la terre, un asile de plaisir avec ses vahinés offertes, comme une carte postale de vacances : « Est-ce que vous donneriez dans la fable de Tahiti ? », interroge l'un des interlocuteurs de Diderot (*Supplément*, p. 23). À vous de lire, à vous d'y croire.

« P.-S. Encore un mot, et je te laisse. Aie toujours présent à l'esprit que la nature n'est pas Dieu, qu'un homme n'est pas une machine, qu'une hypothèse n'est pas un fait ; et sois assuré que tu ne m'auras point compris, partout où tu croiras apercevoir quelque chose de contraire à ces principes. »

DIDEROT, *De l'interprétation de la nature*, 1754

SUPPLÉMENT
AU VOYAGE
DE BOUGAINVILLE

ou
Dialogue entre A. et B.

sur l'inconvénient d'attacher des idées morales
à certaines actions physiques
qui n'en comportent pas

> At quanto meliora monet, pugnantiaque istis,
> Dives opis Natura suæ, tu si modo recte
> Dispensare velis, ac non fugienda petendis
> Immiscere ! Tuo vitio rerumne labores,
> Nil referre putas[1] ?
>
> Horace, *Saturae*, livre I, *Sat.* II, vers 73 *sq.*

---

1. « Ah ! Combien meilleurs, combien opposés à de tels principes sont les avis de la Nature, assez riche de son propre fonds si seulement tu veux en bien dispenser les ressources et ne pas mêler ensemble ce qu'on doit fuir, ce qu'on doit rechercher ! Crois-tu qu'il soit indifférent que tu souffres par ta faute ou par celle des choses ? » Ces vers du poète latin Horace font référence à la morale épicurienne qui enseigne que l'amour doit rester un besoin naturel (voir « Modèles antiques » dans le Dossier historique et littéraire [noté passim **DHL**]).

CHAPITRE I

JUGEMENT DU VOYAGE
DE BOUGAINVILLE

A. Cette superbe voûte étoilée, sous laquelle nous revînmes hier, et qui semblait nous garantir un beau jour, ne nous a pas tenu parole[1].

B. Qu'en savez-vous ?

A. Le brouillard est si épais qu'il nous dérobe la vue des arbres voisins.

B. Il est vrai ; mais si ce brouillard, qui ne reste dans la partie inférieure de l'atmosphère que parce qu'elle est suffisamment chargée d'humidité, retombe sur la terre ?

A. Mais si au contraire il traverse l'éponge, s'élève et gagne la région supérieure où l'air est moins dense, et peut, comme disent les chimistes, n'être pas saturé ?

B. Il faut attendre.

A. En attendant, que faites-vous ?

B. Je lis.

---

1. À la fin du conte intitulé *Madame de La Carlière*, le dialogue entre les deux amis anonymes se clôt sur une brève allusion à un cadre temporel (« ... voilà le jour qui tombe et la nuit qui s'avance avec ce nombreux cortège d'étoiles que je vous avais promis ») : le *Supplément au Voyage de Bougainville* se présente donc comme la suite de la conversation, le jour suivant, entre les mêmes interlocuteurs (« Cette superbe voûte étoilée, sous laquelle nous revînmes hier... ») – voir La composition, dans Les clés de l'œuvre.

A. Toujours ce voyage de Bougainville[1] ?

B. Toujours.

A. Je n'entends rien à cet homme-là. L'étude des mathématiques, qui suppose une vie sédentaire, a rempli le temps de ses jeunes années ; et voilà qu'il passe subitement d'une condition méditative et retirée au métier actif pénible, errant et dissipé de voyageur[2].

B. Nullement. Si le vaisseau n'est qu'une maison flottante, et si vous considérez le navigateur qui traverse des espaces immenses, resserré et immobile dans une enceinte assez étroite, vous le verrez faisant le tour du globe sur une planche, comme vous et moi le tour de l'univers sur notre parquet.

A. Une autre bizarrerie apparente, c'est la contradiction du caractère de l'homme et de son entreprise. Bougainville a le goût des amusements de la société ; il aime les femmes, les spectacles, les repas délicats ; il se prête au tourbillon du monde d'aussi bonne grâce qu'aux inconstances de l'élément sur lequel il a été ballotté. Il est aimable et gai : c'est un véritable Français lesté, d'un bord, d'un traité de calcul différentiel et intégral, et de l'autre, d'un voyage autour du globe[3].

B. Il fait comme tout le monde : il se dissipe après s'être appliqué, et s'applique après s'être dissipé.

1. Le premier chapitre du *Supplément* n'est que la mise en forme dialoguée du compte rendu de lecture du *Voyage* de Bougainville que Diderot avait rédigé, probablement à la fin de 1771, pour la *Correspondance littéraire* (voir La date, dans Les clés de l'œuvre).

2. En 1754, tandis qu'il servait comme aide de camp à Sarrelouis, Bougainville a dédié au comte d'Argenson, alors secrétaire d'État à la Guerre, un *Traité de calcul intégral, pour servir à l'étude des infiniment petits de M. le marquis de L'Hôpital.* Cependant, Diderot ne dit rien de la brillante conduite militaire de Bougainville au Canada (1756-1760).

3. Dans l'intervalle de ses campagnes militaires, Bougainville menait à Paris la vie mondaine d'un libertin, notoirement connu pour ses liaisons « galantes », dont témoignent de nombreux rapports de police. C'est en 1764 qu'il se lance dans une expédition pour les îles Malouines ; elle sera suivie, deux ans plus tard, d'un voyage autour du monde (voir « La découverte et l'exploration de Tahiti », DHL).

A. Que pensez-vous de son Voyage ?

B. Autant que j'en puis juger sur une lecture assez superficielle, j'en rapporterais l'avantage à trois points principaux : une meilleure connaissance de notre vieux domicile [1] et de ses habitants ; plus de sûreté sur des mers qu'il a parcourues la sonde à la main, et plus de correction dans nos cartes géographiques [2]. Bougainville est parti avec les lumières nécessaires et les qualités propres à ses vues : de la philosophie, du courage, de la véracité ; un coup d'œil prompt qui saisit les choses et abrège le temps des observations ; de la circonspection, de la patience ; le désir de voir, de s'éclairer et d'instruire ; la science du calcul, des mécaniques, de la géométrie, de l'astronomie ; et une teinture suffisante d'histoire naturelle.

A. Et son style ?

B. Sans apprêt ; le ton de la chose, de la simplicité et de la clarté, surtout quand on possède la langue des marins.

A. Sa course a été longue ?

B. Je l'ai tracée sur ce globe. Voyez-vous cette ligne de points rouges [3] ?

A. Qui part de Nantes ?

B. Et court jusqu'au détroit de Magellan, entre dans la mer Pacifique, serpente entre ces îles qui forment l'archipel immense qui s'étend des Philippines à la Nouvelle-Hollande [4], rase Madagascar, le cap de Bonne-Espérance,

1. Métaphore pour désigner la terre.
2. C'est avec la sonde (une cordelette lestée d'un plomb) que les marins mesuraient la profondeur de la mer pour éviter de heurter le fond. Par ses relevés cartographiques, Bougainville a largement contribué à une meilleure connaissance du Pacifique.
3. Diderot reprend ici la carte générale dressée par Bougainville pour son *Voyage autour du monde* (voir p. 76). Les deux corvettes *La Boudeuse* et *L'Étoile* ont quitté Nantes le 15 novembre 1766 – pour le récit de Bougainville, *Voyage autour du monde par la frégate* La Boudeuse *et la flûte* L'Étoile, voir Lectures complémentaires, p. 77.
4. C'est ainsi qu'on appelait alors l'archipel des Moluques, défini par l'*Encyclopédie* comme « un vaste pays des terres australes au sud de l'île de Timor, en deçà et au-delà du tropique du capricorne ».

Voir *Au fil du texte*, p. 147.

se prolonge dans l'Atlantique, suit les côtes d'Afrique, et rejoint l'une de ses extrémités à celle d'où le navigateur s'est embarqué.

A. Il a beaucoup souffert ?

B. Tout navigateur s'expose, et consent de s'exposer aux périls de l'air, du feu, de la terre et de l'eau : mais qu'après avoir erré des mois entiers entre la mer et le ciel, entre la mort et la vie ; après avoir été battu des tempêtes, menacé de périr par naufrage, par maladie, par disette d'eau et de pain, un infortuné vienne, son bâtiment fracassé, tomber, expirant de fatigue et de misère, aux pieds d'un monstre d'airain qui lui refuse ou lui fait attendre impitoyablement les secours les plus urgents, c'est une dureté [1] !...

A. Un crime digne de châtiment.

B. Une de ces calamités sur lesquelles le voyageur n'a pas compté.

A. Et n'a pas dû compter. Je croyais que les puissances européennes n'envoyaient, pour commandants dans leurs possessions d'outre-mer, que des âmes honnêtes, des hommes bienfaisants, des sujets remplis d'humanité, et capables de compatir...

B. C'est bien là ce qui les soucie !

A. Il y a des choses singulières dans ce voyage de Bougainville.

B. Beaucoup.

A. N'assure-t-il pas que les animaux sauvages s'approchent de l'homme, et que les oiseaux viennent se poser sur lui, lorsqu'ils ignorent le péril de cette familiarité [2] ?

---

1. Diderot fait peut-être allusion aux difficultés que rencontra Bougainville pour se ravitailler aux Moluques, où les Hollandais craignaient le vol des épices.

2. Bougainville raconte ainsi la découverte des Malouines : « Ce fut un spectacle singulier de voir, à notre arrivée, tous les animaux, jusqu'alors seuls habitants de l'île, s'approcher de nous sans crainte et ne témoigner d'autres mouvements que ceux que la curiosité inspire à la vue d'un objet inconnu. Les oiseaux se laissaient prendre à la main, quelques-uns venaient d'eux-mêmes se poser sur les gens qui s'étaient

B. D'autres l'avaient dit avant lui.

A. Comment explique-t-il le séjour de certains animaux dans des îles séparées de tout continent par des intervalles de mer effrayants ? Qui est-ce qui a porté là le loup, le renard, le chien, le cerf, le serpent ?

B. Il n'explique rien ; il atteste le fait[1].

A. Et vous, comment l'expliquez-vous ?

B. Qui sait l'histoire primitive de notre globe ? Combien d'espaces de terre, maintenant isolés, étaient autrefois continus ? Le seul phénomène sur lequel on pourrait former quelque conjecture, c'est la direction de la masse des eaux qui les a séparés.

A. Comment cela ?

B. Par la forme générale des arrachements[2]. Quelque jour nous nous amuserons de cette recherche, si cela nous convient. Pour ce moment, voyez-vous cette île qu'on appelle *des Lanciers*[3] ? À l'inspection du lieu qu'elle occupe sur le globe, il n'est personne qui ne se demande qui est-ce qui a placé là des hommes ? quelle communication les liait autrefois avec le reste de leur espèce ? que

arrêtés ; tant il est vrai que l'homme ne porte point empreint un caractère de férocité qui fasse reconnaître en lui, par le seul instinct, aux animaux faibles, l'être qui se nourrit de leur sang » (*Voyage*, première partie, chap. 3).

1. Aux Malouines, Bougainville n'a vu « qu'une seule espèce de quadrupède : elle tient du loup et du renard » et il pose la question à propos de ce « loup-renard » : « Comment a-t-il été transporté sur les îles ? » (*Voyage*, I, 4). Cependant, il n'y a ni cerfs ni serpents dans les îles du Pacifique.

2. En ce qui concerne « les grandes révolutions du globe », Diderot reprend la théorie déjà ancienne de Buffon (*Théorie de la terre*, 1749), développée par Dom Pernety qui avait accompagné Bougainville dans son premier voyage aux Malouines et considérait que ces îles avaient été autrefois arrachées avec violence du continent sud-américain.

3. Il s'agit de l'île d'Akiaki dans l'archipel des Tuamotou, découverte par Bougainville le 22 mars 1768 : il la nomma ainsi à cause de ses indigènes qui brandissaient de longues piques menaçantes. Les questions de Diderot sur l'origine du peuplement sont directement empruntées à Bougainville.

deviennent-ils en se multipliant sur un espace qui n'a pas plus d'une lieue de diamètre ?

A. Ils s'exterminent et se mangent ; et de là peut-être une première époque très ancienne et très naturelle de l'anthropophagie, insulaire d'origine [1].

B. Ou la multiplication y est limitée par quelque loi superstitieuse ; l'enfant y est écrasé dans le sein de sa mère foulée sous les pieds d'une prêtresse [2].

A. Ou l'homme égorgé expire sous le couteau d'un prêtre ; ou l'on a recours à la castration des mâles...

B. À l'infibulation des femelles [3] ; et de là tant d'usages d'une cruauté nécessaire et bizarre, dont la cause s'est perdue dans la nuit des temps, et met les philosophes à la torture. Une observation assez constante, c'est que les institutions surnaturelles et divines se fortifient et s'éternisent, en se transformant, à la longue, en lois civiles et nationales ; et que les institutions civiles et nationales se consacrent, et dégénèrent en préceptes surnaturels et divins [4].

1. Diderot considère l'anthropophagie comme un moyen parmi d'autres de limiter l'expansion démographique : « C'est dans les îles que sont nées cette foule d'institutions bizarres qui mettent des obstacles à la population : l'anthropophagie, la castration des mâles, l'infibulation des femelles, les mariages tardifs, la consécration de la virginité, l'estime du célibat, les châtiments exercés contre les filles qui se hâtaient d'être mères, les sacrifices humains » (*Pensées détachées*).

2. On trouve cette réflexion dans *L'Esprit des lois* de Montesquieu : « Il y a des pays où la nature a tout fait ; le législateur n'y a donc rien à faire. À quoi bon engager, par des lois, à la propagation, lorsque la fécondité du climat donne assez de peuple ? Quelques fois le climat est plus favorable que le terrain ; le peuple s'y multiplie, et les famines le détruisent : c'est le cas où se trouve la Chine (...). Les mêmes raisons font que dans l'île Formose, la religion ne permet pas aux femmes de mettre des enfants au monde qu'elles n'aient trente-cinq ans ; avant cet âge, la prêtresse leur foule le ventre et les fait avorter » (livre XXIII, chap. 16).

3. L'infibulation est une opération qui consiste à empêcher l'usage du sexe en faisant passer un anneau ou une agrafe (fibule) à travers le prépuce chez l'homme ou les petites lèvres chez la femme, ou en cousant partiellement cette partie du sexe féminin. Cette pratique n'a pas disparu.

4. Diderot introduit ainsi sa théorie d'une genèse des lois civiles et

C'est une des palingénésies les plus funestes[1].

B. Un brin de plus qu'on ajoute au lien dont on nous serre.

A. N'était-il pas au Paraguay au moment même de l'expulsion des jésuites[2] ?

B. Oui.

A. Qu'en dit-il ?

B. Moins qu'il n'en pourrait dire ; mais assez pour nous apprendre que ces cruels Spartiates en jaquette noire en usaient avec leurs esclaves indiens comme les Lacédémoniens avec les ilotes[3] ; les avaient condamnés à un travail assidu ; s'abreuvaient de leurs sueurs, ne leur avaient laissé aucun droit de propriété ; les tenaient sous l'abrutissement de la superstition ; en exigeaient une vénération profonde ; marchaient au milieu d'eux, un fouet à la main, et en frappaient indistinctement tout âge et tout sexe. Un siècle de plus, et leur expulsion devenait impossible, ou motif d'une longue guerre entre ces moines et le souverain, dont ils avaient secoué peu à peu l'autorité[4].

religieuses à partir d'un mouvement de déséquilibre, propre à la nature, entre géographie et démographie.

1. La palingénésie (du grec *palin*, « de nouveau, en arrière » + *génésis*, la « naissance ») désigne le retour périodique des mêmes événements.

2. Bougainville se trouvait à Buenos Aires au moment même de l'expulsion des jésuites du Paraguay, sur les ordres du roi d'Espagne.

3. Dans la Grèce antique, la ville de Sparte (ou Lacédémone) était réputée pour la rigueur de ses lois et l'austérité de ses mœurs ; les esclaves, appelés ilotes, y étaient très durement traités.

4. Bougainville écrit dans son journal de bord que « le gouvernement des jésuites dans les missions, merveilleux pour assurer le despotisme du maître, ne rend pas à beaucoup près les sujets heureux. (...) Les jésuites nous représentaient les Indiens comme une espèce d'hommes qui ne pouvait jamais atteindre qu'à l'intelligence des enfants ». Cependant, les avis sur l'action civilisatrice des missions jésuites étaient souvent contradictoires, comme en témoigne un autre texte de Diderot lui-même : « Si quelqu'un doutait des heureux effets de la bienfaisance et de l'humanité sur les peuples sauvages, qu'il compare les progrès que les jésuites ont faits en très peu de temps dans l'Amérique méridionale avec ceux que les armes et les vaisseaux de l'Espagne et du Portugal

A. Et ces Patagons, dont le docteur Maty et l'acadé-
micien La Condamine ont tant fait de bruit [1] ?

B. Ce sont de bonnes gens qui viennent à vous et qui
vous embrassent en criant *Chaoua* ; forts, vigoureux, toutefois n'excédant pas la hauteur de cinq pieds cinq à six
pouces ; n'ayant d'énorme que leur corpulence, la gros-
seur de leur tête, et l'épaisseur de leurs membres.

Né avec le goût du merveilleux, qui exagère tout autour
de lui, comment l'homme laisserait-il une juste proportion
aux objets, lorsqu'il a, pour ainsi dire, à justifier le chemin
qu'il a fait, et la peine qu'il s'est donnée pour les aller
voir au loin ?

A. Et des sauvages, qu'en pense-t-il ?

B. C'est, à ce qu'il paraît, de la défense journalière
contre les bêtes féroces, qu'il [2] tient le caractère cruel
qu'on lui remarque quelquefois. Il est innocent et doux,
partout où rien ne trouble son repos et sa sécurité. Toute
guerre naît d'une prétention commune à la même propriété. L'homme civilisé a une prétention commune, avec
l'homme civilisé, à la possession d'un champ dont ils
occupent les deux extrémités ; et ce champ devient un
sujet de dispute entre eux.

A. Et le tigre a une prétention commune, avec
l'homme sauvage, à la possession d'une forêt ; et c'est la

n'ont pu faire en deux siècles. Tandis que des milliers de soldats chan-
geaient deux grands empires policés en déserts de sauvages errants, quelques missionnaires ont changé de petites nations errantes en plusieurs
grands peuples policés » (*Pensées détachées*).

1. La légende prétendait que ces Indiens, rencontrés dans les parages
de la Terre de Feu, étaient des géants de huit à neuf pieds de haut (2 m 50
et plus). Bougainville et ses compagnons dirent avoir vu des hommes
« d'une belle taille », certes, mais ne dépassant pas six pieds (1 m 80).
Au milieu du XVIIIe siècle, les Patagons avaient été passablement idéa-
lisés et servaient à nourrir l'idée qu'il existait des « hommes de la
nature », comme on le dira plus tard des Tahitiens. Le docteur anglais
Maty, secrétaire de la Société royale de Londres, avait soutenu la thèse
du gigantisme des Patagons ; le savant français La Condamine séjourna
longtemps en Amérique du Sud.

2. Le sauvage considéré de manière générale.

première des prétentions, et la cause de la plus ancienne des guerres... Avez-vous vu le Tahitien que Bougainville avait pris sur son bord, et transporté dans ce pays-ci ?

B. Je l'ai vu ; il s'appelait Aotourou. [1] À la première terre qu'il aperçut, il la prit pour la patrie du voyageur ; soit qu'on lui en eût imposé sur la longueur du voyage ; soit que, trompé naturellement par le peu de distance apparente des bords de la mer qu'il habitait à l'endroit où le ciel semble confiner avec l'horizon, il ignorât la véritable étendue de la terre. L'usage commun des femmes était si bien établi dans son esprit qu'il se jeta sur la première Européenne qui vint à sa rencontre, et qu'il se disposait très sérieusement à lui faire la politesse de Tahiti [2]. Il s'ennuyait parmi nous. L'alphabet tahitien n'ayant ni *b*, ni *c*, ni *d*, ni *f*, ni *g*, ni *q*, ni *x*, ni *y*, ni *z*, il ne put jamais apprendre à parler notre langue, qui offrait à ses organes inflexibles trop d'articulations étrangères et de sons nouveaux [3]. Il ne cessait de soupirer après son pays, et je n'en suis pas étonné. Le voyage de Bougainville est le seul qui

1. Dès l'accostage de *L'Étoile* à Tahiti, un indigène était venu passer la nuit à bord « sans témoigner aucune inquiétude » (*Voyage*, I, 2) ; neuf jours plus tard, lorsque l'expédition décida de repartir, il manifesta le désir d'embarquer, malgré les larmes de sa « jeune épouse ou amante ». Le Tahitien, nommé Aotourou et amené à Paris par Bougainville, fut l'objet de toutes les curiosités pendant un an (mars 1769-mars 1770) ; il fut présenté à Louis XV, fréquenta les coulisses de l'Opéra, habillé « à la française », et voulut même, un soir, tatouer une danseuse. Mademoiselle de Lespinasse le reçut dans son salon, tandis que la duchesse de Choiseul le promenait au Jardin du Roi. Péreire, fondateur de la méthode d'apprentissage de la langue pour les sourds-muets, le soumit à un examen philologique. Enfin, La Dixmerie se fait son interprète en lui donnant la parole pour juger la société civilisée et critiquer en même temps la théorie rousseauiste de l'état de nature (voir Lectures croisées, dans Les clés de l'œuvre).

2. Cette amusante périphrase signifie « lui faire l'amour et, si possible, un enfant », comme le montrera l'entretien de l'aumônier et d'Orou (p. 35). On peut comparer l'ardeur « galante » d'Aotourou avec celle que Voltaire prête à son Ingénu (voir Lectures complémentaires).

3. Bougainville avait joint à son *Voyage* un « Vocabulaire de l'île de Tahiti » que Diderot reprend ici.

m'ait donné du goût pour une autre contrée que la mienne ;
jusqu'à cette lecture, j'avais pensé qu'on n'était nulle part
aussi bien que chez soi ; résultat que je croyais le même
pour chaque habitant de la terre ; effet naturel de l'attrait
du sol ; attrait qui tient aux commodités dont on jouit, et
qu'on n'a pas la même certitude de retrouver ailleurs.

A. Quoi ! vous ne croyez pas l'habitant de Paris aussi
convaincu qu'il croisse des épis dans la campagne de
Rome que dans les champs de la Beauce ?

B. Ma foi, non. Bougainville a renvoyé Aotourou,
après avoir pourvu aux frais et à la sûreté de son retour[1].

A. Ô Aotourou ! que tu seras content de revoir ton
père, ta mère, tes frères, tes sœurs, tes compatriotes ! Que
leur diras-tu de nous ?

B. Peu de choses, et qu'ils ne croiront pas.

A. Pourquoi peu de choses ?

B. Parce qu'il en a peu conçues, et qu'il ne trouvera
dans sa langue aucun terme correspondant à celles dont il
a quelques idées.

A. Et pourquoi ne le croiront-ils pas ?

B. Parce qu'en comparant leurs mœurs aux nôtres, ils
aimeront mieux prendre Aotourou pour un menteur, que
de nous croire si fous.

A. En vérité ?

B. Je n'en doute pas : la vie sauvage est si simple, et
nos sociétés sont des machines si compliquées ! Le Tahitien touche à l'origine du monde, et l'Européen touche à
sa vieillesse. L'intervalle qui le sépare de nous est plus
grand que la distance de l'enfant qui naît à l'homme décré-

---

1. Comme il s'y était engagé, Bougainville renvoya Aotourou dans
son pays après un séjour de onze mois à Paris (il n'hésita pas à lui
consacrer le tiers de sa fortune) : il le confia au commandant du *Brisson*
qui quitta La Rochelle en mars 1770 pour l'île de France (l'île Maurice),
où le Tahitien fut l'hôte du gouverneur Poivre (octobre 1770-septembre
1771). Puis le capitaine Marion Du Fresne le prit à bord du *Mascarin*,
mais le malheureux Aotourou devait mourir de la petite vérole (la
variole) lors d'une relâche à Madagascar, à Fort-Dauphin, le 6 novembre
1771.

pit. Il n'entend rien à nos usages, à nos lois, ou il n'y voit que des entraves déguisées sous cent formes diverses, entraves qui ne peuvent qu'exciter l'indignation et le mépris d'un être en qui le sentiment de la liberté est le plus profond des sentiments.

A. Est-ce que vous donneriez dans la fable de Tahiti ?

B. Ce n'est point une fable ; et vous n'auriez aucun doute sur la sincérité de Bougainville, si vous connaissiez le supplément de son voyage.

A. Et où trouve-t-on ce supplément ?

B. Là, sur cette table.

A. Est-ce que vous ne me le confierez pas ?

B. Non ; mais nous pourrons le parcourir ensemble, si vous voulez.

A. Assurément, je le veux. Voilà le brouillard qui retombe, et l'azur du ciel qui commence à paraître. Il semble que mon lot soit d'avoir tort avec vous jusque dans les moindres choses ; il faut que je sois bien bon pour vous pardonner une supériorité aussi continue !

B. Tenez, tenez, lisez : passez ce préambule qui ne signifie rien, et allez droit aux adieux que fit un des chefs de l'île à nos voyageurs. Cela vous donnera quelque notion de l'éloquence de ces gens-là.

A. Comment Bougainville a-t-il compris ces adieux prononcés dans une langue qu'il ignorait ?

B. Vous le saurez.

CHAPITRE II

LES ADIEUX DU VIEILLARD

C'est un vieillard qui parle[1]. Il était père d'une famille ◆◆
nombreuse. À l'arrivée des Européens, il laissa tomber
des regards de dédain sur eux, sans marquer ni étonnement, ni frayeur, ni curiosité. Ils l'abordèrent ; il leur
tourna le dos et se retira dans sa cabane. Son silence et
son souci ne décelaient que trop sa pensée : il gémissait
en lui-même sur les beaux jours de son pays éclipsés. Au
départ de Bougainville, lorsque les habitants accouraient
en foule sur le rivage, s'attachaient à ses vêtements, ser-
raient ses camarades entre leurs bras, et pleuraient, ce
vieillard s'avança d'un air sévère, et dit :

« Pleurez, malheureux Tahitiens ! pleurez ; mais que
ce soit de l'arrivée, et non du départ de ces hommes ambitieux et méchants : un jour, vous les connaîtrez mieux[2].
Un jour, ils reviendront, le morceau de bois que vous

---

1. Diderot tire directement ce personnage du *Voyage* de Bougainville, qui raconte comment un noble vieillard tahitien refusa le contact
avec les Européens, accueillis dans la case du chef : « Cet homme vénérable parut s'apercevoir à peine de notre arrivée ; (...) son air rêveur et
soucieux semblait annoncer qu'il craignait que ces jours heureux, écoulés pour lui dans le sein du repos, ne fussent troublés par l'arrivée d'une
nouvelle race » (II, 2) – voir Lectures complémentaires. Ce vieillard ne
réapparaît plus dans la suite du récit de Bougainville.

2. Diderot utilise le même procédé d'interpellation pathétique à propos des Hottentots dans l'*Histoire philosophique et politique des deux*

◆◆ Voir *Au fil du texte*, p. 147.

voyez attaché à la ceinture de celui-ci, dans une main, et le fer qui pend au côté de celui-là, dans l'autre[1], vous enchaîner, vous égorger, ou vous assujettir à leurs extravagances et à leurs vices ; un jour vous servirez sous eux, aussi corrompus, aussi vils, aussi malheureux qu'eux. Mais je me console ; je touche à la fin de ma carrière ; et la calamité que je vous annonce, je ne la verrai point. Ô Tahitiens ! ô mes amis ! vous auriez un moyen d'échapper à un funeste avenir ; mais j'aimerais mieux mourir que de vous en donner le conseil[2]. Qu'ils s'éloignent, et qu'ils vivent. »

Puis s'adressant à Bougainville, il ajouta : « Et toi, chef des brigands qui t'obéissent, écarte promptement ton vaisseau de notre rive : nous sommes innocents, nous sommes heureux ; et tu ne peux que nuire à notre bonheur. Nous suivons le pur instinct de la nature ; et tu as tenté d'effacer de nos âmes son caractère. Ici tout est à tous ; et tu nous as prêché je ne sais quelle distinction du tien et du mien[3]. Nos filles et nos femmes nous sont communes ; tu as partagé ce privilège avec nous ; et tu es venu allumer en elles des fureurs inconnues[4]. Elles sont devenues folles dans

Indes (voir « Le bon sauvage », DHL) ; mais dans ce texte ce sont d'abord ses lecteurs européens qu'il apostrophe directement (« Vous êtes fiers de vos lumières ; mais à quoi vous servent-elles ? »), puis les sauvages (« Fuyez, malheureux Hottentots, fuyez ! Enfoncez-vous dans vos forêts... »), pour finir par les exhorter à la révolte.

1. Le crucifix de bois de l'aumônier et l'épée de l'officier.

2. Dans son roman *L'An 2440, rêve s'il en fut jamais* (1770), Louis-Sébastien Mercier fait tenir un discours analogue à un marin de Bougainville qui a décidé de rester à Tahiti. Mais on y voit que le Français n'hésite pas à aller jusqu'au bout de ce que laisse simplement entendre le généreux vieillard de Diderot : « Peuples que j'aime et qui m'avez attendri ! Il est un moyen de vous conserver heureux et libres. Que tout étranger qui débarquera sur cette rive fortunée soit immolé au bonheur du pays » – voir Lectures croisées, dans Les clés de l'œuvre.

3. La réflexion sur la notion de propriété et ses conséquences sur la société humaine est au cœur du débat philosophique : voir « Le débat sur la propriété », Guide Bac, fiche n° 1.

4. « La jalousie est ici un sentiment étranger » (Bougainville, *Voyage*, II, 3) – voir « Le débat sur la sexualité » (*ibid.*)

tes bras ; tu es devenu féroce entre les leurs. Elles ont commencé à se haïr ; vous vous êtes égorgés pour elles ; et elles nous sont revenues teintes de votre sang. <u>Nous sommes libres</u> ; et voilà que tu as enfoui dans notre terre <u>le titre de notre futur esclavage</u>[1]. Tu n'es ni un dieu, ni un démon : qui es-tu donc, pour faire des esclaves ? Orou ! toi qui entends la langue de ces hommes-là, dis-nous à tous, comme tu me l'as dit à moi-même, ce qu'ils ont écrit sur cette lame de métal : *Ce pays est à nous*. Ce pays est à toi ! et pourquoi ? parce que tu y as mis le pied ? Si un Tahitien débarquait un jour sur vos côtes, et qu'il gravât sur une de vos pierres ou sur l'écorce d'un de vos arbres : *Ce pays est aux habitants de Tahiti*, qu'en penserais-tu ? <u>Tu es le plus fort ! Et qu'est-ce que cela fait</u> ? Lorsqu'on t'a enlevé une des méprisables bagatelles dont ton bâtiment est rempli, tu t'es récrié, tu t'es vengé ; et dans le même instant tu as projeté au fond de ton cœur le vol de toute une contrée ! Tu n'es pas esclave : tu souffrirais plutôt la mort que de l'être, et tu veux nous asservir ! Tu crois donc que le Tahitien ne sait pas défendre sa liberté et mourir ? Celui dont tu veux t'emparer comme de la brute[2], <u>le Tahitien est ton frère. Vous êtes deux enfants de la nature ; quel droit as-tu sur lui qu'il n'ait pas sur toi</u> ? Tu es venu ; nous sommes-nous jetés sur ta personne ? avons-nous pillé ton vaisseau ? t'avons-nous saisi et exposé aux flèches de nos ennemis ? t'avons-nous associé dans nos champs au travail de nos animaux ? <u>Nous avons respecté notre image en toi.</u> Laisse-nous nos mœurs ; <u>elles sont plus sages et plus honnêtes</u> que les tiennes ; nous ne voulons point troquer ce que tu appelles <u>notre ignorance contre tes inutiles lumières</u>. Tout ce qui nous est nécessaire et bon, nous le possédons. Sommes-

1. Bougainville note : « J'enfouis près du hangar <u>un acte de prise de possession</u> inscrit sur une planche de chêne avec une bouteille bien fermée contenant les noms des officiers des deux navires » (*Voyage*, chap. IX).
2. Le terme « brute » désigne ici l'espèce animale.

nous dignes de mépris, parce que nous n'avons pas su nous faire des besoins superflus ? Lorsque nous avons faim, nous avons de quoi manger ; lorsque nous avons froid, nous avons de quoi nous vêtir. Tu es entré dans nos cabanes, qu'y manque-t-il, à ton avis ? Poursuis jusqu'où tu voudras ce que tu appelles commodités de la vie ; mais permets à des êtres sensés de s'arrêter, lorsqu'ils n'auraient à obtenir de la continuité de leurs pénibles efforts que des biens imaginaires. Si tu nous persuades de franchir l'étroite limite du besoin, quand finirons-nous de travailler ? Quand jouirons-nous ? Nous avons rendu la somme de nos fatigues annuelles et journalières la moindre qu'il était possible, parce que rien ne nous paraît préférable au repos. Va dans ta contrée t'agiter, te tourmenter tant que tu voudras ; laisse-nous reposer : ne nous entête ni de tes besoins factices, ni de tes vertus chimériques. Regarde ces hommes : vois comme ils sont droits, sains et robustes. Regarde ces femmes : vois comme elles sont droites, saines, fraîches et belles[1]. Prends cet arc, c'est le mien ; appelle à ton aide un, deux, trois, quatre de tes camarades, et tâchez de le tendre. Je le tends moi seul[2]. Je laboure la terre ; je grimpe la montagne ; je perce la forêt ; je parcours une lieue de la plaine en moins d'une heure. Tes jeunes compagnons ont eu peine à me suivre ; et j'ai quatre-vingt-dix ans passés[3]. Malheur à cette île ! malheur aux Tahitiens présents, et à tous les Tahitiens à venir, du jour où tu nous as visités ! Nous ne connaissions qu'une maladie ; celle à laquelle l'homme, l'animal et la plante ont été condamnés, la vieillesse ; et tu nous en as

1. La beauté de la race tahitienne constitue un aspect fondamental du mythe du bon sauvage – voir « Le bon sauvage », DHL.

2. On peut voir ici un clin d'œil de Diderot au fameux épisode du retour d'Ulysse et à l'épreuve de l'arc imposée par Pénélope à ses prétendants : on sait que le héros, revenu en son île d'Ithaque déguisé en mendiant, est le seul à pouvoir tendre son arc légendaire (Homère, *Odyssée*, chant XXI, Pocket Classiques n° 6018, pp. 351-352).

3. Diderot a inventé l'âge du vieillard : comme la beauté, le critère de longévité participe de la vision idéalisée de « la vie naturelle ».

apporté une autre : tu as infecté notre sang[1]. Il nous faudra peut-être exterminer de nos propres mains nos filles, nos femmes, nos enfants ; ceux qui ont approché tes femmes[2] ; celles qui ont approché tes hommes. Nos champs seront trempés du sang impur qui a passé de tes veines dans les nôtres ; ou nos enfants condamnés à nourrir et à perpétuer le mal que tu as donné aux pères et aux mères, et qu'ils transmettront à jamais à leurs descendants. Malheureux ! tu seras coupable, ou des ravages qui suivront les funestes caresses des tiens, ou des meurtres que nous commettrons pour en arrêter le poison. Tu parles de crimes ! as-tu l'idée d'un plus grand crime que le tien ? Quel est chez toi le châtiment de celui qui tue son voisin ? la mort par le fer. Quel est chez toi le châtiment du lâche qui l'empoisonne ? la mort par le feu. Compare ton forfait à ce dernier ; et dis-nous, empoisonneur de nations, le supplice que tu mérites ? Il n'y a qu'un moment la jeune Tahitienne s'abandonnait avec transport aux embrassements du jeune Tahitien ; elle attendait avec impatience que sa mère, autorisée par l'âge nubile, relevât son voile, et mît sa gorge à nu[3]. Elle était fière d'exciter les désirs et d'irriter les regards amoureux de l'inconnu, de ses parents, de son frère ; elle acceptait sans frayeur et sans honte, en notre présence, au milieu d'un cercle d'inno-

---

1. La présence à Tahiti de maladies vénériennes contagieuses, dont la syphilis en particulier (Aotourou en est atteint), avait donné lieu à toute une polémique entre marins anglais et français, chacun rejetant sur l'autre la responsabilité de leur introduction dans l'île : Bougainville émit l'hypothèse que le mal avait été apporté par Wallis l'année précédant son arrivée (voir « La découverte et l'exploration de Tahiti », DHL). La variole fit aussi des ravages : on sait que Aotourou en mourut pendant son voyage de retour.

2. Diderot fait là une hypothèse purement rhétorique puisqu'il ne pouvait y avoir de femmes à bord des vaisseaux royaux. La seule exception – une femme déguisée en homme – avait été aussitôt repérée par les Tahitiens, mais elle resta protégée de toute marque trop démonstrative d'hospitalité (voir pp. 33-34) !

3. Dès qu'elle a atteint la puberté, toute jeune fille est considérée en âge de se marier (« nubile ») ; la « gorge » désigne les seins.

cents Tahitiens, au son des flûtes, entre les danses, les caresses de celui que son jeune cœur et la voix secrète de ses sens lui désignaient. L'idée de crime et le péril de la maladie sont entrés avec toi parmi nous. Nos jouissances, autrefois si douces, sont accompagnées de remords et d'effroi. Cet homme noir[1], qui est près de toi, qui m'écoute, a parlé à nos garçons ; je ne sais ce qu'il a dit à nos filles ; mais nos garçons hésitent ; mais nos filles rougissent. Enfonce-toi, si tu veux, dans la forêt obscure avec la compagne perverse de tes plaisirs ; mais accorde aux bons et simples Tahitiens de se reproduire sans honte, à la face du ciel et au grand jour. Quel sentiment plus honnête et plus grand pourrais-tu mettre à la place de celui que nous leur avons inspiré, et qui les anime ? Ils pensent que le moment d'enrichir la nation et la famille d'un nouveau citoyen est venu, et ils s'en glorifient. Ils mangent pour vivre et pour croître : ils croissent pour multiplier, et ils n'y trouvent ni vice, ni honte. Écoute la suite de tes forfaits. À peine t'es-tu montré parmi eux, qu'ils sont devenus voleurs. À peine es-tu descendu dans notre terre, qu'elle a fumé de sang. Ce Tahitien qui courut à ta rencontre, qui t'accueillit, qui te reçut en criant : *Taïo ! ami, ami* ; vous l'avez tué. Et pourquoi l'avez-vous tué ? parce qu'il avait été séduit par l'éclat de tes petits œufs de serpents[2]. Il te donnait ses fruits ; il t'offrait sa femme et sa fille ; il te cédait sa cabane : et tu l'as tué pour une poignée de ces grains, qu'il avait pris sans te les demander. Et ce peuple ? Au bruit de ton arme meurtrière, la terreur s'est emparée de lui ; et il s'est enfui dans la montagne[3]. Mais

1. L'expression désigne l'aumônier de l'expédition, que l'on retrouve plus loin dialoguant avec Orou (p. 35).
2. L'expression, dont on peut remarquer la connotation biblique (le serpent tentateur d'Adam et Ève au paradis), désigne la verroterie et les perles sans valeur qui servaient de monnaie d'échange avec les indigènes.
3. Diderot condense les deux seuls épisodes tragiques du séjour de Bougainville : le meurtre d'un insulaire le 10 avril et celui de trois autres, le 12 avril 1768, qui furent tués à coups de baïonnette par des soldats qui leur disputaient un cochon, ce qui entraîna la fuite de plusieurs famil-

crois qu'il n'aurait pas tardé d'en descendre ; crois qu'en un instant, sans moi, vous périssiez tous. Eh ! pourquoi les ai-je apaisés ? pourquoi les ai-je contenus ? pourquoi les contiens-je encore dans ce moment ? Je l'ignore ; car tu ne mérites aucun sentiment de pitié ; car tu as une âme féroce qui ne l'éprouva jamais. Tu t'es promené, toi et les tiens, dans notre île ; tu as été respecté ; tu as joui de tout ; tu n'as trouvé sur ton chemin ni barrière, ni refus : on t'invitait, tu t'asseyais ; on étalait devant toi l'abondance du pays. As-tu voulu de jeunes filles ? excepté celles qui n'ont pas encore le privilège de montrer leur visage et leur gorge, les mères t'ont présenté les autres toutes nues ; te voilà possesseur de la tendre victime du devoir hospitalier ; on a jonché, pour elle et pour toi, la terre de feuilles et de fleurs ; les musiciens ont accordé leurs instruments ; rien n'a troublé la douceur, ni gêné la liberté de tes caresses et des siennes. On a chanté l'hymne, l'hymne qui t'exhortait à être homme, qui exhortait notre enfant à être femme, et femme complaisante et voluptueuse[1]. On a dansé autour de votre couche ; et c'est au sortir des bras de cette femme, après avoir éprouvé sur son sein la plus douce ivresse, que tu as tué son frère, son ami, son père, peut-être. Tu as fait pis encore ; regarde de ce côté ; vois cette enceinte hérissée de flèches ; ces armes qui n'avaient menacé que nos ennemis, vois-les tournées contre nos propres enfants : vois les malheureuses compagnes de vos plaisirs ; vois leur tristesse ; vois la douleur de leurs pères ; vois le désespoir de leurs mères : c'est là qu'elles sont condamnées à périr ou par nos mains, ou par le mal que tu leur as donné[2]. Éloigne-toi, à moins que tes yeux cruels ne se plaisent à des spectacles de mort : éloigne-toi ; va,

les tahitiennes dans la montagne. Fesche, le botaniste de l'expédition, note dans son journal : « Nous nous sommes conduits comme des barbares, et eux comme des gens doux, humains et policés. »

1. Diderot reprend ici très fidèlement le récit de Bougainville (voir Lectures complémentaires).

2. Le terme qui désigne les maladies vénériennes (voir *supra*) se double d'une connotation morale (« faire le mal »).

et puissent les mers coupables qui t'ont épargné dans ton voyage, s'absoudre, et nous venger en t'engloutissant avant ton retour ! Et vous, Tahitiens, rentrez dans vos cabanes, rentrez tous ; et que ces indignes étrangers n'entendent à leur départ que le flot qui mugit, et ne voient que l'écume dont sa fureur blanchit une rive déserte ! »

À peine eut-il achevé, que la foule des habitants disparut : un vaste silence régna dans toute l'étendue de l'île ; et l'on n'entendit que le sifflement aigu des vents et le bruit sourd des eaux sur toute la longueur de la côte : on eût dit que l'air et la mer, sensibles à la voix du vieillard, se disposaient à lui obéir.

B. Eh bien ! qu'en pensez-vous ?

A. Ce discours me paraît véhément ; mais à travers je ne sais quoi d'abrupt et de sauvage, il me semble retrouver des idées et des tournures européennes [1].

B. Pensez donc que c'est une traduction du tahitien en espagnol, et de l'espagnol en français. Le vieillard s'était rendu, la nuit, chez cet Orou qu'il a interpellé, et dans la case duquel l'usage de la langue espagnole s'était conservé de temps immémorial [2]. Orou avait écrit en espagnol la harangue du vieillard ; et Bougainville en avait une copie à la main, tandis que le Tahitien la prononçait.

A. Je ne vois que trop à présent pourquoi Bougainville a supprimé ce fragment ; mais ce n'est pas là tout ; et ma curiosité pour le reste n'est pas légère.

---

1. Ce type de discours « abrupt et sauvage » (*prisco et horrido modo*, selon l'expression de Tite-Live, *Histoire romaine*, II, 32, 8) est issu de la tradition classique des historiens anciens : Diderot, qui connaît bien l'historien latin Tacite, se souvient sans doute ici du fameux discours du chef écossais Calgacus (*Vie d'Agricola*, XXX, 5). Le succès des *Dialogues du baron de La Hontan avec un sauvage*, parus en 1704, explique aussi les « idées et tournures européennes » (voir « Le bon sauvage », DHL).

2. Comme l'indique Bougainville dans le « Discours préliminaire » du *Voyage*, le navigateur Fernand de Quiros avait sans doute abordé à Tahiti vers 1605-1606 (voir « La découverte et l'exploration de Tahiti », DHL). Diderot a pu en tirer l'idée d'une propagation de la langue espagnole dans l'île.

B. Ce qui suit, peut-être, vous intéressera moins.

A. N'importe.

B. C'est un entretien de l'aumônier de l'équipage avec un habitant de l'île.

A. Orou ?

B. Lui-même. Lorsque le vaisseau de Bougainville approcha de Tahiti, un nombre infini d'arbres creusés furent lancés sur les eaux ; en un instant son bâtiment en fut environné ; de quelque côté qu'il tournât ses regards, il voyait des démonstrations de surprise et de bienveillance. On lui jetait des provisions ; on lui tendait les bras ; on s'attachait à des cordes ; on gravissait contre les planches[1] ; on avait rempli sa chaloupe ; on criait vers le rivage, d'où les cris étaient répondus ; les habitants de l'île accouraient ; les voilà tous à terre : on s'empare des hommes de l'équipage ; on se les partage ; chacun conduit le sien dans sa cabane : les hommes les tenaient embrassés par le milieu du corps, les femmes leur flattaient les joues de leurs mains. Placez-vous là ; soyez témoin, par pensée, de ce spectacle d'hospitalité ; et dites-moi comment vous trouvez l'espèce humaine.

A. Très belle.

B. Mais j'oublierais peut-être de vous parler d'un événement assez singulier. Cette scène de bienveillance et d'humanité fut troublée tout à coup par les cris d'un homme qui appelait à son secours ; c'était le domestique d'un des officiers de Bougainville. De jeunes Tahitiens s'étaient jetés sur lui, l'avaient étendu par terre, le déshabillaient et se disposaient à lui faire la civilité.

A. Quoi ! ces peuples si simples, ces sauvages si bons, si honnêtes ?...

B. Vous vous trompez ; ce domestique était une femme déguisée en homme. Ignorée de l'équipage entier, pendant tout le temps d'une longue traversée, les Tahitiens devinèrent son sexe au premier coup d'œil. Elle était née

---

1. Le verbe gravir, au sens de monter avec difficulté, est longtemps resté intransitif.

en Bourgogne ; elle s'appelait Barré[1] ; ni laide, ni jolie, âgée de vingt-six ans. Elle n'était jamais sortie de son hameau ; et sa première pensée de voyager fut de faire le tour du globe : elle montra toujours de la sagesse et du courage.

A. Ces frêles machines-là renferment quelquefois des âmes bien fortes[2].

---

1. Jeanne Barré, déguisée en homme, s'était mise au service du naturaliste Commerçon. L'épisode est raconté par Bougainville (voir la fin de la « Lecture complémentaire » qui lui est consacrée).

2. Diderot s'est beaucoup intéressé au caractère et à la physiologie féminine ; dans son *Essai sur les femmes* (1772), il déclare : « Il y a des femmes qui sont hommes et des hommes qui sont femmes, et j'avoue que je ne ferai jamais mon ami d'un homme femme. Si nous avons plus de raison que les femmes, elles ont bien plus d'instinct que nous. »

CHAPITRE III

L'ENTRETIEN DE L'AUMÔNIER
ET D'OROU

B. Dans la division que les Tahitiens se firent de l'équipage de Bougainville, l'aumônier devint le partage d'Orou. L'aumônier et le Tahitien étaient à peu près du même âge, trente-cinq à trente-six ans. Orou n'avait alors que sa femme et trois filles appelées Asto, Palli et Thia. Elles le déshabillèrent, lui lavèrent le visage, les mains et les pieds, et lui servirent un repas sain et frugal. Lorsqu'il fut sur le point de se coucher, Orou, qui s'était absenté avec sa famille, reparut, lui présenta sa femme et ses trois filles nues, et lui dit[1] :

— Tu as soupé, tu es jeune, tu te portes bien ; si tu dors seul, tu dormiras mal ; l'homme a besoin la nuit d'une compagne à son côté. Voilà ma femme, voilà mes filles : choisis celle qui te convient ; mais si tu veux m'obliger, tu donneras la préférence à la plus jeune de mes filles qui n'a point encore eu d'enfants.

La mère ajouta : – Hélas ! je n'ai pas à m'en plaindre ; la pauvre Thia ! ce n'est pas sa faute.

L'aumônier répondit que sa religion, son état, les bon-

1. Ce dialogue entre l'aumônier et Orou est entièrement inventé par Diderot.

nes mœurs et l'honnêteté ne lui permettaient pas d'accepter ces offres.

Orou répliqua : – Je ne sais ce que c'est que la chose que tu appelles religion ; mais je ne puis qu'en penser mal, puisqu'elle t'empêche de goûter un plaisir innocent, auquel nature, la souveraine maîtresse, nous invite tous ; de donner l'existence à un de tes semblables ; de rendre un service que le père, la mère et les enfants te demandent ; de t'acquitter envers un hôte qui t'a fait un bon accueil, et d'enrichir une nation, en l'accroissant d'un sujet de plus. Je ne sais ce que c'est que la chose que tu appelles état ; mais ton premier devoir est d'être homme et d'être reconnaissant. Je ne te propose pas de porter dans ton pays les mœurs d'Orou ; mais Orou, ton hôte et ton ami, te supplie de te prêter aux mœurs de Tahiti. Les mœurs de Tahiti sont-elles meilleures ou plus mauvaises que les vôtres ? c'est une question facile à décider. La terre où tu es né a-t-elle plus d'hommes qu'elle n'en peut nourrir ? en ce cas tes mœurs ne sont ni pires, ni meilleures que les nôtres. En peut-elle nourrir plus qu'elle n'en a ? nos mœurs sont meilleures que les tiennes. Quant à l'honnêteté que tu m'objectes, je te comprends ; j'avoue que j'ai tort ; et je t'en demande pardon. Je n'exige pas que tu nuises à ta santé ; si tu es fatigué, il faut que tu te reposes ; mais j'espère que tu ne continueras pas à nous contrister. Vois le souci que tu as répandu sur tous ces visages : elles craignent que tu n'aies remarqué en elles quelques défauts qui leur attirent ton dédain. Mais quand cela serait, le plaisir d'honorer une de mes filles, entre ses compagnes et ses sœurs, et de faire une bonne action, ne te suffirait-il pas ? Sois généreux !

L'AUMÔNIER. Ce n'est pas cela : elles sont toutes quatre également belles ; mais ma religion ! mais mon état !

OROU. Elles m'appartiennent, et je te les offre : elles sont à elles, et elles se donnent à toi. Quelle que soit la pureté de conscience que la chose *religion* et la chose *état* te prescrivent, tu peux les accepter sans scrupule. Je n'abuse point de mon autorité ; et sois sûr que je connais et que je respecte les droits des personnes.

Ici, le véridique aumônier convient que jamais la Providence ne l'avait exposé à une aussi pressante tentation. Il était jeune ; il s'agitait, il se tourmentait ; il détournait ses regards des aimables suppliantes ; il les ramenait sur elles ; il levait ses yeux et ses mains au ciel. Thia, la plus jeune, embrassait ses genoux et lui disait : Étranger, n'afflige pas mon père, n'afflige pas ma mère, ne m'afflige pas ! Honore-moi dans la cabane et parmi les miens ; élève-moi au rang de mes sœurs qui se moquent de moi. Asto, l'aînée, a déjà trois enfants ; Palli, la seconde, en a deux, et Thia n'en a point ! Étranger, honnête étranger, ne me rebute pas ! rends-moi mère ; fais-moi un enfant que je puisse un jour promener par la main, à côté de moi, dans Tahiti ; qu'on voie dans neuf mois attaché à mon sein ; dont je sois fière, et qui fasse une partie de ma dot, lorsque je passerai de la cabane de mon père dans une autre. Je serai peut-être plus chanceuse avec toi qu'avec nos jeunes Tahitiens. Si tu m'accordes cette faveur, je ne t'oublierai plus ; je te bénirai toute ma vie ; j'écrirai ton nom sur mon bras et sur celui de ton fils ; nous le prononcerons sans cesse avec joie ; et lorsque tu quitteras ce rivage, mes souhaits t'accompagneront sur les mers jusqu'à ce que tu sois arrivé dans ton pays.

Le naïf aumônier dit qu'elle lui serrait les mains, qu'elle attachait sur ses yeux des regards si expressifs et si touchants ; qu'elle pleurait ; que son père, sa mère et ses sœurs s'éloignèrent ; qu'il resta seul avec elle, et qu'en disant : *Mais ma religion, mais mon état*, il se trouva le lendemain couché à côté de cette jeune fille, qui l'accablait de caresses, et qui invitait son père, sa mère et ses sœurs, lorsqu'ils s'approchèrent de leur lit le matin, à joindre leur reconnaissance à la sienne.

Asto et Palli, qui s'étaient éloignées, rentrèrent avec les mets du pays, des boissons et des fruits : elles embrassaient leur sœur et faisaient des vœux sur elle. Ils déjeunèrent tous ensemble ; ensuite Orou, demeuré seul avec l'aumônier, lui dit :

— Je vois que ma fille est contente de toi ; et je te remercie. Mais pourrais-tu m'apprendre ce que c'est que le mot *religion*, que tu as prononcé tant de fois, et avec tant de douleur ?

L'aumônier, après avoir rêvé un moment, répondit :

— Qui est-ce qui a fait ta cabane et les ustensiles qui la meublent ?

OROU. C'est moi.

L'AUMÔNIER. Eh bien ! nous croyons que ce monde et ce qu'il renferme est l'ouvrage d'un ouvrier.

OROU. Il a donc des pieds, des mains, une tête ?

L'AUMÔNIER. Non.

OROU. Où fait-il sa demeure ?

L'AUMÔNIER. Partout.

OROU. Ici même !

L'AUMÔNIER. Ici.

OROU. Nous ne l'avons jamais vu.

L'AUMÔNIER. On ne le voit pas.

OROU. Voilà un père bien indifférent ! Il doit être vieux ; car il a du moins l'âge de son ouvrage.

L'AUMÔNIER. Il ne vieillit point ; il a parlé à nos ancêtres : il leur a donné des lois ; il leur a prescrit la manière dont il voulait être honoré ; il leur a ordonné certaines actions, comme bonnes ; il leur en a défendu d'autres, comme mauvaises.

OROU. J'entends ; et une de ces actions qu'il leur a défendues comme mauvaises, c'est de coucher avec une femme et une fille ? Pourquoi donc a-t-il fait deux sexes ?

L'AUMÔNIER. Pour s'unir ; mais à certaines conditions requises, après certaines cérémonies préalables, en conséquence desquelles un homme appartient à une femme, et n'appartient qu'à elle ; une femme appartient à un homme, et n'appartient qu'à lui.

OROU. Pour toute leur vie ?

L'AUMÔNIER. Pour toute leur vie.

OROU. En sorte que, s'il arrivait à une femme de coucher avec un autre que son mari, ou à un mari de coucher avec une autre que sa femme... mais cela n'arrive point, car, puisqu'il est là, et que cela lui déplaît, il sait les en empêcher.

L'AUMÔNIER. Non ; il les laisse faire, et ils pèchent contre la loi de Dieu, car c'est ainsi que nous appelons le grand ouvrier, contre la loi du pays ; et ils commettent un crime.

OROU. Je serais fâché de t'offenser par mes discours ; mais si tu le permettais, je te dirais mon avis.

L'AUMÔNIER. Parle.

OROU. Ces préceptes singuliers, je les trouve opposés à la nature, contraires à la raison ; faits pour multiplier les crimes, et fâcher à tout moment le vieil ouvrier, qui a tout fait sans tête, sans mains et sans outils ; qui est partout, et qu'on ne voit nulle part ; qui dure aujourd'hui et demain, et qui n'a pas un jour de plus ; qui commande et qui n'est pas obéi ; qui peut empêcher, et qui n'empêche pas. Contraires à la nature, parce qu'ils supposent qu'un être sentant, pensant et libre, peut être la propriété d'un être semblable à lui. Sur quoi ce droit serait-il fondé ? Ne vois-tu pas qu'on a confondu, dans ton pays, la chose qui n'a ni sensibilité, ni pensée, ni désir, ni volonté ; qu'on quitte, qu'on prend, qu'on garde, qu'on échange sans qu'elle souffre et sans qu'elle se plaigne, avec la chose qui ne s'échange point, qui ne s'acquiert point ; qui a liberté, volonté, désir ; qui peut se donner ou se refuser pour un moment ; se donner ou se refuser pour toujours ; qui se plaint et qui souffre ; et qui ne saurait devenir un effet de commerce, sans qu'on oublie son caractère, et qu'on fasse violence à la nature ? Contraires à la loi générale des êtres. Rien, en effet, te paraît-il plus insensé qu'un précepte qui proscrit le changement qui est en nous ; qui commande une constance qui n'y peut être, et qui viole la nature et la liberté du mâle et de la femelle, en les enchaînant pour jamais l'un à l'autre ; qu'une fidélité qui

➤ Voir *Au fil du texte,* p. 148.

borne la plus capricieuse des jouissances à un même individu ; qu'un serment d'immutabilité de deux êtres de
chair, à la face d'un ciel qui n'est pas un instant le même,
sous des antres qui menacent ruine ; au bas d'une roche
qui tombe en poudre ; au pied d'un arbre qui se gerce ;
sur une pierre qui s'ébranle ? Crois-moi, vous avez rendu
la condition de l'homme pire que celle de l'animal. Je ne
sais ce que c'est que ton grand ouvrier, mais je me réjouis
qu'il n'ait point parlé à nos pères, et je souhaite qu'il ne
parle point à nos enfants ; car il pourrait par hasard leur
dire les mêmes sottises, et ils feraient peut-être celle de
les croire. Hier, en soupant, tu nous as entretenus de
magistrats et de prêtres ; je ne sais quels sont ces personnages que tu appelles *magistrats* et *prêtres*, dont l'autorité
règle votre conduite ; mais, dis-moi, sont-ils maîtres du
bien et du mal ? Peuvent-ils faire que ce qui est juste soit
injuste, et que ce qui est injuste soit juste ? Dépend-il
d'eux d'attacher le bien à des actions nuisibles, et le mal
à des actions innocentes ou utiles ? Tu ne saurais le penser, car, à ce compte, il n'y aurait ni vrai ni faux, ni bon
ni mauvais, ni beau ni laid ; du moins, que ce qu'il plairait
à ton grand ouvrier, à tes magistrats, à tes prêtres[1] de
prononcer tel ; et, d'un moment à l'autre, tu serais obligé
de changer d'idées et de conduite. Un jour on te dirait, de
la part de l'un de tes trois maîtres : *tue*, et tu serais obligé,
en conscience, de tuer ; un autre jour : *vole*, et tu serais
tenu de voler ; ou : *ne mange pas de ce fruit*, et tu n'oserais en manger ; *je te défends ce légume ou cet animal*, et
tu te garderais d'y toucher. Il n'y a point de bonté qu'on
ne pût t'interdire ; point de méchanceté qu'on ne pût
t'ordonner. Et où en serais-tu réduit, si tes trois maîtres,
peu d'accord entre eux, s'avisaient de te permettre, de
t'enjoindre et de te défendre la même chose, comme je

---

1. À la fin du *Supplément*, les trois autorités – le grand ouvrier, les
magistrats, les prêtres – deviendront les trois codes : code de la nature
(A et B préférant la Nature à Dieu en tant que « grand Ouvrier »), code
civil, code religieux.

pense qu'il arrive souvent ? Alors, pour plaire au prêtre, il faudra que tu te brouilles avec le magistrat ; pour satisfaire le magistrat, il faudra que tu mécontentes le grand ouvrier ; et pour te rendre agréable au grand ouvrier, il faudra que tu renonces à la nature. Et sais-tu ce qui en arrivera ? c'est que tu les mépriseras tous les trois, et que tu ne seras ni homme, ni citoyen, ni pieux ; que tu ne seras rien ; que tu seras mal avec toutes les sortes d'autorité ; mal avec toi-même ; méchant, tourmenté par ton cœur ; persécuté par tes maîtres insensés ; et malheureux, comme je te vis hier au soir, lorsque je te présentai mes filles, et que tu t'écriais : *Mais ma religion ! mais mon état !* Veux-tu savoir, en tout temps et en tout lieu, ce qui est bon et mauvais ? Attache-toi à la nature des choses et des actions ; à tes rapports avec ton semblable ; à l'influence de ta conduite sur ton utilité particulière et le bien général. Tu es en délire, si tu crois qu'il y ait rien, soit en haut, soit en bas, dans l'univers, qui puisse ajouter ou retrancher aux lois de la nature. Sa volonté éternelle est que le bien soit préféré au mal, et le bien général au bien particulier. Tu ordonneras le contraire ; mais tu ne seras pas obéi. Tu multiplieras les malfaiteurs et les malheureux par la crainte, par le châtiment et par les remords ; tu dépraveras les consciences ; tu corrompras les esprits ; ils ne sauront plus ce qu'ils ont à faire ou à éviter. Troublés dans l'état d'innocence, tranquilles dans le forfait, ils auront perdu de vue l'étoile polaire, leur chemin. Réponds-moi sincèrement ; en dépit des ordres exprès de tes trois législateurs, un jeune homme, dans ton pays, ne couche-t-il jamais, sans leur permission, avec une jeune fille ?

L'AUMÔNIER. Je mentirais si je te l'assurais.

OROU. La femme, qui a juré de n'appartenir qu'à son mari, ne se donne-t-elle point à un autre ?

L'AUMÔNIER. Rien n'est plus commun.

OROU. Tes législateurs sévissent ou ne sévissent pas : s'ils sévissent, ce sont des bêtes féroces qui battent la nature ; s'ils ne sévissent pas, ce sont des imbéciles qui ont exposé au mépris leur autorité par une défense [1] inutile.

L'AUMÔNIER. Les coupables, qui échappent à la sévérité des lois, sont châtiés par le blâme général.

OROU. C'est-à-dire que la justice s'exerce par le défaut de sens commun de toute la nation ; et que c'est la folie de l'opinion qui supplée aux lois.

L'AUMÔNIER. La fille déshonorée ne trouve plus de mari.

OROU. Déshonorée ! et pourquoi ?

L'AUMÔNIER. La femme infidèle est plus ou moins méprisée.

OROU. Méprisée ! et pourquoi ?

L'AUMÔNIER. Le jeune homme s'appelle un lâche séducteur.

OROU. Un lâche ! un séducteur ! et pourquoi ?

L'AUMÔNIER. Le père, la mère et l'enfant sont désolés. L'époux volage est un libertin ; l'époux trahi partage la honte de sa femme.

OROU. Quel monstrueux tissu d'extravagances tu m'exposes là ! et encore tu ne me dis pas tout : car aussitôt qu'on s'est permis de disposer à son gré des idées de justice et de propriété, d'ôter ou de donner un caractère arbitraire aux choses, d'unir aux actions ou d'en séparer le bien et le mal, sans consulter que le caprice, on se blâme, on s'accuse, on se suspecte, on se tyrannise, on est envieux, on est jaloux, on se trompe, on s'afflige, on se cache, on dissimule, on s'épie, on se surprend, on se querelle, on ment ; les filles en imposent à leurs parents ; les maris à leurs femmes ; les femmes à leurs maris ; des filles, oui, je n'en doute pas, des filles étoufferont leurs enfants ; des pères soupçonneux mépriseront et négligeront les leurs ; des mères s'en sépareront et les abandonneront à la merci du sort [2] ; et le crime et la débauche se montreront sous toutes sortes de formes. Je sais tout cela,

---

1. Au sens d'interdiction.
2. En 1772, dans une population de 600 000 habitants à Paris, sont

comme si j'avais vécu parmi vous. Cela est, parce que cela doit être ; et la société, dont votre chef vous vante le bel ordre, ne sera qu'un ramas ou d'hypocrites, qui foulent secrètement aux pieds les lois ; ou d'infortunés, qui sont eux-mêmes les instruments de leur supplice, en s'y soumettant ; ou d'imbéciles, en qui le préjugé a tout à fait étouffé la voix de la nature ; ou d'êtres mal organisés, en qui la nature ne réclame pas ses droits.

L'AUMÔNIER. Cela ressemble. Mais vous ne vous mariez donc point ?

OROU. Nous nous marions.

L'AUMÔNIER. Qu'est-ce que votre mariage ?

OROU. Le consentement d'habiter une même cabane, et de coucher dans un même lit, tant que nous nous y trouvons bien.

L'AUMÔNIER. Et lorsque vous vous y trouvez mal ?

OROU. Nous nous séparons.

L'AUMÔNIER. Que deviennent vos enfants ?

OROU. Ô étranger ! ta dernière question achève de me déceler la profonde misère de ton pays. Sache, mon ami, qu'ici la naissance d'un enfant est toujours un bonheur, et sa mort un sujet de regrets et de larmes. Un enfant est un bien précieux, parce qu'il doit devenir un homme ; aussi, en avons-nous un tout autre soin que de nos plantes et de nos animaux. Un enfant qui naît occasionne la joie domestique et publique : c'est un accroissement de fortune pour la cabane, et de force pour la nation : ce sont des bras et des mains de plus dans Tahiti ; nous voyons en lui un agriculteur, un pêcheur, un chasseur, un soldat, un époux, un père. En repassant de la cabane de son mari dans celle de ses parents, une femme emmène avec elle ses enfants qu'elle avait apportés en dot : on partage ceux qui sont nés pendant la cohabitation commune ; et l'on compense, autant qu'il est possible, les mâles par les

nés 18 173 enfants, dont 7 676 (41 %) ont été abandonnés à l'hospice, 6 sur 7 de ces enfants abandonnés étant illégitimes.

femelles, en sorte qu'il reste à chacun à peu près un nombre égal de filles et de garçons.

L'AUMÔNIER. Mais des enfants sont longtemps à charge avant que de rendre service.

OROU. Nous destinons à leur entretien et à la subsistance des vieillards, une sixième partie de tous les fruits du pays ; ce tribut les suit partout. Ainsi tu vois que plus la famille du Tahitien est nombreuse, plus elle est riche.

L'AUMÔNIER. Une sixième partie !

OROU. C'est un moyen sûr d'encourager la population, et d'intéresser au respect de la vieillesse et à la conservation des enfants.

L'AUMÔNIER. Vos époux se reprennent-ils quelquefois ?

OROU. Très souvent ; cependant la durée la plus courte d'un mariage est d'une lune à l'autre.

L'AUMÔNIER. À moins que la femme ne soit grosse ; alors la cohabitation est au moins de neuf mois ?

OROU. Tu te trompes ; la paternité, comme le tribut, suit son enfant partout.

L'AUMÔNIER. Tu m'as parlé d'enfants qu'une femme apporte en dot à son mari.

OROU. Assurément. Voilà ma fille aînée qui a trois enfants ; ils marchent ; ils sont sains ; ils sont beaux ; ils promettent d'être forts : lorsqu'il lui prendra fantaisie de se marier, elle les emmènera ; ils sont siens : son mari les recevra avec joie, et sa femme ne lui en serait que plus agréable, si elle était enceinte d'un quatrième.

L'AUMÔNIER. De lui ?

OROU. De lui, ou d'un autre. Plus nos filles ont d'enfants, plus elles sont recherchées : plus nos garçons sont vigoureux et beaux, plus ils sont riches : aussi, autant nous sommes attentifs à préserver les unes de l'approche de l'homme, les autres du commerce de la femme, avant l'âge de fécondité ; autant nous les exhortons à produire, lorsque les garçons sont pubères et les filles nubiles. Tu ne saurais croire l'importance du service que tu auras rendu à ma fille Thia, si tu lui as fait un enfant. Sa mère ne lui dira plus à chaque lune : Mais, Thia, à quoi penses-tu donc ? Tu ne deviens point grosse ; tu as dix-neuf ans ; tu devrais avoir déjà deux enfants, et tu n'en as point. Quel est celui qui se chargera de toi ? Si tu perds ainsi tes jeunes ans, que feras-tu dans ta vieillesse ? Thia, il faut que tu aies quelques défauts qui éloignent de toi les hommes. Corrige-toi, mon enfant : à ton âge, j'avais été trois fois mère.

L'AUMÔNIER. Quelles précautions prenez-vous pour garder vos filles et vos garçons adolescents ?

OROU. C'est l'objet principal de l'éducation domestique et le point le plus important des mœurs publiques. Nos garçons, jusqu'à l'âge de vingt-deux ans, deux ou trois ans au-delà de la puberté, restent couverts d'une longue tunique, et les reins ceints d'une petite chaîne. Avant que d'être nubiles, nos filles n'oseraient sortir sans un voile blanc [1]. Ôter sa chaîne, relever son voile, est une faute qui se commet rarement, parce que nous leur en apprenons de bonne heure les fâcheuses conséquences. Mais au moment où le mâle a pris toute sa force, où les symptômes virils ont de la continuité, et où l'effusion fréquente et la qualité de la liqueur séminale nous rassurent ; au moment où la jeune fille se fane, s'ennuie, est d'une maturité propre à concevoir des désirs, à en inspirer et à les satisfaire avec utilité, le père détache la chaîne à son fils et lui coupe l'ongle du doigt du milieu de la main droite. La mère relève le voile de sa fille. L'un peut solliciter une femme, et en être sollicité ; l'autre, se promener publiquement le visage découvert et la gorge nue, accepter ou refuser les caresses d'un homme. On indique seulement d'avance au garçon les filles, à la fille les garçons qu'ils doivent préférer. C'est une grande fête que celle de l'émancipation d'une fille ou d'un garçon. Si c'est une fille, la veille, les jeunes garçons se rassemblent en foule

1. Ces détails inventés par Diderot recomposent une vision symbolique de la chasteté (voile, chaîne, blancheur) qui correspond plus à des clichés antiques qu'à une réalité ethnographique.

↝Voir *Au fil du texte*, p. 148.

autour de la cabane, et l'air retentit pendant toute la nuit du chant des voix et du son des instruments. Le jour, elle est conduite par son père et par sa mère dans une enceinte où l'on danse et où l'on fait l'exercice du saut, de la lutte et de la course. On déploie l'homme nu devant elle, sous toutes les faces et dans toutes les attitudes. Si c'est un garçon, ce sont les jeunes filles qui font en sa présence les frais et les honneurs de la fête et exposent à ses regards la femme nue, sans réserve et sans secret. Le reste de la cérémonie s'achève sur un lit de feuilles, comme tu l'as vu à ta descente parmi nous. À la chute du jour, la fille rentre dans la cabane de ses parents, ou passe dans la cabane de celui dont elle a fait choix, et elle y reste tant qu'elle s'y plaît.

L'Aumônier. Ainsi cette fête est ou n'est point un jour de mariage ?

Orou. Tu l'as dit...

A. Qu'est-ce que je vois là en marge ?

B. C'est une note, où le bon aumônier dit que les préceptes des parents sur le choix des garçons et des filles étaient pleins de bon sens et d'observations très fines et très utiles ; mais qu'il a supprimé ce catéchisme, qui aurait paru, à des gens aussi corrompus et aussi superficiels que nous, d'une licence impardonnable ; ajoutant toutefois que ce n'était pas sans regret qu'il avait retranché des détails où l'on aurait vu, premièrement, jusqu'où une nation, qui s'occupe sans cesse d'un objet important, peut être conduite dans ses recherches sans les secours de la physique et de l'anatomie ; secondement, la différence des idées de la beauté dans une contrée où l'on rapporte les formes au plaisir d'un moment, et chez un peuple où elles sont appréciées d'après une utilité plus constante. Là, pour être belle, on exige un teint éclatant, un grand front, de grands yeux, des traits fins et délicats, une taille légère, une petite bouche, de petites mains, un petit pied. Ici, presque aucun de ces éléments n'entre en calcul. La femme sur laquelle les regards s'attachent et que le désir poursuit, est celle qui promet beaucoup d'enfants (la femme du cardinal d'Ossat[1]), et qui les promet actifs, intelligents, courageux, sains et robustes. Il n'y a presque rien de commun entre la Vénus d'Athènes et celle de Tahiti ; l'une est Vénus galante, l'autre est Vénus féconde. Une Tahitienne disait un jour avec mépris à une autre femme du pays : « Tu es belle, mais tu fais de laids enfants ; je suis laide, mais je fais de beaux enfants, et c'est moi que les hommes préfèrent. »

Après cette note de l'aumônier, Orou continue.

A. Avant qu'il reprenne son discours, j'ai une prière à vous faire, c'est de me rappeler une aventure arrivée dans la Nouvelle-Angleterre[2].

B. La voici. Une fille, Miss Polly Baker, devenue grosse pour la cinquième fois, fut traduite devant le tribunal de justice de Connecticut[3], près de Boston. La loi condamne toutes les personnes du sexe qui ne doivent le titre de mère qu'au libertinage à une amende, ou à une punition corporelle lorsqu'elles ne peuvent payer l'amende. Miss Polly, en entrant dans la salle où les juges étaient assemblés, leur tint ce discours :

« Permettez-moi, Messieurs, de vous adresser quelques mots. Je suis une fille malheureuse et pauvre, je n'ai pas le moyen de payer des avocats pour prendre ma défense, et je ne vous retiendrai pas longtemps. Je ne me flatte pas que dans la sentence que vous allez prononcer vous vous écartiez de la loi ; ce que j'ose espérer, c'est que vous daignerez implorer pour moi les bontés du gouvernement et obtenir qu'il me dispense de l'amende. Voici la cinquième fois que je parais devant vous pour le même sujet ; deux fois j'ai payé des amendes onéreuses, deux fois j'ai

1. Ce cardinal du XVIᵉ siècle, chargé de négocier les mariages princiers, avait le souci constant de trouver des femmes capables d'avoir de beaux enfants.

2. Cette histoire est un ajout que Diderot a dû introduire vers 1780 dans son texte initial (voir note 2, p. 49).

3. Diderot confond l'état du Connecticut avec une ville.

Voir *Au fil du texte*, p. 148.

subi une punition publique et honteuse parce que je n'ai pas été en état de payer. Cela peut être conforme à la loi, je ne le conteste point ; mais il y a quelquefois des lois injustes, et on les abroge ; il y en a aussi de trop sévères, et la puissance législatrice peut dispenser de leur exécution. J'ose dire que celle qui me condamne est à la fois injuste en elle-même et trop sévère envers moi. Je n'ai jamais offensé personne dans le lieu où je vis, et je défie mes ennemis, si j'en ai quelques-uns, de pouvoir prouver que j'ai fait le moindre tort à un homme, à une femme, à un enfant. Permettez-moi d'oublier un moment que la loi existe, alors je ne conçois pas quel peut être mon crime ; j'ai mis cinq beaux enfants au monde, au péril de ma vie, je les ai nourris de mon lait, je les ai soutenus de mon travail ; et j'aurais fait davantage pour eux, si je n'avais pas payé des amendes qui m'en ont ôté les moyens. Est-ce un crime d'augmenter les sujets de Sa Majesté dans une nouvelle contrée qui manque d'habitants ? Je n'ai enlevé aucun mari à sa femme, ni débauché aucun jeune homme ; jamais on ne m'a accusée de ces procédés coupables, et si quelqu'un se plaint de moi, ce ne peut être que le ministre à qui je n'ai point payé de droits de mariage. Mais est-ce ma faute ? J'en appelle à vous, Messieurs ; vous me supposez sûrement assez de bon sens pour être persuadés que je préférerais l'honorable état de femme à la condition honteuse dans laquelle j'ai vécu jusqu'à présent. J'ai toujours désiré et je désire encore de me marier, et je ne crains point de dire que j'aurais la bonne conduite, l'industrie et l'économie convenables à une femme, comme j'en ai la fécondité. Je défie qui que ce soit de dire que j'aie refusé de m'engager dans cet état. Je consentis à la première et seule proposition qui m'en ait été faite ; j'étais vierge encore ; j'eus la simplicité de confier mon honneur à un homme qui n'en avait point ; il me fit mon premier enfant et m'abandonna. Cet homme, vous le connaissez tous : il est actuellement magistrat comme vous et s'assied à vos côtés ; j'avais espéré qu'il paraîtrait aujourd'hui au tribunal et qu'il aurait intéressé votre pitié en ma faveur, en faveur d'une malheureuse qui ne l'est que par lui ; alors j'aurais été incapable de l'exposer à rougir en rappelant ce qui s'est passé entre nous. Ai-je tort de me plaindre aujourd'hui de l'injustice des lois ? La première cause de mes égarements, mon séducteur, est élevé au pouvoir et aux honneurs par ce même gouvernement qui punit mes malheurs par le fouet et par l'infamie. On me répondra que j'ai transgressé les préceptes de la religion ; si mon offense est contre Dieu, laissez-lui le soin de m'en punir ; vous m'avez déjà exclue de la communion de l'Église, cela ne suffit-il pas ? Pourquoi au supplice de l'enfer, que vous croyez m'attendre dans l'autre monde, ajoutez-vous dans celui-ci les amendes et le fouet ? Pardonnez, Messieurs, ces réflexions ; je ne suis point un théologien, mais j'ai peine à croire que ce me soit un grand crime d'avoir donné le jour à de beaux enfants que Dieu a doués d'âmes immortelles et qui l'adorent. Si vous faites des lois qui changent la nature des actions et en font des crimes, faites-en contre les célibataires dont le nombre augmente tous les jours, qui portent la séduction et l'opprobre dans les familles, qui trompent les jeunes filles comme je l'ai été, et qui les forcent à vivre dans l'état honteux dans lequel je vis au milieu d'une société qui les repousse et qui les méprise. Ce sont eux qui troublent la tranquillité publique ; voilà des crimes qui méritent plus que le mien l'animadversion [1] des lois. »

Ce discours singulier produisit l'effet qu'en attendait Miss Baker ; ses juges lui remirent l'amende et la peine qui en tient lieu. Son séducteur, instruit de ce qui s'était passé, sentit le remords de sa première conduite : il voulut la réparer ; deux jours après il épousa Miss Baker, et fit une honnête femme de celle dont cinq ans auparavant il avait fait une fille publique.

A. Et ce n'est pas là un conte de votre invention ?

B. Non.

A. J'en suis bien aise.

1. Le châtiment.

B. Je ne sais si l'abbé Raynal ne rapporte pas le fait et le discours dans son *Histoire du commerce des deux Indes*[1].

A. Ouvrage excellent et d'un ton si différent des précédents qu'on a soupçonné l'abbé d'y avoir employé des mains étrangères.

B. C'est une injustice.

A. Ou une méchanceté. On dépèce le laurier qui ceint la tête d'un grand homme et on le dépèce si bien qu'il ne lui en reste plus qu'une feuille.

B. Mais le temps rassemble les feuilles éparses et refait la couronne.

A. Mais l'homme est mort ; il a souffert de l'injure qu'il a reçue de ses contemporains, et il est insensible à la réparation qu'il obtient de la postérité.

---

1. Cette histoire édifiante, inventée de toutes pièces par l'Américain Benjamin Franklin, était parue en avril 1747 dans le *London Magazine* ; l'abbé Raynal l'introduisit comme authentique dans son *Histoire philosophique et politique des établissements et du commerce des Européens dans les deux Indes* (édition de 1770). Diderot, qui collabore à la rédaction de l'ouvrage à la demande de l'abbé Raynal, retouche cet épisode pour l'édition augmentée de 1780 (voir ce titre dans « Le bon sauvage », DHL).

CHAPITRE IV

SUITE DE L'ENTRETIEN DE L'AUMÔNIER AVEC L'HABITANT DE TAHITI [1]

OROU. L'heureux moment pour une jeune fille et pour ses parents que celui où sa grossesse est constatée ! Elle se lève ; elle accourt ; elle jette ses bras autour du cou de sa mère et de son père ; c'est avec des transports d'une joie mutuelle qu'elle leur annonce et qu'ils apprennent cet événement. Maman ! Mon papa ! embrassez-moi : je suis grosse [2] ! – Est-il bien vrai ? – Très vrai. – Et de qui l'êtes-vous ? – Je le suis d'un tel...

L'AUMÔNIER. Comment peut-elle nommer le père de son enfant ?

OROU. Pourquoi veux-tu qu'elle l'ignore ? il en est de la durée de nos amours comme de celle de nos mariages ; elle est au moins d'une lune à la lune suivante.

L'AUMÔNIER. Et cette règle est bien scrupuleusement observée ?

OROU. Tu vas en juger. D'abord, l'intervalle de deux lunes n'est pas long ; mais lorsque deux pères ont une prétention bien fondée à la formation d'un enfant, il n'appartient plus à sa mère.

L'AUMÔNIER. À qui appartient-il donc ?

1. Plusieurs copies du texte ne comportent pas cette partie (voir La structure, dans Les clés de l'œuvre).
2. Enceinte.

OROU. À celui des deux à qui il lui plaît de le donner : voilà tout son privilège ; et un enfant étant par lui-même un objet d'intérêt et de richesse, tu conçois que, parmi nous, les libertines sont rares, et que les jeunes garçons s'en éloignent.

L'AUMÔNIER. Vous avez donc aussi vos libertines ? J'en suis bien aise.

OROU. Nous en avons même de plus d'une sorte : mais tu m'écartes de mon sujet. Lorsqu'une de nos filles est grosse, si le père de l'enfant est un jeune homme beau, bien fait, brave, intelligent et laborieux, l'espérance que l'enfant héritera des vertus de son père renouvelle l'allégresse. Notre enfant n'a honte que d'un mauvais choix. Tu dois concevoir quel prix nous attachons à la santé, à la beauté, à la force, à l'industrie, au courage ; tu dois concevoir comment, sans que nous nous en mêlions, les prérogatives du sang doivent s'éterniser parmi nous. Toi qui as parcouru différentes contrées, dis-moi si tu as remarqué dans aucune autant de beaux hommes et autant de belles femmes que dans Tahiti ! Regarde-moi : comment me trouves-tu ? Eh bien ! il y a dix mille hommes ici plus grands, aussi robustes ; mais pas un plus brave que moi ; aussi les mères me désignent-elles souvent à leurs filles.

L'AUMÔNIER. Mais de tous ces enfants que tu peux avoir faits hors de ta cabane, que t'en revient-il ?

OROU. Le quatrième, mâle ou femelle. Il s'est établi parmi nous une circulation d'hommes, de femmes et d'enfants, ou de bras de tout âge et de toute fonction, qui est bien d'une autre importance que celle de vos denrées qui n'en sont que le produit.

L'AUMÔNIER. Je le conçois. Qu'est-ce que c'est que ces voiles noirs que j'ai rencontrés quelquefois [1].

OROU. Le signe de la stérilité, vice de naissance, ou suite de l'âge avancé. Celle qui quitte ce voile et se mêle

1. Chez Bougainville, les voiles noirs ne sont que la marque du deuil.

avec les hommes est une libertine, celui qui relève ce voile et s'approche de la femme stérile est un libertin.

L'AUMÔNIER. Et ces voiles gris ?

OROU. Le signe de la maladie périodique[1]. Celle qui quitte ce voile et se mêle avec les hommes est une libertine ; celui qui le relève et s'approche de la femme malade est un libertin.

L'AUMÔNIER. Avez-vous des châtiments pour ce libertinage ?

OROU. Point d'autres que le blâme.

L'AUMÔNIER. Un père peut-il coucher avec sa fille, une mère avec son fils, un frère avec sa sœur, un mari avec la femme d'un autre ?

OROU. Pourquoi non ?

L'AUMÔNIER. Passe pour la fornication[2] ; mais l'inceste, mais l'adultère !

OROU. Qu'est-ce que tu veux dire avec tes mots, *fornication, inceste, adultère* ?

L'AUMÔNIER. Des crimes, des crimes énormes, pour l'un desquels l'on brûle dans mon pays.

OROU. Qu'on brûle ou qu'on ne brûle pas dans ton pays, peu m'importe. Mais tu n'accuseras pas les mœurs d'Europe par celles de Tahiti, ni par conséquent les mœurs de Tahiti par celles de ton pays : il nous faut une règle plus sûre ; et quelle sera cette règle ? En connais-tu une autre que le bien général et l'utilité particulière ? À présent, dis-moi ce que ton crime *inceste* a de contraire à ces deux fins de nos actions ? Tu te trompes, mon ami, si tu crois qu'une loi une fois publiée, un mot ignominieux inventé, un supplice décerné, tout est dit. Réponds-moi donc, qu'entends-tu par *inceste*[3] ?

L'AUMÔNIER. Mais un *inceste*...

---

1. La menstruation des femmes (les règles).
2. La fornication est ainsi définie dans l'*Encyclopédie* : « Union illégitime de deux personnes libres, et non parentes, (...) proprement un commerce charnel, dont le prêtre n'a point donné la permission. »
3. L'article « Inceste » de l'*Encyclopédie* le définit ainsi :

OROU. Un *inceste* ?... Y a-t-il longtemps que ton grand ouvrier sans tête, sans mains et sans outils, a fait le monde ?

L'AUMÔNIER. Non.

OROU. Fit-il toute l'espèce humaine à la fois ?

L'AUMÔNIER. Il créa seulement une femme et un homme.

OROU. Eurent-ils des enfants ?

L'AUMÔNIER. Assurément.

OROU. Suppose que ces deux premiers parents n'aient eu que des filles, et que leur mère soit morte la première ; ou qu'ils n'aient eu que des garçons, et que la femme ait perdu son mari.

L'AUMÔNIER. Tu m'embarrasses ; mais tu as beau dire, l'*inceste* est un crime abominable, et parlons d'autre chose.

OROU. Cela te plaît à dire ; je me tais, moi, tant que tu ne m'auras pas dit ce que c'est que le crime abominable *inceste*.

L'AUMÔNIER. Eh bien ! Je t'accorde que peut-être l'*inceste* ne blesse en rien la nature ; mais ne suffit-il pas qu'il menace la constitution politique ? Que deviendraient la sûreté d'un chef et la tranquillité d'un État, si toute une nation composée de plusieurs millions d'hommes se trouvait rassemblée autour d'une cinquantaine de pères de famille.

OROU. Le pis-aller, c'est qu'où il n'y a qu'une grande société, il y en aurait cinquante petites, plus de bonheur et un crime de moins.

« Conjonction illicite entre des personnes qui sont parentes jusqu'aux degrés prohibés par les lois de Dieu ou de l'Église. » Mais il précise aussitôt : « L'inceste se prend plutôt pour le crime qui se commet par cette conjonction, que pour la conjonction même, laquelle, dans certains temps et dans certains cas, n'a pas été considérée comme criminelle ; car au commencement du monde, et encore assez longtemps depuis le déluge, les mariages entre frères et sœurs, entre tante et neveu, et entre cousins germains ont été permis. »

L'AUMÔNIER. Je crois cependant que, même ici, un fils couche rarement avec sa mère.

OROU. À moins qu'il n'ait beaucoup de respect pour elle, et une tendresse qui lui fasse oublier la disparité d'âge, et préférer une femme de quarante ans à une fille de dix-neuf.

L'AUMÔNIER. Et le commerce des pères avec leurs filles ?

OROU. Guère plus fréquent, à moins que la fille ne soit laide et peu recherchée. Si son père l'aime, il s'occupe à lui préparer sa dot en enfants.

L'AUMÔNIER. Cela me fait imaginer que le sort des femmes que la nature a disgraciées ne doit pas être heureux dans Tahiti.

OROU. Cela me prouve que tu n'as pas une haute opinion de la générosité de nos jeunes gens.

L'AUMÔNIER. Pour les unions des frères et des sœurs, je ne doute pas qu'elles ne soient très communes.

OROU. Et très approuvées.

L'AUMÔNIER. À t'entendre, cette passion, qui produit tant de crimes et de maux dans nos contrées, serait ici tout à fait innocente.

OROU. Étranger ! tu manques de jugement et de mémoire : de jugement, car, partout où il y a défense, il faut qu'on soit tenté de faire la chose défendue et qu'on la fasse : de mémoire, puisque tu ne te souviens plus de ce que je t'ai dit. Nous avons de vieilles dissolues qui sortent la nuit sans leur voile noir et reçoivent des hommes, lorsqu'il ne peut rien résulter de leur approche ; si elles sont reconnues ou surprises, l'exil au nord de l'île, ou l'esclavage, est leur châtiment ; des filles précoces qui relèvent leur voile blanc à l'insu de leurs parents, et nous avons pour elles un lieu fermé dans la cabane ; des jeunes hommes qui déposent leur chaîne avant le temps prescrit par la nature et par la loi, et nous en réprimandons leurs parents ; des femmes à qui le temps de la grossesse paraît long ; des femmes et des filles peu scrupuleuses à garder leur voile gris ; mais dans le fait, nous n'attachons pas une grande importance à toutes ces fautes ; et tu ne saurais croire combien l'idée de richesse particulière ou publique, unie dans nos têtes à l'idée de population, épure nos mœurs sur ce point.

L'AUMÔNIER. La passion de deux hommes pour une même femme, ou le goût de deux femmes ou de deux filles pour un même homme, n'occasionnent-ils point de désordres ?

OROU. Je n'en ai pas vu quatre exemples : le choix de la femme ou celui de l'homme finit tout. La violence d'un homme serait une faute grave ; mais il faut une plainte publique, et il est presque inouï qu'une fille ou qu'une femme se soit plainte. La seule chose que j'aie remarquée c'est que nos femmes ont moins de pitié des hommes laids que nos jeunes gens des femmes disgraciées ; et nous n'en sommes pas fâchés.

L'AUMÔNIER. Vous ne connaissez guère la jalousie à ce que je vois ; mais la tendresse maritale, l'amour paternel, ces deux sentiments si puissants et si doux, s'ils ne sont pas étrangers ici, y doivent être assez faibles.

OROU. Nous y avons suppléé par un autre, qui est tout autrement[1] général, énergique et durable, l'intérêt. Mets la main sur la conscience ; laisse là cette fanfaronnade de vertu, qui est sans cesse sur les lèvres de tes camarades, et qui ne réside pas au fond de leur cœur. Dis-moi si, dans quelque contrée que ce soit, il y a un père qui, sans la honte qui le retient, n'aimât mieux perdre son enfant, un mari qui n'aimât mieux perdre sa femme, que sa fortune et l'aisance de toute sa vie. Sois sûr que partout où l'homme sera attaché à la conservation de son semblable comme à son lit, à sa santé, à son repos, à sa cabane, à ses fruits, à ses champs, il fera pour lui tout ce qu'il est possible de faire. C'est ici que les pleurs trempent la couche d'un enfant qui souffre ; c'est ici que les mères sont soignées dans la maladie ; c'est ici qu'on prise une femme féconde, une fille nubile, un garçon adolescent ; c'est ici

1. Bien plus.

qu'on s'occupe de leur institution, parce que leur conservation est toujours un accroissement, et leur perte toujours une diminution de fortune.

L'AUMÔNIER. Je crains bien que ce sauvage n'ait raison. Le paysan misérable de nos contrées, qui excède sa femme pour soulager son cheval, laisse périr son enfant sans secours, et appelle le médecin pour son bœuf.

OROU. Je n'entends pas trop ce que tu viens de dire ; mais, à ton retour dans ta patrie si policée, tâche d'y introduire ce ressort ; et c'est alors qu'on y sentira le prix de l'enfant qui naît, et l'importance de la population[1]. Veux-tu que je te révèle un secret ? Mais prends garde qu'il ne t'échappe. Vous arrivez : nous vous abandonnons nos femmes et nos filles ; vous vous en étonnez ; vous nous en témoignez une gratitude qui nous fait rire ; vous nous remerciez, lorsque nous asseyons sur toi et sur tes compagnons la plus forte de toutes les impositions. Nous ne t'avons point demandé d'argent ; nous ne nous sommes point jetés sur tes marchandises ; nous avons méprisé tes denrées : mais nos femmes et nos filles sont venues exprimer le sang de tes veines. Quand tu t'éloigneras, tu nous auras laissé des enfants : ce tribut levé sur ta personne, sur ta propre substance, à ton avis, n'en vaut-il pas bien un autre ? Et si tu veux en apprécier la valeur, imagine que tu aies deux cents lieues de côtes à courir, et qu'à chaque vingt milles on te mette à pareille contribution. Nous avons des terres immenses en friche ; nous manquons de bras ; et nous t'en avons demandé. Nous avons des calamités épidémiques à réparer ; et nous t'avons employé à réparer le vide qu'elles laisseront. Nous avons des ennemis voisins à combattre, un besoin de soldats ; et nous t'avons prié de nous en faire : le nombre de nos femmes et de nos filles est trop grand pour celui des hommes ; et nous t'avons

---

1. Diderot, comme Montesquieu, est inquiet du risque de « dépopulation » en Europe et convaincu de la nécessité de légiférer pour accroître les naissances chez les peuples « policés ».

Voir *Au fil du texte*, p. 148.

associé à notre tâche. Parmi ces femmes et ces filles, il y
en a dont nous n'avons jamais pu obtenir d'enfants ; et ce
sont elles que nous avons exposées à vos premiers embrassements. Nous avons à payer une redevance en hommes à
un voisin oppresseur ; c'est toi et tes camarades qui nous
défrayerez ; et dans cinq à six ans nous lui enverrons vos
fils, s'ils valent moins que les nôtres. Plus robustes, plus
sains que vous, nous nous sommes aperçus au premier
coup d'œil que vous nous surpassiez en intelligence ; et,
sur-le-champ, nous avons destiné quelques-unes de nos
femmes et de nos filles les plus belles à recueillir la
semence d'une race meilleure que la nôtre [1]. C'est un essai
que nous avons tenté, et qui pourra nous réussir. Nous
avons tiré de toi et des tiens le seul parti que nous en
pouvions tirer ; et crois que, tout sauvages que nous sommes, nous savons aussi calculer. Va où tu voudras ; et tu
trouveras presque toujours l'homme aussi fin que toi. Il ne
te donnera jamais que ce qui ne lui est bon à rien, et te
demandera toujours ce qui lui est utile. S'il te présente un
morceau d'or pour un morceau de fer, c'est qu'il ne fait
aucun cas de l'or, et qu'il prise le fer. Mais dis-moi donc
pourquoi tu n'es pas vêtu comme les autres ? Que signifie
cette casaque longue qui t'enveloppe de la tête aux pieds,
et ce sac pointu que tu laisses tomber sur tes épaules, ou
que tu ramènes sur tes oreilles ?

L'Aumônier. C'est que, tel que tu me vois, je me suis
engagé dans une société d'hommes qu'on appelle, dans
mon pays, des moines. Le plus sacré de leurs vœux est de
n'approcher d'aucune femme, et de ne point faire
d'enfants.

Orou. Que faites-vous donc ?

L'Aumônier. Rien.

---

1. Cet objectif proprement eugéniste (amélioration de la race par la
sélection physique) pourrait être inspiré par l'*Essai sur la manière de
perfectionner l'espèce humaine* (1756) de Vandermonde, docteur-régent
de la Faculté de médecine de Paris.

OROU. Et ton magistrat souffre cette espèce de paresseux, la pire de toutes ?

L'AUMÔNIER. Il fait plus, il la respecte et la fait respecter.

OROU. Ma première pensée était que la nature, quelque accident, ou un art cruel vous avait privés de la faculté de produire votre semblable [1] ; et que, par pitié, on aimait mieux vous laisser vivre que de vous tuer. Mais, moine, ma fille m'a dit que tu étais un homme, et un homme aussi robuste qu'un Tahitien, et qu'elle espérait que tes caresses réitérées ne seraient pas infructueuses. À présent que j'ai compris pourquoi tu t'es écrié hier au soir : *Mais ma religion ! mais mon état !* pourrais-tu m'apprendre le motif de la faveur et du respect que les magistrats vous accordent ?

L'AUMÔNIER. Je l'ignore.

OROU. Tu sais au moins par quelle raison, étant homme, tu t'es librement condamné à ne le pas être ?

L'AUMÔNIER. Cela serait trop long et trop difficile à t'expliquer.

OROU. Et ce vœu de stérilité, le moine y est-il bien fidèle ?

L'AUMÔNIER. Non.

OROU. J'en étais sûr. Avez-vous aussi des moines femelles ?

L'AUMÔNIER. Oui.

OROU. Aussi sages que les moines mâles ?

L'AUMÔNIER. Plus renfermées, elles sèchent de douleur, périssent d'ennui [2].

OROU. Et l'injure faite à la nature est vengée. Oh ! le

1. Dans sa logique « naturelle », Orou a envisagé les causes génétiques (défaut congénital), accidentelles (maladies) ou artificielles (castration) de la stérilité ou de l'impuissance.
2. Dans son roman *La Religieuse* (Pocket Classiques n° 6149), écrit dans le courant de l'année 1760, Diderot dénonce les sévices subis par les jeunes filles enfermées contre leur gré dans les couvents.

vilain pays ! Si tout y est ordonné comme ce que tu m'en dis, vous êtes plus barbares que nous.

Le bon aumônier raconte qu'il passa le reste de la journée à parcourir l'île, à visiter les cabanes, et que le soir, après souper, le père et la mère l'ayant supplié de coucher avec la seconde de leurs filles, Palli s'était présentée dans le même déshabillé que Thia, et qu'il s'était écrié plusieurs fois pendant la nuit : *Mais ma religion ! mais mon état !* que la troisième nuit il avait été agité des mêmes remords avec Asto, l'aînée, et que la quatrième il l'avait accordée par honnêteté à la femme de son hôte.

CHAPITRE V

SUITE DU DIALOGUE ENTRE A ET B

A. J'estime cet aumônier poli.

B. Et moi, beaucoup davantage les mœurs des Tahitiens, et le discours d'Orou.

A. Quoique un peu modelé à l'européenne.

B. Je n'en doute pas.

Ici le bon aumônier se plaint de la brièveté de son séjour dans Tahiti [1], et de la difficulté de mieux connaître les usages d'un peuple assez sage pour s'être arrêté de lui-même à la médiocrité [2], ou assez heureux pour habiter un climat dont la fertilité lui assurait un long engourdissement, assez actif pour s'être mis à l'abri des besoins absolus de la vie, et assez indolent pour que son innocence, son repos et sa félicité n'eussent rien à redouter d'un progrès trop rapide de ses lumières. Rien n'y était mal par l'opinion ou par la loi, que ce qui était mal de sa nature. Les travaux et les récoltes s'y faisaient en commun. L'acception du mot *propriété* y était très étroite ; la passion de l'amour, réduite à un simple appétit physique,

---

1. L'expédition de Bougainville n'est restée que neuf jours sur le sol tahitien, entre le 2 (date à laquelle l'équipage aperçoit les premières terres) et le 16 avril 1768 (départ des deux frégates).

2. Au sens latin du terme (*medius*, milieu), sans aucune connotation péjorative : situation moyenne entre deux extrêmes (trop/pas assez), selon l'idéal de la sagesse antique et humaniste (cf. Montaigne).

n'y produisait aucun de nos désordres. L'île entière offrait l'image d'une seule famille nombreuse, dont chaque cabane représentait les divers appartements d'une de nos grandes maisons. Il finit par protester que ces Tahitiens seront toujours présents à sa mémoire, qu'il avait été tenté de jeter ses vêtements dans le vaisseau et de passer le reste de ses jours parmi eux, et qu'il craint bien de se repentir plus d'une fois de ne l'avoir pas fait.

A. Malgré cet éloge, quelles conséquences utiles à tirer des mœurs et des usages bizarres d'un peuple non civilisé ?

B. Je vois qu'aussitôt que quelques causes physiques, telles, par exemple, que la nécessité de vaincre l'ingratitude du sol, ont mis en jeu la sagacité de l'homme, cet élan le conduit bien au-delà du but, et que, le terme du besoin passé, on est porté dans l'océan sans bornes des fantaisies, d'où l'on ne se tire plus. Puisse l'heureux Tahitien s'arrêter où il en est ! Je vois qu'excepté dans ce recoin écarté de notre globe, il n'y a point eu de mœurs, et qu'il n'y en aura peut-être jamais nulle part.

A. Qu'entendez-vous donc par des mœurs ?

B. J'entends une soumission générale et une conduite conséquente à des lois bonnes ou mauvaises. Si les lois sont bonnes, les mœurs sont bonnes ; si les lois sont mauvaises, les mœurs sont mauvaises ; si les lois, bonnes ou mauvaises, ne sont point observées, la pire condition d'une société, il n'y a point de mœurs. Or comment voulez-vous que les lois s'observent quand elles se contredisent ? Parcourez l'histoire des siècles et des nations tant anciennes que modernes, et vous trouverez les hommes assujettis à trois codes, le code de la nature, le code civil, et le code religieux, et contraints d'enfreindre alternativement ces trois codes qui n'ont jamais été d'accord ; d'où il est arrivé qu'il n'y a eu dans aucune contrée, comme Orou l'a deviné de la nôtre, ni homme, ni citoyen, ni religieux.

A. D'où vous conclurez, sans doute, qu'en fondant la morale sur les rapports éternels, qui subsistent entre les hommes, la loi religieuse devient peut-être superflue ; et que la loi civile ne doit être que l'énonciation de la loi de nature.

B. Et cela sous peine de multiplier les méchants, au lieu de faire des bons.

A. Ou que, si l'on juge nécessaire de les conserver toutes trois, il faut que les deux dernières ne soient que des calques rigoureux de la première, que nous apportons gravée au fond de nos cœurs, et qui sera toujours la plus forte.

B. Cela n'est pas exact. Nous n'apportons en naissant qu'une similitude d'organisation avec d'autres êtres, les mêmes besoins, de l'attrait vers les mêmes plaisirs, une aversion commune pour les mêmes peines : ce qui constitue l'homme ce qu'il est, et doit fonder la morale qui lui convient.

A. Cela n'est pas aisé.

B. Cela n'est pas si difficile, que je croirais volontiers le peuple le plus sauvage de la terre, le Tahitien qui s'en est tenu scrupuleusement à la loi de nature, plus voisin d'une bonne législation qu'aucun peuple civilisé.

A. Parce qu'il lui est plus facile de se défaire de son trop de rusticité, qu'à nous de revenir sur nos pas et de réformer nos abus.

B. Surtout ceux qui tiennent à l'union de l'homme avec la femme.

A. Cela se peut. Mais commençons par le commencement. Interrogeons bonnement la nature, et voyons sans partialité ce qu'elle nous répondra sur ce point.

B. J'y consens.

A. Le mariage est-il dans la nature ?

B. Si vous entendez par le mariage la préférence qu'une femme accorde à un mâle sur tous les autres mâles, ou celle qu'un mâle donne à une femelle sur toutes les autres femelles ; préférence mutuelle, en conséquence de laquelle il se forme une union plus ou moins durable, qui perpétue l'espèce par la reproduction des individus, le mariage est dans la nature.

A. Je le pense comme vous ; car cette préférence se

remarque non seulement dans l'espèce humaine, mais encore dans les autres espèces d'animaux : témoin ce nombreux cortège de mâles qui poursuivent une même femelle au printemps dans nos campagnes, et dont un seul obtient le titre de mari. Et la galanterie ?

B. Si vous entendez par galanterie cette variété de moyens énergiques ou délicats que la passion inspire, soit au mâle, soit à la femelle, pour obtenir cette préférence qui conduit à la plus douce, la plus importante et la plus générale des jouissances, la galanterie est dans la nature.

A. Je le pense comme vous. Témoin toute cette diversité de gentillesses pratiquées par le mâle pour plaire à la femelle et par la femelle pour irriter la passion et fixer le goût du mâle. Et la coquetterie ?

B. C'est un mensonge qui consiste à simuler une passion qu'on ne sent pas, et à promettre une préférence qu'on n'accordera point. Le mâle coquet se joue de la femelle ; la femelle coquette se joue du mâle : jeu perfide qui amène quelquefois les catastrophes les plus funestes ; manège ridicule, dont le trompeur et le trompé sont également châtiés par la perte des instants les plus précieux de leur vie.

A. Ainsi la coquetterie, selon vous, n'est pas dans la nature ?

B. Je ne dis pas cela.

A. Et la constance ?

B. Je ne vous en dirai rien de mieux que ce qu'en a dit Orou à l'aumônier. Pauvre vanité de deux enfants qui s'ignorent eux-mêmes, et que l'ivresse d'un instant aveugle sur l'instabilité de tout ce qui les entoure !

A. Et la fidélité, ce rare phénomène ?

B. Presque toujours l'entêtement et le supplice de l'honnête homme et de l'honnête femme dans nos contrées ; chimère à Tahiti.

A. La jalousie ?

B. Passion d'un animal indigent et avare qui craint de manquer ; sentiment injuste de l'homme ; conséquence de nos fausses mœurs, et d'un droit de propriété étendu sur un objet sentant, pensant, voulant, et libre.

A. Ainsi la jalousie, selon vous, n'est pas dans la nature.

B. Je ne dis pas cela. Vices et vertus, tout est également dans la nature[1].

A. Le jaloux est sombre.

B. Comme le tyran, parce qu'il en a la conscience.

A. La pudeur ?

B. Mais vous m'engagez là dans un cours de morale galante. L'homme ne veut être ni troublé ni distrait dans ses jouissances. Celles de l'amour sont suivies d'une faiblesse qui l'abandonnerait à la merci de son ennemi. Voilà tout ce qu'il pourrait y avoir de naturel dans la pudeur : le reste est d'institution. L'aumônier remarque, dans un troisième morceau que je ne vous ai point lu, que le Tahitien ne rougit pas des mouvements involontaires qui s'excitent en lui à côté de sa femme, au milieu de ses filles ; et que celles-ci en sont spectatrices, quelquefois émues, jamais embarrassées. Aussitôt que la femme devint la propriété de l'homme et que la jouissance furtive fut regardée comme un vol on vit naître les termes *pudeur*, *retenue*, *bienséance* ; des vertus et des vices imaginaires ; en un mot, entre les deux sexes, des barrières qui empêchassent de s'inviter réciproquement à la violation des lois qu'on leur avait imposées, et qui produisirent souvent un effet contraire, en échauffant l'imagination et en irritant les désirs. Lorsque je vois des arbres plantés autour de nos palais, et un vêtement de cou qui cache et montre une partie de la gorge d'une femme, il me semble reconnaître un retour secret vers la forêt[2], et un appel à la liberté

---

1. Pour Diderot, cela signifie que la Nature n'est ni vicieuse ni vertueuse en elle-même : seules le sont les interprétations que l'on en fait. « En vérité je crois que la nature ne se soucie ni du bien ni du mal. Elle est toute à deux fins : la conservation de l'individu, la propagation de l'espèce » (lettre à Sophie Volland, 31 juillet 1762).

2. L'expression s'emploie couramment au XVIIIe siècle pour désigner

première de notre ancienne demeure. Le Tahitien nous dirait : Pourquoi te caches-tu ? de quoi es-tu honteux ? fais-tu le mal quand tu cèdes à l'impulsion la plus auguste de la nature ? Homme, présente-toi franchement si tu plais. Femme, si cet homme te convient, reçois-le avec la même franchise.

A. Ne vous fâchez pas. Si nous débutons comme des hommes civilisés, il est rare que nous ne finissions pas comme le Tahitien.

B. Oui, mais ces préliminaires de convention consument la moitié de la vie d'un homme de génie.

A. J'en conviens ; mais qu'importe, si cet élan pernicieux de l'esprit humain, contre lequel vous vous êtes récrié tout à l'heure, en est d'autant ralenti ? Un philosophe de nos jours, interrogé pourquoi les hommes faisaient la cour aux femmes, et non les femmes la cour aux hommes, répondit qu'il était naturel de demander à celui qui pouvait toujours accorder [1].

B. Cette raison m'a paru de tout temps plus ingénieuse que solide. La nature, indécente [2] si vous voulez, presse indistinctement un sexe vers l'autre : et dans un état de l'homme triste et sauvage qui se conçoit et qui peut-être n'existe nulle part...

A. Pas même à Tahiti ?

B. Non... l'intervalle qui séparerait un homme d'une femme serait franchi par le plus amoureux. S'ils s'attendent, s'ils se fuient, s'ils se poursuivent, s'ils s'évitent, s'ils s'attaquent, s'ils se défendent, c'est que la passion, inégale dans ses progrès, ne s'applique pas en eux de la même force. D'où il arrive que la volupté se répand, se consomme et s'éteint d'un côté, lorsqu'elle commence à

de manière générale un « retour à l'état sauvage » (voir l'étymologie dans « Le bon sauvage », DHL).

1. Point de vue masculin qui consiste à considérer la femme comme toujours « disponible » pour l'acte sexuel, alors que l'homme serait soumis aux « caprices » de l'érection.

2. Au sens étymologique : qui ne se préoccupe pas des convenances (en latin *decet* : il convient).

peine à s'élever de l'autre, et qu'ils en restent tristes tous deux. Voilà l'image fidèle de ce qui se passerait entre deux êtres libres, jeunes et parfaitement innocents. Mais lorsque la femme a connu, par l'expérience ou l'éducation, les suites plus ou moins cruelles d'un moment doux, son cœur frissonne à l'approche de l'homme. Le cœur de l'homme ne frissonne point ; ses sens commandent, et il obéit. Les sens de la femme s'expliquent, et elle craint de les écouter. C'est l'affaire de l'homme que de la distraire de sa crainte, de l'enivrer et de la séduire. L'homme conserve toute son impulsion naturelle vers la femme ; l'impulsion naturelle de la femme vers l'homme, dirait un géomètre, est en raison composée de la directe de la passion et de l'inverse de la crainte [1] ; raison qui se complique d'une multitude d'éléments divers dans nos sociétés ; éléments qui concourent presque tous à accroître la pusillanimité [2] d'un sexe et la durée de la poursuite de l'autre. C'est une espèce de tactique où les ressources de la défense et les moyens de l'attaque ont marché sur la même ligne. On a consacré [3] la résistance de la femme ; on a attaché l'ignominie à la violence de l'homme ; violence qui ne serait qu'une injure légère dans Tahiti, et qui devient un crime dans nos cités.

A. Mais comment est-il arrivé qu'un acte dont le but est si solennel, et auquel la nature nous invite par l'attrait le plus puissant, que le plus grand, le plus doux, le plus innocent des plaisirs soit devenu la source la plus féconde de notre dépravation et de nos maux ?

B. Orou l'a fait entendre dix fois à l'aumônier. Écoutez-le donc encore, et tâchez de le retenir.

---

1. Allusion à la loi de gravitation posée par Newton : les corps s'attirent en raison directe de leur masse et en raison inverse du carré de leur distance.
2. Absence de courage, timidité, hésitation.
3. On a valorisé la résistance de la femme au point de la rendre sacrée.

➼ Voir *Au fil du texte*, p. 149.

C'est par la tyrannie de l'homme, qui a converti la possession de la femme en une propriété.

Par les mœurs et les usages, qui ont surchargé de conditions l'union conjugale.

Par les lois civiles, qui ont assujetti le mariage à une infinité de formalités.

Par la nature de notre société, où la diversité des fortunes et des rangs a institué des convenances et des disconvenances.

Par une contradiction bizarre et commune à toutes les sociétés subsistantes, où la naissance d'un enfant, toujours regardée comme un accroissement de richesse pour la nation, est plus souvent et plus sûrement encore un accroissement d'indigence dans la famille.

Par les vues politiques des souverains, qui ont tout rapporté à leur intérêt et à leur sécurité.

Par les institutions religieuses, qui ont attaché les noms de vices et de vertus à des actions qui n'étaient susceptibles d'aucune moralité.

Combien nous sommes loin de la nature et du bonheur ! L'empire de la nature ne peut être détruit : on aura beau le contrarier par des obstacles, il durera. Écrivez tant qu'il vous plaira sur des tables d'airain [1], pour me servir de l'expression du sage Marc Aurèle [2], que le frottement voluptueux de deux intestins est un crime, le cœur de l'homme sera froissé entre la menace de votre inscription et la violence de ses penchants. Mais ce cœur indocile [3] ne cessera de réclamer ; et cent fois, dans le cours de la

---

1. Référence aux textes sacrés des Anciens, gravés dans le bronze pour en assurer la pérennité, et en particulier, bien sûr, aux fameuses Tables de la Loi de Moïse.

2. L'empereur-philosophe stoïcien romain Marc Aurèle définissait ainsi l'acte sexuel : « Représente-toi bien dans ton imagination (...) à propos de l'accouplement, un frottement de ventres et l'éjaculation d'un liquide gluant accompagné d'un spasme » (*Pensées*, VI, 13). Diderot cite également ce passage dans son *Addition aux Pensées philosophiques* (article LVII).

3. Au sens de « qui ne se laisse pas conduire par la loi ».

vie, vos caractères effrayants[1] disparaîtront à nos yeux.
Gravez sur le marbre : Tu ne mangeras ni de l'ixion, ni
du griffon[2] ; tu ne connaîtras[3] que ta femme ; tu ne seras
point le mari de ta sœur : mais vous n'oublierez pas
d'accroître les châtiments à proportion de la bizarrerie de
vos défenses ; vous deviendrez féroces, et vous ne réus-
sirez point à me dénaturer.

A. Que le code des nations serait court, si on le confor-
mait rigoureusement à celui de la nature ! Combien de
vices et d'erreurs épargnés à l'homme !

B. Voulez-vous savoir l'histoire abrégée de presque
toute notre misère ? La voici. Il existait un homme naturel : on a introduit au-dedans de cet homme un homme
artificiel ; et il s'est élevé dans la caverne une guerre continuelle qui dure toute la vie. Tantôt l'homme naturel est
le plus fort ; tantôt il est terrassé par l'homme moral et
artificiel ; et, dans l'un et l'autre cas, le triste monstre est
tiraillé, tenaillé, tourmenté, étendu sur la roue[4] ; sans cesse
gémissant, sans cesse malheureux, soit qu'un faux enthousiasme de gloire le transporte et l'enivre, ou qu'une fausse
ignominie le courbe et l'abatte. Cependant il est des circonstances extrêmes qui ramènent l'homme à sa première
simplicité.

A. La misère et la maladie, deux grands exorcistes.

B. Vous les avez nommés. En effet, que deviennent
alors toutes ces vertus conventionnelles ? Dans la misère,

---

1. Désigne ici le texte de la loi gravé sur les tables.
2. Voltaire s'était aussi moqué des prescriptions bibliques concer-
nant les interdictions alimentaires (« Vous pourrez manger de tout oiseau
pur, mais voici ceux des oiseaux dont vous ne pourrez manger : le vau-
tour-griffon, le gypaète, l'orfraie, le milan noir, les différentes espèces
de milan rouge... », Deutéronome, XIV, 11-18). Diderot utilise la trans-
position de termes grecs passés en latin (*ixion*, vautour, et *gryphem*,
orfraie) pour accentuer le ridicule par le côté ésotérique et fabuleux.
3. Au sens biblique de « pratiquer l'acte sexuel avec ».
4. Les termes désignent les « tourments » (au sens fort de tortures)
infligés aux condamnés à mort suppliciés en public (les tenailles arden-
tes, la roue).

l'homme est sans remords ; dans la maladie, la femme est sans pudeur.

A. Je l'ai remarqué.

B. Mais un autre phénomène qui ne vous aura pas échappé davantage, c'est que le retour de l'homme artificiel et moral suit pas à pas les progrès de l'état de maladie à l'état de convalescence et de l'état de convalescence à l'état de santé. Le moment où l'infirmité cesse est celui où la guerre intestine recommence, et presque toujours avec désavantage pour l'intrus.

A. Il est vrai. J'ai moi-même éprouvé que l'homme naturel avait dans la convalescence une vigueur funeste pour l'homme artificiel et moral [1]. Mais enfin, dites-moi, faut-il civiliser l'homme, ou l'abandonner à son instinct ?

B. Faut-il vous répondre net ?

A. Sans doute.

B. Si vous vous proposez d'en être le tyran, civilisez-le ; empoisonnez-le de votre mieux d'une morale contraire à la nature ; faites-lui des entraves de toute espèce ; embarrassez ses mouvements de mille obstacles ; attachez-lui des fantômes qui l'effraient ; éternisez la guerre dans la caverne, et que l'homme naturel y soit toujours enchaîné sous les pieds de l'homme moral. Le voulez-vous heureux et libre ? ne vous mêlez pas de ses affaires : assez d'incidents imprévus le conduiront à la lumière et à la dépravation ; et demeurez à jamais convaincu que ce n'est pas pour vous, mais pour eux, que ces sages législateurs vous ont pétri et maniéré [2] comme vous l'êtes. J'en appelle à toutes les institutions politiques, civiles et religieuses : examinez-les profondément ; et je me trompe fort, ou vous y verrez l'espèce humaine pliée de siècle en siècle au joug qu'une poignée de fripons se promettait de lui imposer. Méfiez-vous de celui qui veut mettre de l'ordre. Ordonner,

1. Pour l'homme qui se remet de maladie, l'appétit de vivre l'emporte sur les conventions.
2. Est « maniéré » celui à qui on a donné littéralement des manières, des mœurs (l'homme « poli » et civilisé).

c'est toujours se rendre le maître des autres en les gênant :
et les Calabrais [1] sont presque les seuls à qui la flatterie
des législateurs n'en ait point encore imposé...

A. Et cette anarchie de la Calabre vous plaît ?

B. J'en appelle à l'expérience ; et je gage que leur barbarie est moins vicieuse que notre urbanité [2]. Combien de
petites scélératesses compensent ici l'atrocité de quelques
grands crimes dont on fait tant de bruit ! Je considère les
hommes non civilisés comme une multitude de ressorts
épars et isolés. Sans doute, s'il arrivait à quelques-uns de
ces ressorts de se choquer, l'un ou l'autre, ou tous les
deux, se briseraient. Pour obvier à [3] cet inconvénient, un
individu d'une sagesse profonde et d'un génie sublime
rassembla ces ressorts et en composa une machine, et dans
cette machine appelée société, tous les ressorts furent rendus agissants, réagissant les uns contre les autres, sans
cesse fatigués ; et il s'en rompit plus dans un jour, sous
l'état de législation, qu'il ne s'en rompait en un an sous
l'anarchie de nature. Mais quel fracas ! quel ravage !
quelle énorme destruction de petits ressorts, lorsque deux,
trois, quatre de ces énormes machines vinrent à se heurter
avec violence [4] !

A. Ainsi vous préféreriez l'état de nature brute et
sauvage ?

B. Ma foi, je n'oserais prononcer ; mais je sais qu'on

1. La Calabre, région pauvre du sud de l'Italie, était réputée pour
ses brigands.
2. L'urbanité (du latin *urbs, urbis*, la ville), désignant l'ensemble
des bonnes manières des citadins, s'oppose « naturellement » à la rusticité (de *rus, ruris*, la campagne) des paysans rustres.
3. Remédier à.
4. La comparaison de la société avec une machine se trouve déjà
chez Morelly, dans son *Code de la nature* (1755), un texte longtemps
attribué par erreur à Diderot lui-même. Dans l'*Histoire des deux Indes*
(voir « Le bon sauvage », DHL), Diderot revient sur l'image des ressorts
pour la critiquer : « On a comparé les hommes isolés à des ressorts épars
(...). Jamais les hommes ne furent isolés comme on le montre ici. Ils
portèrent en eux un germe de sociabilité qui tendait sans cesse à se
développer » (livre XIX, chap. 2).

a vu plusieurs fois l'homme des villes se dépouiller et rentrer dans la forêt, et qu'on n'a jamais vu l'homme de la forêt se vêtir et s'établir dans la ville [1].

A. Il m'est venu souvent dans la pensée que la somme des biens et des maux était variable pour chaque individu ; mais que le bonheur ou le malheur d'une espèce animale quelconque avait sa limite qu'elle ne pouvait franchir, et que peut-être nos efforts nous rendaient en dernier résultat autant d'inconvénient que d'avantage ; en sorte que nous nous étions bien tourmentés pour accroître les deux membres d'une équation, entre lesquels il subsistait une éternelle et nécessaire égalité. Cependant je ne doute pas que la vie moyenne de l'homme civilisé ne soit plus longue que la vie moyenne de l'homme sauvage.

B. Et si la durée d'une machine n'est pas une juste mesure de son plus ou moins de fatigue, qu'en concluez-vous ?

A. Je vois qu'à tout prendre, vous inclineriez à croire les hommes d'autant plus méchants et plus malheureux qu'ils sont plus civilisés ?

B. Je ne parcourrai pas toutes les contrées de l'univers ; mais je vous avertis seulement que vous ne trouverez la condition de l'homme heureuse que dans Tahiti, et supportable que dans un recoin de l'Europe. Là, des maîtres ombrageux et jaloux de leur sécurité se sont occupés à le tenir dans ce que vous appelez l'abrutissement.

A. À Venise, peut-être [2] ?

B. Pourquoi non ? Vous ne nierez pas, du moins, qu'il n'y ait nulle part moins de lumières acquises, moins de moralité artificielle, et moins de vices et de vertus chimériques.

---

1. Dans sa *Réfutation d'Helvétius* (1773), Diderot répond à Rousseau : « Vous préférez donc l'état sauvage à l'état policé ? (...) Oui, monsieur Rousseau, j'aime mieux le vice raffiné sous un habit de soie que la stupidité féroce sous une peau de bête. »

2. « Le gouvernement de Venise serait le meilleur de tous, si l'aristocratie n'était peut-être le pire » (*Histoire des deux Indes*, VII).

A. Je ne m'attendais pas à l'éloge de ce gouvernement.

B. Aussi ne le fais-je pas. Je vous indique une espèce de dédommagement de la servitude, que tous les voyageurs ont senti et préconisé.

A. Pauvre dédommagement !

B. Peut-être. Les Grecs proscrivirent celui qui avait ajouté une corde à la lyre de Mercure[1].

A. Et cette défense est une satire sanglante de leurs premiers législateurs. C'est la première corde qu'il fallait couper.

B. Vous m'avez compris. Partout où il y a une lyre, il y a des cordes. Tant que les appétits naturels seront sophistiqués, comptez sur des femmes méchantes.

A. Comme la Reymer[2].

B. Sur des hommes atroces.

A. Comme Gardeil.

B. Et sur des infortunés à propos de rien.

A. Comme Tanié, mademoiselle de La Chaux, le chevalier Desroches et madame de La Carlière. Il est certain qu'on chercherait inutilement dans Tahiti des exemples de la dépravation des deux premiers, et du malheur des trois derniers. Que ferons-nous donc ? reviendrons-nous à la nature ? nous soumettrons-nous aux lois ?

B. Nous parlerons contre les lois insensées jusqu'à ce qu'on les réforme ; et, en attendant, nous nous y soumettrons. Celui qui, de son autorité privée, enfreint une loi mauvaise, autorise tout autre à enfreindre les bonnes. Il y

1. La lyre comportait un nombre variable de cordes, de trois à quinze. La plus usitée, celle dont la mythologie attribue l'invention au dieu Hermès (Mercure), en comptait sept. La référence antique fonctionne ici comme une métaphore de la loi immuable.

2. Diderot renvoie directement aux deux couples de *Ceci n'est pas un conte* – la Reymer et Tanié, Gardeil et Mlle de La Chaux (illustrant respectivement le thème « des hommes bien bons et des femmes bien méchantes » et l'inverse) – et au couple de *Mme de La Carlière* – Desroches et Mme de La Carlière (l'exigence excessive de fidélité de l'une, associée à une légère faiblesse de l'autre, y fait le malheur des deux), assurant ainsi clairement la cohérence de ses trois contes (voir La composition, dans Les clés de l'œuvre).

a moins d'inconvénients à être fou avec des fous, qu'à être sage tout seul. Disons-nous à nous-mêmes, crions incessamment [1] qu'on a attaché la honte, le châtiment et l'ignominie à des actions innocentes en elles-mêmes ; mais ne les commettons pas, parce que la honte, le châtiment et l'ignominie sont les plus grands de tous les maux. Imitons le bon aumônier, moine en France, sauvage dans Tahiti.

A. Prendre le froc du pays où l'on va, et garder celui du pays où l'on est.

B. Et surtout être honnête et sincère jusqu'au scrupule avec des êtres fragiles qui ne peuvent faire notre bonheur, sans renoncer aux avantages les plus précieux de nos sociétés [2]. Et ce brouillard épais, qu'est-il devenu ?

A. Il est retombé.

B. Et nous serons encore libres, cet après-dîner, de sortir ou de rester ?

A. Cela dépendra, je crois, un peu plus des femmes que de nous.

B. Toujours les femmes ! On ne saurait faire un pas sans les rencontrer à travers son chemin.

A. Si nous leur lisions l'entretien de l'aumônier et d'Orou ?

B. À votre avis, qu'en diraient-elles ?

A. Je n'en sais rien.

B. Et qu'en penseraient-elles ?

A. Peut-être le contraire de ce qu'elles en diraient.

1. Sans cesse.
2. La virginité féminine et l'honneur qui lui est attaché dans les sociétés « policées ». La conversation s'achèvera ainsi sur les femmes, auxquelles Diderot a toujours manifesté une tendresse non dénuée d'humour : « Quand on veut écrire des femmes, il faut tremper sa plume dans l'arc-en-ciel et secouer sur sa ligne la poussière des ailes du papillon » (Sur les femmes, voir dans La Religieuse, « Qu'est-ce qu'une femme ? », Pocket Classiques n° 6149, p. 317 sq.).

LECTURES COMPLÉMENTAIRES

(extraits)

BOUGAINVILLE

Voyage autour du monde par la frégate La Boudeuse *et
la flûte* L'Étoile, 1771

VOLTAIRE

L'Ingénu, 1767

ROUSSEAU

*Discours sur l'origine et les fondements de l'inégalité
parmi les hommes*, 1755

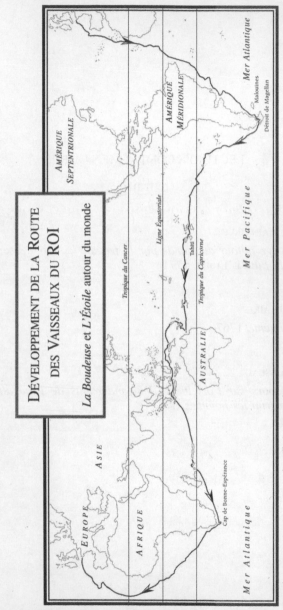

DÉVELOPPEMENT DE LA ROUTE
DES VAISSEAUX DU ROI

La Boudeuse et L'Étoile autour du monde

D'après Jean-Baptiste Bourguignon d'Anville (1697-1782)

BOUGAINVILLE

Voyage autour du monde
par la frégate La Boudeuse *et la flûte* L'Étoile [1]

Vüe De La Nouvelle cjthere Decouverte Par mr de Bougainville
Commandant La fregate Du Roy La Boudeuse et La flute L'Étoile en 1768.

CHAPITRE I . DISCOURS PRÉLIMINAIRE (FIN)

(...) Au reste, je ne cite ni ne contredis personne ; je prétends encore moins établir ou combattre aucune hypothèse. Quand même les différences très sensibles, que j'ai remarquées dans les diverses contrées où j'ai abordé, ne m'auraient pas empêché de me livrer à cet esprit de système, si commun aujourd'hui, et cependant si peu compatible avec la vraie philosophie, comment aurais-je pu espérer que ma chimère, quelque vraisemblance que je susse lui donner, pût jamais faire fortune ? Je suis voyageur

---

1. Pour la présentation de Bougainville et de son voyage, se reporter à « La découverte et l'exploration de Tahiti », dans DHL.

Le *Voyage autour du monde* est disponible en Pocket Classiques, n° 6222.

et marin, c'est-à-dire un menteur et un imbécile aux yeux de cette classe d'écrivains paresseux et superbes qui, dans l'ombre de leur cabinet, philosophent à perte de vue sur le monde et ses habitants, et soumettent impérieusement la nature à leurs imaginations. Procédé bien singulier, bien inconcevable de la part des gens qui, n'ayant rien observé par eux-mêmes, n'écrivent, ne dogmatisent que d'après des observations empruntées de ces mêmes voyageurs auxquels ils refusent la faculté de voir et de penser.

Je finirai ce discours en rendant justice au courage, au zèle, à la patience invincible des officiers et équipages de mes deux vaisseaux. Il n'a pas été nécessaire de les animer par un traitement extraordinaire, tel que celui que les Anglais ont cru devoir faire aux équipages de M. Byron. Leur constance a été à l'épreuve des positions les plus critiques, et leur bonne volonté ne s'est pas un instant ralentie. C'est que la nation française est capable de vaincre les plus grandes difficultés, et que rien n'est impossible à ses efforts, toutes les fois qu'elle voudra se croire elle-même l'égale au moins de telle nation que ce soit au monde.

CHAPITRE VIII : TAHITI

(...) Pendant la nuit du 3 au 4 [avril 1768], nous louvoyâmes pour nous élever dans le nord. Des feux que nous vîmes avec joie briller de toutes parts sur la côte nous apprirent qu'elle était habitée. Le 4, au lever de l'aurore, nous reconnûmes que les deux terres qui, la veille, nous avaient paru séparées, étaient unies ensemble par une terre plus basse qui se courbait en arc et formait une baie ouverte au nord-est. Nous courions à pleines voiles vers la terre, présentant au vent de cette baie, lorsque nous aperçûmes une pirogue qui venait du large et voguait vers la côte, se servant de sa voile et de ses pagaies. Elle nous passa de l'avant, et se joignit à une infinité d'autres qui, de toutes les parties de l'île, accouraient au-devant de nous. L'une d'elles précédait les autres ; elle était conduite par douze hommes nus qui nous présentèrent des branches de bananiers, et leurs démonstrations attestaient que c'était là le rameau d'olivier. Nous leur répondîmes par tous les signes d'amitié dont nous pûmes nous aviser ; alors ils accostèrent le navire, et l'un d'eux, remarquable par son énorme chevelure hérissée en rayons, nous offrit avec son rameau de paix un petit cochon et un régime de bananes. Nous acceptâmes son présent, qu'il attacha à une corde qu'on lui jeta ; nous lui donnâmes des bonnets et des mouchoirs, et ces premiers présents furent le gage de notre alliance avec ce peuple.

Bientôt plus de cent pirogues de grandeurs différentes, et toutes à balancier, environnèrent les deux vaisseaux. Elles étaient chargées de cocos, de bananes et d'autres fruits du pays. L'échange de ces fruits délicieux pour nous contre toutes sortes de bagatelles se fit avec bonne foi, mais sans qu'aucun des insulaires voulût monter à bord. Il fallait entrer dans leurs pirogues ou montrer de loin les objets d'échange ; lorsqu'on était d'accord, on leur envoyait au bout d'une corde un panier ou un filet ; ils y mettaient leurs effets, et nous les nôtres, donnant ou recevant indifféremment avant que d'avoir donné ou reçu, avec une bonne foi qui nous fit bien augurer de leur caractère. D'ailleurs nous ne vîmes aucune espèce d'armes dans leurs pirogues, où il n'y avait point de femmes à cette première entrevue. Les pirogues restèrent le long des navires jusqu'à ce que les approches de la nuit nous firent revirer au large ; toutes alors se retirèrent. (...)

La journée du 5 se passa à louvoyer, afin de gagner au vent de l'île, et à faire sonder par les bateaux pour trouver un mouillage. L'aspect de cette côte, élevée en amphithéâtre, nous offrait le plus riant spectacle. (...)

Les pirogues étaient revenues au navire dès le lever du soleil, et toute la journée on fit des échanges. Il s'ouvrit même de nouvelles branches de commerce ; outre les fruits de l'espèce de ceux apportés la veille et quelques autres rafraîchissements, tels que poules et pigeons, les insulaires apportèrent avec eux toutes sortes d'instruments pour la pêche, des herminettes de pierre, des étoffes singulières, des coquilles, etc. Ils demandaient en échange du fer et des pendants d'oreilles. Les trocs se firent, comme la veille, avec loyauté ; cette fois aussi, il vint dans les pirogues quelques femmes jolies et presque nues. À bord de *L'Étoile*, il monta un insulaire qui y passa la nuit sans témoigner aucune inquiétude. (...)

À mesure que nous avions approché la terre, les insulaires avaient environné les navires. L'affluence des pirogues fut si grande autour des vaisseaux que nous eûmes beaucoup de peine à nous amarrer au milieu de la foule et du bruit. Tous venaient en criant *tayo*, qui veut dire *ami*, et en nous donnant mille témoignages d'amitié ; tous demandaient des clous et des pendants d'oreilles. Les pirogues étaient remplies de femmes qui ne le cèdent pas, pour l'agrément de la figure, au plus grand nombre des Européennes et qui, pour la beauté du corps, pourraient le disputer à toutes avec avantage. La plupart de ces nymphes étaient nues, car les hommes et les vieilles qui les accompagnaient leur avaient ôté le pagne dont ordinairement elles s'enveloppent. Elles nous firent d'abord, de leurs pirogues, des agaceries où, malgré leur naïveté, on découvrit quelque embarras ; soit que la nature ait partout embelli le sexe d'une timidité ingénue, soit que, même dans les pays où règne encore la franchise de l'âge d'or, les femmes paraissent ne pas vouloir ce qu'elles désirent le plus. Les hommes, plus simples ou plus libres, s'énoncèrent bientôt clairement : ils nous pressaient de choisir une femme, de la suivre à terre, et leurs gestes non équivoques démontraient la manière dont il fallait faire connaissance avec elle. Je le demande : comment retenir au travail, au milieu d'un spectacle pareil, quatre cents Français, jeunes, marins, et qui depuis six mois n'avaient point vu de femmes ? Malgré toutes les précautions que nous pûmes prendre, il entra à bord une jeune fille, qui vint sur le gaillard d'arrière se placer à une des écoutilles qui sont au-dessus du cabestan ; cette écoutille était ouverte pour donner de l'air à ceux qui viraient. La jeune fille laissa tomber négligemment un pagne qui la couvrait, et parut aux yeux de tous telle que Vénus se fit voir au berger phrygien : elle en avait la forme céleste. Matelots et soldats s'empressaient pour parvenir à l'écoutille, et jamais cabestan ne fut viré avec une pareille activité.

Nos soins réussirent cependant à contenir ces hommes ensorcelés ; le moins difficile n'avait pas été de parvenir à se contenir soi-même. Un seul Français, mon cuisinier, qui, malgré les défenses, avait trouvé le moyen de s'échapper, nous revint bientôt plus mort que vif. À peine eut-il mis pied à terre avec la belle qu'il avait choisie qu'il se vit entouré par une foule d'Indiens qui le déshabillèrent dans un instant, et le mirent nu de la tête aux pieds. Il se crut perdu mille fois, ne sachant où aboutiraient les exclamations de ce peuple qui examinait en tumulte toutes les parties de son corps. Après l'avoir bien considéré, ils lui rendirent ses habits, remirent dans ses poches tout ce qu'ils en avaient tiré, et firent approcher la fille, en le pressant de contenter les désirs qui l'avaient amené à terre avec elle. Ce fut en vain. Il fallut que les insulaires ramenassent à bord le pauvre cuisinier, qui me dit que j'aurais beau le réprimander, que je ne lui ferais jamais autant de peur qu'il venait d'en avoir à terre.

CHAPITRE IX

Lorsque nous fûmes amarrés, je descendis à terre avec plusieurs officiers, afin de reconnaître un lieu propre à faire de l'eau. Nous fûmes reçus par une foule d'hommes et de femmes qui ne se lassaient point de nous considérer ; les plus hardis venaient nous toucher, ils écartaient même nos vêtements, comme pour vérifier si nous étions absolument faits comme eux : aucun ne portait d'armes, pas même de bâtons. Ils ne savaient comment exprimer leur joie de nous recevoir. Le chef de ce canton nous conduisit dans sa maison et nous y introduisit. Il y avait dedans cinq ou six femmes et un vieillard vénérable. Les femmes nous saluèrent en portant la main sur la poitrine, et criant plusieurs fois *tayo*.

Le vieillard était père de notre hôte. Il n'avait du grand âge que ce caractère respectable qu'impriment les ans sur une belle figure : sa tête ornée de cheveux blancs et d'une longue barbe, tout son corps nerveux et rempli, ne montraient aucune ride, aucun signe de décrépitude.

Cet homme vénérable parut s'apercevoir à peine de notre arrivée ; il se retira même sans répondre à nos caresses, sans témoigner ni frayeur, ni étonnement, ni curiosité : fort éloigné de prendre part à l'espèce d'extase que notre vue causait à tout ce peuple, son air rêveur et soucieux semblait annoncer qu'il craignait que ces jours heureux, écoulés pour lui dans le sein du repos, ne fussent troublés par l'arrivée d'une nouvelle race. (...)

Le chef nous proposa ensuite de nous asseoir sur l'herbe au-dehors de sa maison, où il fit apporter des fruits, du poisson grillé et de l'eau ; pendant le repas, il envoya chercher quelques pièces d'étoffes et deux grands colliers faits d'osier et recouverts de plumes noires et de dents de requins. Leur forme ne ressemble pas mal à celle de ces fraises immenses qu'on portait du temps de François Ier. Il en passa un au col du chevalier d'Oraison, l'autre au mien, et distribua les étoffes. Nous étions prêts à retourner à bord, lorsque le chevalier de Suzannet s'aperçut qu'il lui manquait un pistolet qu'on avait adroitement volé dans sa poche.

Nous le fîmes entendre au chef qui, sur-le-champ, voulut fouiller tous les gens qui nous environnaient ; il en maltraita même quelques-uns. Nous arrêtâmes ses recherches, en tâchant seulement de lui faire comprendre que l'auteur du vol pourrait être la victime de sa friponnerie, et que son larcin lui donnerait la mort.

Le chef et tout le peuple nous accompagnèrent jusqu'à nos bateaux. Prêts à y arriver, nous fûmes arrêtés par un insulaire d'une belle figure qui, couché sous un arbre, nous offrit de partager le gazon qui lui servait de siège. Nous l'acceptâmes ; cet homme alors se pencha vers nous et, d'un air tendre, aux accords d'une flûte dans laquelle un autre Indien soufflait avec le nez, il nous chanta lentement une chanson, sans doute anacréontique : scène charmante et digne du pinceau de Boucher. Quatre insulaires vinrent avec confiance souper et coucher à bord. Nous leur fîmes entendre flûte, basse, violon, et nous leur donnâmes un feu d'artifice composé de fusées et de serpentaux. Ce spectacle leur causa une surprise mêlée d'effroi.

Le 7 au matin, le chef, dont le nom est *Ereti*, vint à bord. Il nous apporta un cochon, des poules et le pistolet qui avait été pris la veille chez lui. Cet acte de justice nous en donna bonne idée. (...) La seule gêne qu'on eut, c'est qu'il fallait sans cesse avoir l'œil à tout ce qu'on apportait à terre, à ses poches même ; car il n'y a point en Europe de plus adroits filous que les gens de ce pays. Cependant, il ne semble pas que le vol soit ordinaire entre eux. Rien ne ferme dans leurs maisons, tout y est à terre ou suspendu, sans serrure ni gardiens. Sans doute la curiosité pour des objets nouveaux excitait en eux de violents désirs, et d'ailleurs il y a partout de la canaille. (...)

Au vol près, tout se passait de la manière la plus aimable. Chaque jour nos gens se promenaient dans le pays sans armes, seuls ou par petites bandes. On les invitait à entrer dans les maisons, on leur y donnait à manger ; mais ce n'est pas à une collation légère que se borne ici la civilité des maîtres de maisons ; ils leur offraient des jeunes filles ; la case se remplissait à l'instant d'une foule curieuse d'hommes et de femmes qui faisaient un cercle autour de l'hôte et de la jeune victime du devoir hospitalier ; la terre se jonchait de feuillage et de fleurs, et des musiciens chantaient aux accords de la flûte un hymne de jouissance. Vénus est ici la déesse de l'hospitalité, son culte n'y admet point de mystères, et chaque jouissance est une fête pour la nation. Ils étaient surpris de l'embarras qu'on témoignait ; nos mœurs ont proscrit cette publicité. Toutefois je ne garantirais pas qu'aucun n'ait vaincu sa répugnance et ne se soit conformé aux usages du pays.

Je suis plusieurs fois allé me promener dans l'intérieur. Je me croyais transporté dans le jardin d'Éden : nous parcourions une plaine de gazon, couverte de beaux arbres fruitiers et coupée de petites rivières qui entretiennent une fraîcheur délicieuse, sans aucun des inconvénients qu'entraîne l'humidité. Un peuple nombreux y jouit des trésors que la nature verse à pleines mains sur lui. Nous trouvions des troupes d'hommes et de femmes assis à l'ombre des vergers ; tous nous saluaient avec amitié ; ceux que nous rencontrions dans les chemins se rangeaient à côté pour nous laisser passer ; partout nous voyions régner l'hospitalité, le repos, une joie douce et toutes les apparences du bonheur. (...)

Nous leur avons semé du blé, de l'orge, de l'avoine, du riz, du maïs, des oignons et des graines potagères de toute espèce. Nous avons lieu de croire que ces plantations seront bien soignées, car ce peuple nous a paru aimer l'agriculture, et je crois qu'on l'accoutumerait facilement à tirer parti du sol le plus fertile de l'univers. (...)

Comme nous étions tous occupés d'un travail auquel était attaché notre salut, on vint m'avertir qu'il y avait eu trois insulaires tués ou blessés dans leurs cases à coups de baïonnette, que l'alarme était répandue dans le pays, que les vieillards, les femmes et les enfants fuyaient vers les montagnes emportant leurs bagages et jusqu'aux cadavres des morts, et que peut-être allions-nous avoir sur les bras une armée de ces hommes furieux. Telle était donc notre position de craindre la guerre à terre au même instant où les deux navires étaient dans le cas d'y être jetés. Je descendis au camp, et en présence du chef je fis mettre aux fers quatre soldats soupçonnés d'être les auteurs du forfait ; ce procédé parut les contenter. (...)

Cependant lorsque le jour était venu, aucun Indien ne s'était approché du camp, on n'avait vu aucune pirogue, on avait trouvé les maisons abandonnées, tout le pays paraissait un désert. Le prince de Nassau, lequel avec quatre ou cinq hommes seulement s'était éloigné davantage, dans le dessein de rencontrer quelques insulaires et de les rassurer, en trouva un grand nombre avec Ereti environ à une lieue du camp. Dès que ce chef eut reconnu M. de Nassau, il vint à lui d'un air consterné. Les femmes éplorées se jetèrent à ses genoux, elles lui baisaient les mains en pleurant et en répétant plusieurs fois : *Tayo, maté, vous êtes nos amis et vous nous tuez.* À force de caresses et d'amitié il parvint à les ramener. Je vis du bord une foule de peuple accourir au quartier : des poules, des cocos, des régimes de bananes embellissaient la marche et promettaient la paix. Je descendis aussitôt avec un assortiment d'étoffes de soie et des outils de toute espèce ; je les distribuai aux chefs, en leur témoignant ma douleur du désastre arrivé la veille et en les assurant qu'il serait puni. Les bons insulaires me comblèrent de caresses, le peuple applaudit à la réunion, et en peu de temps la foule ordinaire et les filous revinrent à notre quartier qui ne ressemblait pas mal à une foire. Ils apportèrent ce jour et le suivant plus de rafraîchissements que jamais. Ils demandèrent aussi qu'on tirât devant eux quelques coups de fusil ; ce qui leur fit grand-peur, tous les animaux tirés ayant été tués raides. (...)

J'enfouis près du hangar un acte de prise de possession inscrit sur une planche de chêne avec une bouteille bien fermée et lutée contenant les noms des officiers des deux navires. J'ai suivi cette même méthode pour toutes les terres découvertes dans le cours de ce voyage. Il était deux heures du matin avant que tout fût à bord ; la nuit fut assez orageuse pour nous causer encore de l'inquiétude, malgré la quantité d'ancres que nous avions à la mer. (...)

Maintenant que les navires sont en sûreté, arrêtons-nous un instant pour recevoir les adieux des insulaires.

Dès l'aube du jour, lorsqu'ils s'aperçurent que nous mettions à la voile, Ereti avait sauté seul dans la première pirogue qu'il avait trouvée sur le rivage, et s'était rendu à bord. En y arrivant il nous embrassa tous ; il nous tenait quelques instants entre ses bras, versant des larmes, et paraissant très affecté de notre départ. Peu de temps après, sa grande pirogue vint à bord chargée de rafraîchissements de toute espèce ; ses femmes étaient dedans, et avec elles ce même insulaire qui le premier jour de notre atterrage était venu s'établir à bord de *L'Étoile.* Ereti fut le prendre par la main, et il me le présenta, en me faisant entendre que cet homme, dont le nom est *Aotourou,* voulait nous suivre, et me priant d'y consentir. Il le présenta ensuite à tous les officiers, chacun en particulier, disant que c'était son ami qu'il confiait à ses amis, et il nous le recommanda avec les plus grandes marques d'intérêt. On fit encore à Ereti des présents de toute espèce, après quoi il prit congé de nous et fut rejoindre ses femmes, lesquelles ne cessèrent de pleurer tout le temps que la pirogue fut le long du bord. Il y avait aussi dedans une jeune et jolie fille que l'insulaire qui venait avec nous fut embrasser. Il lui donna trois perles qu'il avait à ses oreilles, la baisa encore une fois ; et malgré les larmes de cette jeune fille, son épouse ou son amante, il s'arracha de ses bras et remonta dans le vaisseau. Nous quittâmes ainsi ce bon peuple, et je ne fus pas moins surpris du chagrin que leur causait notre départ, que je l'avais été de leur confiance affectueuse à notre arrivée.

CHAPITRE X

> « (...) Lucis habitamus opacis,
> Riparumque toros et prata recentia rivis
> Incolimus. »
> Virgile, *Énéide*, livre VI, vers 673-675 [1]

L'île, à laquelle on avait d'abord donné le nom de Nouvelle-Cythère, reçoit de ses habitants celui de Tahiti. Sa latitude de dix-sept degrés trente-cinq minutes trois secondes à notre camp a été conclue de plusieurs hauteurs méridiennes du soleil observées à terre avec un quart de cercle. Sa longitude de cent cinquante degrés quarante minutes dix-sept secondes à l'ouest de Paris a été déterminée par onze observations de la lune, selon la méthode des angles horaires. (...) Je ne connais ici qu'un seul article de commerce riche ; ce sont de très belles perles. Les principaux en font porter aux oreilles à leurs femmes et à leurs enfants ; mais ils les ont tenues cachées pendant notre séjour

---

1. « Nous habitons des bois ombreux, nous hantons les lits de gazon des rives et des prairies dont les ruisseaux entretiennent la fraîcheur. » Ainsi se présentent les âmes des morts qui ont eu la chance de se retrouver dans cette partie des Enfers appelée « Champs Élysées » où parvient le héros troyen Énée guidé par la Sibylle (« dans ces heureux bocages, dans ces délicieux vergers, dans ces demeures fortunées, où les âmes jouissent d'un bonheur parfait », VI, vers 638-639).

chez eux. Ils font, avec les écailles de ces huîtres perlières, des espèces de castagnettes qui sont un de leurs instruments de danse. (...) Le peuple de Tahiti est composé de deux races d'hommes très différentes, qui cependant ont la même langue, les mêmes mœurs et qui paraissent se mêler ensemble sans distinction. La première, et c'est la plus nombreuse, produit des hommes de la plus grande taille : il est d'ordinaire d'en voir de six pieds et plus.

Je n'ai jamais rencontré d'hommes mieux faits ni mieux proportionnés ; pour peindre Hercule et Mars, on ne trouverait nulle part d'aussi beaux modèles. Rien ne distingue leurs traits de ceux des Européens ; et, s'ils étaient vêtus, s'ils vivaient moins à l'air et au grand soleil, ils seraient aussi blancs que nous. En général, leurs cheveux sont noirs.

La seconde race est d'une taille médiocre, a les cheveux crépus et durs comme du crin ; sa couleur et ses traits diffèrent peu de ceux des mulâtres. Le Tahitien qui s'est embarqué avec nous est de cette seconde race, quoique son père soit chef d'un canton ; mais il possède en intelligence ce qui lui manque du côté de la beauté.

Les uns et les autres se laissent croître la partie inférieure de la barbe ; mais ils ont tous les moustaches et le haut des joues rasés. Ils laissent aussi toute leur longueur aux ongles, excepté à celui du doigt du milieu de la main droite. Quelques-uns se coupent les cheveux très court ; d'autres les laissent croître et les portent attachés sur le sommet de la tête. Tous ont l'habitude de se les oindre, ainsi que la barbe, avec de l'huile de coco. Je n'ai rencontré qu'un seul homme estropié et qui paraissait l'avoir été par une chute. Notre chirurgien major m'a assuré qu'il avait vu sur plusieurs les traces de la petite vérole, et j'avais pris toutes les mesures possibles pour que nous ne leur communiquassions pas l'autre, ne pouvant supposer qu'ils en fussent attaqués.

On voit souvent les Tahitiens nus, sans autre vêtement qu'une ceinture qui leur couvre les parties naturelles. Cependant les principaux s'enveloppent ordinairement dans une grande pièce d'étoffe qu'ils laissent tomber jusqu'aux genoux. C'est aussi là le seul habillement des femmes, et elles savent l'arranger avec assez d'art pour rendre ce simple ajustement susceptible de coquetterie. Comme les Tahitiennes ne vont jamais au soleil sans être couvertes, et qu'un petit chapeau de cannes, garni de fleurs, défend leur visage de ses rayons, elles sont beaucoup plus blanches que les hommes. Elles ont les traits assez délicats ; mais ce qui les distingue, c'est la beauté de leurs corps dont les contours n'ont point été défigurés par quinze ans de torture.

Au reste, tandis qu'en Europe les femmes se peignent en rouge les joues, celles de Tahiti se peignent d'un bleu foncé les reins et les fesses ; c'est une parure et en même temps une marque de distinction. Les hommes sont soumis à la même mode. Je ne sais comment ils s'impriment ces traits ineffaçables ; je pense que c'est en piquant la peau et y versant le suc de certaines herbes, ainsi que je l'ai vu pratiquer aux indigènes du Canada. Il est à remarquer que de tout temps on a trouvé cette peinture à la mode chez les peuples voisins encore de l'état de nature. (...) L'usage de se peindre y est donc une mode comme à Paris. Un autre usage de Tahiti, commun aux hommes et aux femmes, c'est de se percer les oreilles et d'y porter des perles ou des fleurs de toute espèce. La plus grande propreté embellit encore ce peuple aimable. Ils se baignent sans cesse et jamais ils ne mangent ni ne boivent sans se laver avant et après.

Le caractère de la nation nous a paru être doux et bienfaisant. Il ne semble pas qu'il y ait dans l'île aucune guerre civile, aucune haine particulière, quoique le pays soit divisé en petits cantons qui ont chacun leur seigneur indépendant. Il est probable que les Tahitiens pratiquent entre eux une bonne foi dont ils ne doutent point. Qu'ils soient chez eux ou non, jour ou nuit, les maisons sont ouvertes. Chacun cueille les fruits sur le premier arbre qu'il rencontre, en prend dans la maison où il entre. Il paraîtrait que, pour les choses absolument nécessaires à la vie, il n'y a point de propriété et que tout est à tous.

Avec nous, ils étaient filous habiles, mais d'une timidité qui les faisait fuir à la moindre menace. Au reste, on a vu que les chefs n'approuvaient point ces vols, qu'ils nous pressaient au contraire de tuer ceux qui les commettaient. Ereti, cependant, n'usait point de cette sévérité qu'il nous recommandait. Lui dénoncions-nous quelque voleur, il le poursuivait lui-même à toutes jambes ; l'homme fuyait et, s'il était joint, ce qui arrivait ordinairement, car Ereti était infatigable à la course, quelques coups de bâton et une restitution forcée étaient le seul châtiment du coupable.

Je ne croyais pas même qu'ils connussent de punition plus forte, attendu que, quand ils voyaient mettre quelqu'un de nos gens aux fers, ils en témoignaient une peine sensible ; mais j'ai su depuis, à n'en pas douter, qu'ils ont l'usage de pendre les voleurs à des arbres, ainsi qu'on le pratique dans nos armées.

Ils sont presque toujours en guerre avec les habitants des îles voisines. Nous avons vu les grandes pirogues qui leur servent pour les descentes et même pour des combats de mer. Ils ont pour armes l'arc, la fronde et une espèce de pique d'un bois fort dur. La guerre se fait chez eux d'une manière cruelle. Suivant ce que nous a appris Aotourou, ils tuent les hommes et les enfants mâles pris dans les combats ; ils leur lèvent la peau du menton avec la barbe, qu'ils portent comme un trophée de victoire ; ils conservent seulement les femmes et les filles, que les vainqueurs ne dédaignent pas d'admettre dans leur lit ; Aotourou lui-même est le fils d'un chef tahitien et d'une captive de l'île de Oopoa, île voisine et souvent ennemie de Tahiti. J'attribue à ce mélange la différence que nous avons remarquée dans l'espèce des hommes. J'ignore, au reste, comme ils pansent leurs blessures : nos chirurgiens en ont admiré les cicatrices. (...)

Il est fort difficile de donner des éclaircissements sur leur religion. Nous avons vu chez eux des statues de bois que nous avons prises pour des idoles ; mais quel culte leur rendent-ils ? La seule cérémonie religieuse dont nous ayons été témoins regarde les morts. Ils en conservent longtemps les cadavres étendus sur une espèce d'échafaud que couvre un hangar. L'infection qu'ils répandent n'empêche pas les femmes d'aller pleurer auprès du corps une partie du jour, et d'oindre d'huile de coco les froides reliques de leur affection. Celles dont nous étions connus nous ont laissés quelquefois approcher de ce lieu consacré aux mânes : *Emoé, il dort*, nous disaient-elles. Lorsqu'il ne reste plus que les squelettes, on les transporte dans la maison, et j'ignore combien de temps on les y conserve. Je sais seulement, parce que je l'ai vu, qu'alors un homme considéré dans la nation vient y exercer son ministère sacré, et que, dans ces lugubres cérémonies, il porte des ornements assez recherchés.

Nous avons fait sur sa religion beaucoup de questions à Aotourou et nous avons cru comprendre qu'en général ses compatriotes sont fort superstitieux, que les prêtres ont chez eux la plus redoutable autorité, qu'indépendamment d'un être supérieur, nommé *Eri-t-Era*, le Roi du Soleil ou de la Lumière, être qu'ils ne représentent par aucune image matérielle, ils admettent plusieurs divinités, les unes bienfaisantes, les autres malfaisantes ; que le nom de ces divinités ou génies est *Eatoua*, qu'ils attachent à chaque action importante de la vie un bon et un mauvais génie, lesquels y président et décident du succès ou du malheur. Ce que nous avons compris avec certitude, c'est que, quand la lune présente un certain aspect, qu'ils nomment *Malama Tamal*, Lune en état de guerre, aspect qui ne nous a pas montré de caractère distinctif qui puisse nous servir à le définir, ils sacrifient des victimes humaines.

De tous leurs usages, un de ceux qui me surprend le plus, c'est l'habitude qu'ils ont de saluer ceux qui éternuent, en leur disant : *Evaroua-teatoua, que le bon eatoua te réveille, ou bien que le mauvais eatoua ne t'endorme pas.* Voilà des traces d'une origine commune avec les nations de l'ancien continent. Au reste, c'est surtout en traitant de la religion des peuples que le scepticisme est raisonnable, puisqu'il n'y a point de matière dans laquelle il soit plus facile de prendre la lueur pour l'évidence.

La polygamie paraît générale chez eux, du moins parmi les principaux. Comme leur seule passion est l'amour, le grand nombre des femmes est le seul luxe des riches. Les enfants partagent également les soins du père et de la mère. Ce n'est pas l'usage à Tahiti que les hommes, uniquement occupés de la pêche et de la guerre, laissent au sexe le plus faible les travaux pénibles du ménage et de la culture. Ici une douce oisiveté est le partage des femmes, et le soin de plaire leur plus sérieuse occupation. Je ne saurais assurer si le mariage est un engagement civil ou consacré par la religion, s'il est indissoluble ou sujet au divorce. Quoi qu'il en soit, les femmes doivent à leurs maris une soumission entière ; elles laveraient dans leur sang une infidélité commise sans l'aveu de l'époux. Son consentement, il est vrai, n'est pas difficile à obtenir, et la jalousie est ici un sentiment si étranger que le mari est ordinairement le premier à presser sa femme de se livrer. Une fille n'éprouve à cet égard aucune gêne ; tout l'invite à suivre le penchant de son cœur ou la loi de ses sens, et les applaudissements publics honorent sa défaite. Il ne semble pas que le grand nombre d'amants passagers qu'elle peut avoir eu l'empêche de trouver ensuite un mari. Pourquoi donc résisterait-elle à l'influence du climat, à la séduction de l'exemple ? L'air qu'on respire, les chants, la danse presque toujours accompagnée de postures lascives, tout rappelle à chaque instant les douceurs de l'amour, tout crie de s'y livrer. Ils dansent au son d'une espèce de tambour, et, lorsqu'ils chantent, ils accompagnent la voix avec une flûte très douce à trois ou quatre trous, dans laquelle, comme nous l'avons déjà dit, ils soufflent avec le nez. Ils ont aussi une espèce de lutte qui est en même temps exercice et jeu.

Cette habitude de vivre continuellement dans le plaisir donne aux Tahitiens un penchant marqué pour cette douce plaisanterie, fille du repos et de la joie. Ils en contractent aussi dans le caractère une légèreté dont nous étions tous les jours étonnés. Tout les frappe, rien ne les occupe ; au milieu des objets nouveaux que nous leur présentions, nous n'avons jamais réussi à fixer deux minutes de suite l'attention d'aucun d'eux. Il semble que la moindre réflexion leur soit un travail insupportable et qu'ils fuient encore plus les fatigues de l'esprit que celles du corps.

Je ne les accuserai cependant pas de manquer d'intelligence. Leur adresse et leur industrie, dans le peu d'ouvrages nécessaires dont ne sauraient les dispenser l'abondance du pays et la beauté du climat, démentiraient ce témoignage. (...)

Je terminerai ce chapitre en me justifiant, car on m'oblige à me servir de ce terme, en me justifiant, dis-je, d'avoir profité de la bonne volonté d'Aotourou pour lui faire faire un voyage qu'assurément il ne croyait pas devoir être aussi long et en rendant compte des connaissances qu'il m'a données sur son pays pendant le séjour qu'il a fait avec moi.

Le zèle de cet insulaire pour nous suivre n'a pas été équivoque. Dès les premiers jours de notre arrivée à Tahiti, il nous l'a manifesté de la manière la plus expressive, et sa nation parut applaudir à son projet. Forcés de parcourir une mer inconnue et certains de ne devoir désormais qu'à l'humanité des peuples que nous allions découvrir les secours et les rafraîchissements dont notre vie dépendait, il nous était essentiel d'avoir avec nous un homme d'une des îles les plus considérables de cette mer. (...) Dieu veuille que le besoin et le zèle qui nous ont inspirés ne soient pas funestes au courageux Aotourou !

Je n'ai épargné ni l'argent ni les soins pour lui rendre son séjour à Paris agréable et utile. Il y est resté onze mois, pendant lesquels il n'a témoigné aucun ennui. L'empressement pour le voir a été vif, curiosité stérile qui n'a servi presque qu'à donner des idées fausses à ces hommes persifleurs par état, qui ne sont jamais sortis de la capitale, qui n'approfondissent rien et qui, livrés à des erreurs de toute espèce, ne voient que d'après leurs préjugés et décident cependant avec sévérité et sans appel. Comment, par exemple, me disaient quelques-uns, dans le pays de cet homme on ne parle ni français, ni anglais, ni espagnol ? Que pouvais-je répondre ? (...)

Le Tahitien, au contraire, n'ayant que le petit nombre d'idées relatives d'une part à la société la plus simple et la plus bornée, de l'autre à des besoins réduits au plus petit nombre possible, aurait eu à créer, pour ainsi dire, dans un esprit aussi paresseux que son corps, un monde d'idées premières, avant que de pouvoir parvenir à leur adapter les mots de notre langue qui les expriment. Voilà peut-être ce que j'aurais pu répondre, mais ce détail demandait quelques minutes, et j'ai presque toujours remarqué qu'accablé de questions comme je l'étais, quand je me disposais à y satisfaire, les personnes qui m'en avaient honoré étaient déjà loin de moi. C'est qu'il est fort commun dans les capitales de trouver des gens qui questionnent non en curieux qui veulent s'instruire, mais en juges qui s'apprêtent à prononcer : alors, qu'ils entendent la réponse ou ne l'entendent point, ils n'en prononcent pas moins.

Cependant, quoique Aotourou estropiât à peine quelques mots de notre langue, tous les jours il sortait seul, il parcourait la ville, et jamais il ne s'est égaré. Souvent il faisait des emplettes, et presque jamais il n'a payé les choses au-delà de leur valeur. Le seul de nos spectacles qui lui plût était l'opéra : car il aimait passionnément la danse. (...)

J'ai dit plus haut que les habitants de Tahiti nous avaient paru vivre dans un bonheur digne d'envie. Nous les avions crus presque égaux entre eux, ou du moins jouissant d'une liberté qui n'était soumise qu'aux lois établies pour le bonheur de tous. Je me trompais, la distinction des rangs est fort marquée à Tahiti, et la disproportion cruelle. Les rois et les grands ont droit de vie ou de mort sur leurs esclaves et valets ; je serais même tenté de croire qu'ils ont aussi ce droit barbare sur les gens du peuple qu'ils nomment *Tata-einou*, hommes vils ; toujours est-il sûr que c'est dans cette classe infortunée qu'on prend les victimes pour les sacrifices humains.

La viande et le poisson sont réservés à la table des grands ; le peuple ne vit que de légumes et de fruits. Jusqu'à la manière de s'éclairer dans la nuit différencie les états, et l'espèce de bois qui brûle pour les gens considérables n'est pas la même que celle dont il est permis au peuple de se servir. Les rois seuls peuvent planter devant leurs maisons l'arbre que nous nommons le saule pleureur ou l'arbre du grand seigneur. On sait qu'en courbant les branches de cet arbre et en les plantant en terre, on donne à son ombre la direction et l'étendue qu'on désire ; à Tahiti il est la salle-à-manger des rois.

Les seigneurs ont des livrées pour leurs valets ; suivant que la qualité des maîtres est plus ou moins élevée, les valets portent plus ou moins haut la pièce d'étoffe dont ils se ceignent. Cette ceinture prend immédiatement sous les bras aux valets des chefs, elle ne couvre que les reins aux valets de la dernière classe des nobles. Les heures ordinaires des repas sont lorsque le soleil passe au méridien et lorsqu'il est couché. Les hommes ne mangent point avec les femmes, celles-ci seulement servent aux hommes les mets que les valets ont apprêtés.

À Tahiti, on porte régulièrement le deuil qui se nomme *eeva*. Toute la nation porte le deuil de ses rois. Le deuil des pères est fort long. Les femmes portent celui des maris sans que ceux-ci leur rendent la pareille. Les marques de deuil sont de porter sur la tête une coiffure de plumes dont la couleur est consacrée à la mort, et de se couvrir le visage d'un voile. Quand les gens en deuil sortent de leurs maisons, ils sont précédés de plusieurs esclaves qui battent des castagnettes d'une certaine manière ; leur son lugubre avertit tout le monde de se ranger, soit qu'on respecte la douleur des gens en deuil, soit qu'on craigne leur approche comme sinistre et malencontreuse. Au reste, il en est à Tahiti comme partout ailleurs ; on y abuse des usages les plus respectables. Aotourou m'a dit que cet attirail du deuil était favorable au rendez-vous, sans doute avec les femmes dont les maris sont peu complaisants. Cette claquette dont le son respecté écarte tout le monde, ce voile qui cache le visage, assurent aux amants le secret et l'impunité. (...)

J'ai appris d'Aotourou qu'environ huit mois avant notre arrivée sur l'île un vaisseau anglais y avait abordé. C'est celui que commandait M. Wallis. Le même hasard qui nous a fait découvrir cette île y a conduit les Anglais pendant que nous étions à la rivière de la Plata. Ils y ont séjourné un mois, et, à l'exception d'une attaque que leur ont faite les insulaires qui se flattaient d'enlever le vaisseau, tout s'est passé à l'amiable. Voilà, sans doute, d'où proviennent et la connaissance du fer que nous avons trouvée aux Tahitiens, et le nom d'*aouri* qu'ils lui donnent, un nom assez semblable pour le son au mot anglais *iron*, fer, qui se prononce « airon ». J'ignore maintenant si les Tahitiens, avec la connaissance du fer, doivent aussi aux Anglais celle des maux vénériens que nous y avons trouvés naturalisés, comme on le verra bientôt. (...)

Depuis quelque temps, il courait un bruit dans les deux navires que le domestique de M. de Commerçon, nommé Baré, était une femme. Sa structure, le son de sa voix, son menton sans barbe, son attention scrupuleuse à ne jamais changer de linge, ni faire ses nécessités devant qui que ce fût, plusieurs autres indices avaient fait naître et accréditaient le soupçon. Cependant, comment reconnaître une femme dans cet infatigable Baré, botaniste déjà fort exercé, que nous avons vu suivre son maître dans toutes ses herborisations, au milieu des neiges et sur les monts glacés du détroit de Magellan, et porter même dans ces marches pénibles les provisions de bouche, les armes et les cahiers de plantes avec un courage et une force qui lui avaient mérité du naturaliste le surnom de sa bête de somme ? Il fallait qu'une scène qui se passa à Tahiti changeât le soupçon en certitude. M. de Commerçon y descendit pour herboriser. À peine Baré, qui le suivait avec les cahiers sous son bras, eut mis pied à terre, que les Tahitiens l'entourent, crient que c'est une femme et veulent lui faire les honneurs de l'île. Le chevalier de Bournand, qui était de garde à terre, fut obligé de venir à son secours et de l'escorter jusqu'au bateau. Depuis ce temps il était assez difficile d'empêcher que les matelots n'alarmassent quelquefois sa pudeur. Quand je fus à bord de L'Étoile, Baré, les yeux baignés de larmes, m'avoua qu'elle était une fille : elle me dit qu'à Rochefort elle avait trompé son maître en se présentant à lui sous des habits d'homme au moment même de son embarquement ; qu'elle avait déjà servi, comme laquais, un Genevois à Paris ; que, née en Bourgogne et orpheline, la perte d'un procès l'avait réduite dans la misère et lui avait fait prendre le parti de déguiser son sexe ; qu'au reste, elle savait, en s'embarquant, qu'il s'agissait de faire le tour du monde et que ce voyage avait piqué sa curiosité. Elle sera la première, et je lui dois la justice qu'elle s'est toujours conduite à bord avec la plus scrupuleuse sagesse. Elle n'est ni laide ni jolie, et n'a pas plus de vingt-six ou vingt-sept ans. Il faut convenir que, si les deux vaisseaux eussent fait naufrage sur quelque île déserte de ce vaste océan, la chance eût été fort singulière pour Baré.

(fin du chapitre et de la partie consacrée à Tahiti)

VOLTAIRE

L'Ingénu [1]

CHAPITRE I :
COMMENT LE PRIEUR DE NOTRE-DAME DE LA MONTAGNE
ET MADEMOISELLE SA SŒUR RENCONTRÈRENT UN HURON

La scène se passe à Saint-Malo.

(...) En l'année 1689, le 15 juillet au soir, l'abbé de Kerkabon, prieur de Notre-Dame de la Montagne, se promenait sur le bord de la mer avec Mlle de Kerkabon, sa sœur, pour prendre le frais. (...) Ils virent entrer dans la baie de Rance un petit bâtiment qui arrivait avec la marée : c'était des Anglais qui venaient vendre quelques denrées de leur pays. Ils sautèrent à terre, sans regarder monsieur le prieur ni mademoiselle sa sœur, qui fut très choquée du peu d'attention qu'on avait pour elle.

Il n'en fut pas de même d'un jeune homme très bien fait, qui s'élança d'un saut par-dessus la tête de ses compagnons, et se trouva vis-à-vis mademoiselle. Il lui fit un signe de tête, n'étant pas dans l'usage de faire la révérence. Sa figure et son ajustement attirèrent les regards du frère et de la sœur. Il était nu-tête et nu-jambes, les pieds chaussés de petites sandales, le chef orné de longs cheveux en tresses, un petit pourpoint qui serrait une taille fine et dégagée ; l'air martial et doux. Il tenait dans sa main une petite bouteille d'eau des Barbades, et dans l'autre une

---

1. *L'Ingénu* est disponible, avec *Micromégas*, en Pocket Classiques, n° 6083.

espèce de bourse dans laquelle était un gobelet et de très bon biscuit de mer. Il parlait français fort intelligiblement. Il présenta de son eau des Barbades à Mlle de Kerkabon et à monsieur son frère ; il en but avec eux ; il leur en fit reboire encore, et tout cela d'un air si simple et si naturel que le frère et la sœur en furent charmés. Ils lui offrirent leurs services, en lui demandant qui il était et où il allait. Le jeune homme leur répondit qu'il n'en savait rien, qu'il était curieux, qu'il avait voulu voir comment les côtes de France étaient faites, qu'il était venu, et allait s'en retourner.

Monsieur le prieur, jugeant à son accent qu'il n'était pas anglais, prit la liberté de lui demander de quel pays il était. « Je suis huron », lui répondit le jeune homme.

Mlle de Kerkabon, étonnée et enchantée de voir un Huron qui lui avait fait des politesses, pria le jeune homme à souper ; il ne se fit pas prier deux fois, et tous trois allèrent de compagnie au prieuré de Notre-Dame de la Montagne.

La courte et ronde demoiselle le regardait de tous ses petits yeux, et disait de temps en temps au prieur : « Ce garçon-là a un teint de lis et de rose ! qu'il a une belle peau pour un Huron ! — Vous avez raison, ma sœur », disait le prieur. Elle faisait cent questions coup sur coup, et le voyageur répondait toujours fort juste.

Le bruit se répandit bientôt qu'il y avait un Huron au prieuré. La bonne compagnie du canton s'empressa d'y venir souper. L'abbé de Saint-Yves y vint avec mademoiselle sa sœur, jeune Basse-Brette, fort jolie et très bien élevée. Le bailli, le receveur des tailles et leurs femmes furent du souper. On plaça l'étranger entre Mlle de Kerkabon et Mlle de Saint-Yves. Tout le monde le regardait avec admiration ; tout le monde lui parlait et l'interrogeait à la fois ; le Huron ne s'en émouvait pas. Il semblait qu'il eût pris pour sa devise celle de milord Bolingbroke : *nihil admirari*. Mais à la fin, excédé de tant de bruit, il leur dit avec assez de douceur, mais avec un peu de fermeté : « Messieurs, dans mon pays on parle l'un après l'autre ; comment voulez-vous que je vous réponde quand vous m'empêchez de vous entendre ? » La raison fait toujours rentrer les hommes en eux-mêmes pour quelques moments. Il se fit un grand silence. Monsieur le bailli, qui s'emparait toujours des étrangers dans quelque maison qu'il se trouvât, et qui était le plus grand questionneur de la province, lui dit en ouvrant la bouche d'un demi-pied :

« Monsieur, comment vous nommez-vous ? — On m'a toujours appelé *l'Ingénu,* reprit le Huron, et on m'a confirmé ce nom en Angleterre, parce que je dis toujours naïvement ce que je pense, comme je fais tout ce que je veux.

— Comment, étant né huron, avez-vous pu, monsieur, venir en Angleterre ? — C'est qu'on m'y a mené ; j'ai été fait, dans un combat, prisonnier par les Anglais, après m'être assez bien défendu ; et les Anglais, qui aiment la bravoure, parce qu'ils sont braves et qu'ils sont aussi honnêtes que nous, m'ayant proposé de me rendre à mes parents ou de venir en Angleterre, j'acceptai le dernier parti parce que de mon naturel j'aime passionnément à voir du pays. (...) »

Mlle de Saint-Yves était fort curieuse de savoir comment on faisait l'amour au pays des Hurons. « En faisant de belles actions, répondit-il, pour plaire aux personnes qui vous ressemblent. » Tous les convives applaudirent avec étonnement. Mlle de Saint-Yves rougit, et fut fort aise. Mlle de Kerkabon rougit aussi, mais elle n'était pas si aise ; elle fut un peu piquée que la galanterie ne s'adressât pas à elle, mais elle était si bonne personne que son affection pour le Huron n'en fut point du tout altérée. Elle lui demanda, avec beaucoup de bonté, combien il avait eu de maîtresses en Huronie. « Je n'en ai jamais eu qu'une, dit l'Ingénu ; c'était Mlle Abacaba, la bonne amie de ma chère nourrice ; les joncs ne sont pas plus droits, l'hermine n'est pas plus blanche, les moutons sont moins doux, les aigles moins fiers, et les cerfs ne sont pas si légers que l'était Abacaba. Elle poursuivait un jour un lièvre dans notre voisinage, environ à cinquante lieues de notre habitation. Un Algonquin mal élevé, qui habitait cent lieues plus loin, vint lui prendre son lièvre ; je le sus, j'y courus, je terrassai l'Algonquin d'un coup de massue, je l'amenai aux pieds de ma maîtresse, pieds et poings liés. Les parents d'Abacaba voulurent le manger, mais je n'eus jamais de goût pour ces sortes de festins ; je lui rendis sa liberté, j'en fis un ami. Abacaba fut si touchée de mon procédé qu'elle me préféra à tous ses amants. Elle m'aimerait encore si elle n'avait pas été mangée par un ours. J'ai puni l'ours, j'ai porté longtemps sa peau, mais cela ne m'a pas consolé. »

Mlle de Saint-Yves, à ce récit, sentait un plaisir secret d'apprendre que l'Ingénu n'avait eu qu'une maîtresse, et qu'Abacaba n'était plus ; mais elle ne démêlait pas la cause de son plaisir. Tout le monde fixait les yeux sur l'Ingénu ; on le louait beaucoup d'avoir empêché ses camarades de manger un Algonquin.

L'impitoyable bailli, qui ne pouvait réprimer sa fureur de questionner, poussa enfin la curiosité jusqu'à s'informer de quelle religion était monsieur le Huron ; s'il avait choisi la religion anglicane, ou la gallicane, ou la huguenote. « Je suis de ma religion, dit-il, comme vous de la vôtre. — Hélas ! s'écria la Kerkabon, je vois bien que ces malheureux Anglais n'ont pas seulement songé à le baptiser. — Eh ! mon Dieu, disait Mlle de Saint-Yves, comment se peut-il que les Hurons ne soient pas catholiques ? Est-ce que les RR. PP. jésuites ne les ont pas tous convertis ? » L'Ingénu l'assura que dans son pays on ne convertissait personne ; que jamais un vrai Huron n'avait changé d'opinion, et que même il n'y avait point dans sa langue de terme qui signifiât *inconstance*. Ces derniers mots plurent extrêmement à Mlle de Saint-Yves.

« Nous le baptiserons, nous le baptiserons, disait la Kerkabon à monsieur le prieur ; vous en aurez l'honneur, mon cher frère ; je veux absolument être sa marraine ; M. l'abbé de Saint-Yves le présentera sur les fonts : ce sera une cérémonie bien brillante ; il en sera parlé dans toute la Basse-Bretagne, et cela nous fera un honneur infini. » Toute la compagnie seconda la maîtresse de la maison ; tous les convives criaient : « Nous le baptiserons ! » L'Ingénu répondit qu'en Angleterre on laissait vivre les gens à leur fantaisie. Il témoigna que la proposition ne lui plaisait point du tout, et que la loi des Hurons valait pour le moins la loi des Bas-Bretons ; enfin, il dit qu'il repartait le lendemain. On acheva de vider sa bouteille d'eau des Barbades, et chacun s'alla coucher.

Quand on eut reconduit l'Ingénu dans sa chambre, Mlle de Kerkabon et son amie Mlle de Saint-Yves ne purent se tenir de regarder par le trou d'une large serrure pour voir comment dormait un Huron. Elles virent qu'il avait étendu la couverture du lit sur le plancher, et qu'il reposait dans la plus belle attitude du monde.

CHAPITRE III : LE HURON, NOMMÉ L'INGÉNU, CONVERTI

(...) L'Ingénu avait une mémoire excellente. La fermeté des organes de Basse-Bretagne, fortifiée par le climat du Canada, avait rendu sa tête si vigoureuse que, quand on frappait dessus, à peine le sentait-il ; et, quand on gravait dedans, rien ne s'effaçait ; il n'avait jamais rien oublié. Sa conception était d'autant plus vive et plus nette que, son enfance n'ayant point été chargée des inutilités et des sottises qui accablent la nôtre, les choses entraient dans sa cervelle sans nuage. Le prieur résolut enfin de lui faire lire le Nouveau Testament. L'Ingénu le dévora avec beaucoup de plaisir ; mais, ne sachant ni dans quel temps ni dans quel pays toutes les aventures rapportées dans ce livre étaient arrivées, il ne douta point que le lieu de la scène ne fût en Basse-Bretagne, et il jura qu'il couperait le nez et les oreilles à Caïphe et à Pilate si jamais il rencontrait ces marauds-là. (...)

CHAPITRE IV : L'INGÉNU BAPTISÉ

L'abbé de Kerkabon a découvert que l'Ingénu est le fils de son frère disparu lors d'une expédition contre les Hurons et décide de le faire baptiser.

(...) On avait donné le nom d'Hercule au baptisé. L'évêque de Saint-Malo demandait toujours quel était ce patron dont il n'avait jamais entendu parler. Le jésuite, qui était fort savant, lui dit que c'était un saint qui avait fait douze miracles. Il y en avait un treizième qui valait les douze autres, mais dont il ne convenait pas à un jésuite de parler ; c'était celui d'avoir changé cinquante filles en femmes en une seule nuit. Un plaisant qui se trouva là releva ce miracle avec énergie. Toutes les dames baissèrent les yeux, et jugèrent à la physionomie de l'Ingénu qu'il était digne du saint dont il portait le nom.

CHAPITRE V : L'INGÉNU AMOUREUX

Il faut avouer que depuis ce baptême et ce dîner, Mlle de Saint-Yves souhaita passionnément que monsieur l'évêque la fît encore participante de quelque beau sacrement avec M. Hercule l'Ingénu. Cependant, comme elle était bien élevée et fort modeste, elle n'osait convenir tout à fait avec elle-même de ses tendres sentiments ; mais s'il lui échappait un regard, un mot, un geste, une pensée, elle enveloppait tout cela d'un voile de pudeur infiniment aimable. Elle était tendre, vive et sage.

Dès que monsieur l'évêque fut parti, l'Ingénu et Mlle de Saint-Yves se rencontrèrent sans avoir fait réflexion qu'ils se cherchaient. Ils se parlèrent sans avoir imaginé ce qu'ils se diraient. L'Ingénu lui dit d'abord qu'il l'aimait de tout son cœur, et que la belle Abacaba, dont il avait été fou dans son pays, n'approchait pas d'elle. Mademoiselle lui répondit, avec sa modestie ordinaire, qu'il fallait en parler au plus vite à monsieur le prieur son oncle et à mademoiselle sa tante, et que de son côté elle en dirait deux mots à son cher frère l'abbé de Saint-Yves, et qu'elle se flattait d'un consentement commun.

L'Ingénu lui répond qu'il n'avait besoin du consentement de personne ; qu'il lui paraissait extrêmement ridicule d'aller demander à d'autres ce qu'on devait faire ; que, quand deux parties sont d'accord, on n'a pas besoin d'un tiers pour les accommoder. « Je ne consulte personne, dit-il, quand j'ai envie de déjeuner, ou de chasser, ou de dormir. Je sais bien qu'en amour il n'est pas mal d'avoir le consentement de la personne à qui on en veut ; mais, comme ce n'est ni de mon oncle ni de ma tante que je suis amoureux, ce n'est pas à eux que je dois m'adresser dans cette affaire ; et, si vous m'en croyez, vous vous passerez aussi de M. l'abbé de Saint-Yves. »

On peut juger que la belle Bretonne employa toute la délicatesse de son esprit à réduire son Huron aux termes de la bienséance. Elle se fâcha même, et bientôt se radoucit. Enfin on ne sait comment aurait fini cette conversation, si, le jour baissant, monsieur l'abbé n'avait ramené sa sœur à son abbaye. L'Ingénu laissa coucher son oncle et sa tante, qui étaient un peu fatigués de la cérémonie et de leur long dîner. Il passa une partie de la nuit à faire des vers en langue huronne pour sa bien-aimée : car il faut savoir qu'il n'y aucun pays de la terre où l'amour n'ait rendu les amants poètes.

Le lendemain, son oncle lui parla ainsi après le déjeuner, en présence de Mlle de Kerkabon, qui était tout attendrie : « Le ciel soit loué de ce que vous avez l'honneur, mon cher neveu, d'être chrétien et Bas-Breton ! mais cela ne suffit pas ; je suis un peu sur l'âge ; mon frère n'a laissé qu'un petit coin de terre qui est très peu de chose ; j'ai un bon prieuré : si vous voulez seulement vous faire sous-diacre, comme je l'espère, je vous résignerai mon prieuré, et. vous vivrez fort à votre aise, après avoir été la consolation de ma vieillesse. »

L'Ingénu répondit : « Mon oncle, grand bien vous fasse ! vivez tant que vous pourrez. Je ne sais pas ce que c'est que d'être sous-diacre ni que de résigner ; mais tout me sera bon pourvu que j'aie Mlle de Saint-Yves à ma disposition. — Eh, mon Dieu ! mon neveu, que me dites-vous là ? Vous aimez donc cette belle demoiselle à la folie ? — Oui, mon oncle. — Hélas ! mon neveu, il est impossible que vous l'épousiez. — Cela est très possible, mon oncle ; car non seulement elle m'a serré la main en me quittant, mais elle m'a promis qu'elle me demanderait en mariage : et assurément je l'épouserai. — Cela est impossible, vous dis-je : elle est votre marraine ; c'est un péché épouvantable à une marraine de serrer la main de son filleul ; il n'est pas permis d'épouser sa marraine ; les lois divines et humaines s'y opposent. — Morbleu ! mon oncle, vous vous moquez de moi ; pourquoi serait-il défendu d'épouser sa marraine, quand elle est jeune et jolie ? Je n'ai point vu dans le livre que vous m'avez donné qu'il fût mal d'épouser les filles qui ont aidé les gens à être baptisés. Je m'aperçois tous les jours qu'on fait ici une infinité de choses qui ne sont point dans votre livre, et qu'on n'y fait rien de tout ce qu'il dit. Je vous avoue que cela m'étonne et me fâche. Si on me prive de la belle Saint-Yves sous prétexte de mon baptême, je vous avertis que je l'enlève et que je me débaptise. »

Le prieur fut confondu ; sa sœur pleura. « Mon cher frère, dit-elle, il ne faut pas que notre neveu se damne ; notre saint-père le pape peut lui donner dispense, et alors il pourra être chrétiennement heureux avec ce qu'il aime. » L'Ingénu embrassa sa tante. « Quel est donc, dit-il, cet homme charmant qui favorise avec tant de bonté les garçons et les filles dans leurs amours ? Je veux lui aller parler tout à l'heure. »

On lui expliqua ce que c'était que le pape, et l'Ingénu fut encore plus étonné qu'auparavant. « Il n'y a pas un mot de tout cela dans votre livre, mon cher oncle ; j'ai voyagé, je connais la mer ; nous sommes ici sur la côte de l'Océan, et je quitterais Mlle de Saint-Yves pour aller demander la permission de l'aimer à un homme qui demeure vers la Méditerranée, à quatre cents lieues d'ici, et dont je n'entends point la langue ! Cela est d'un ridicule incompréhensible ! Je vais sur-le-champ chez M. l'abbé de Saint-Yves, qui ne demeure qu'à une lieue de vous, et je vous réponds que j'épouserai ma maîtresse dans la journée. »

Comme il parlait encore, entra le bailli, qui, selon sa coutume, lui demanda où il allait : « Je vais me marier », dit l'Ingénu en courant ; et au bout d'un quart d'heure il était déjà chez sa belle et chère Basse-Brette, qui dormait encore. (...)

CHAPITRE VI :

L'INGÉNU COURT CHEZ SA MAÎTRESSE ET DEVIENT FURIEUX

À peine l'Ingénu était arrivé, qu'ayant demandé à une vieille servante où était la chambre de sa maîtresse, il avait poussé fortement la porte mal fermée et s'était élancé vers le lit. Mlle de Saint-Yves, se réveillant en sursaut, s'était écriée : « Quoi ! c'est vous ! ah ! c'est vous ! arrêtez-vous, que faites-vous ? » Il avait répondu : « Je vous épouse » ; et en effet il l'épousait, si elle ne s'était pas débattue avec toute l'honnêteté d'une personne qui a de l'éducation.

L'Ingénu n'entendait pas raillerie ; il trouvait toutes ces façons-là extrêmement impertinentes. « Ce n'était pas ainsi qu'en usait Mlle Abacaba, ma première maîtresse ; vous n'avez point de probité, vous m'avez promis mariage, et vous ne voulez point faire mariage : c'est manquer aux premières lois de l'honneur ; je vous apprendrai à tenir votre parole, et je vous remettrai dans le chemin de la vertu. »

L'Ingénu possédait une vertu mâle et intrépide, digne de son patron Hercule, dont on lui avait donné le nom à son baptême ; il allait l'exercer dans toute son étendue, lorsqu'aux cris perçants de la demoiselle plus discrètement vertueuse accourut le sage abbé de Saint-Yves, avec sa gouvernante, un vieux domestique dévot et un prêtre de la paroisse. Cette vue modéra le courage de l'assaillant. « Eh, mon Dieu ! mon cher voisin, lui dit l'abbé, que faites-vous là ? — Mon devoir, répliqua le jeune homme ; je remplis mes promesses, qui sont sacrées. »

Mlle de Saint-Yves se rajusta en rougissant. On emmena l'Ingénu dans un autre appartement. L'abbé lui remontra l'énormité du procédé. L'Ingénu se défendit sur les privilèges de la loi naturelle, qu'il connaissait parfaitement. L'abbé voulut prouver que la loi positive devait avoir tout l'avantage, et que, sans les conventions faites entre les hommes, la loi de nature ne serait presque jamais qu'un brigandage naturel. « Il faut, lui disait-il, des notaires, des prêtres, des témoins, des contrats, des dispenses. » L'Ingénu lui répondit par la réflexion que les sauvages ont toujours faite : « Vous êtes donc de bien malhonnêtes gens, puisqu'il faut entre vous tant de précautions. »

L'abbé eut de la peine à résoudre cette difficulté. « Il y a, dit-il, je l'avoue, beaucoup d'inconstants et de fripons parmi nous, et il y en aurait autant chez les Hurons s'ils étaient rassemblés dans une grande ville ; mais aussi il y a des âmes sages, honnêtes, éclairées, et ce sont ces hommes-là qui ont fait les lois. Plus on est homme de bien, plus on doit s'y soumettre ; on donne l'exemple aux vicieux, qui respectent un frein que la vertu s'est donné elle-même. »

Cette réponse frappa l'Ingénu. On a déjà remarqué qu'il avait l'esprit juste. On l'adoucit par des paroles flatteuses ; on lui donna des espérances : ce sont les deux pièges où les hommes des deux hémisphères se prennent ; on lui présenta même Mlle de Saint-Yves, quand elle eut fait sa toilette. Tout se passa avec la plus grande bienséance. Mais, malgré cette décence, les yeux étincelants de l'Ingénu Hercule firent toujours baisser ceux de sa maîtresse, et trembler la compagnie. (...)

CHAPITRE X : L'INGÉNU ENFERMÉ À LA BASTILLE AVEC UN JANSÉNISTE

L'Ingénu, dénoncé comme un dangereux agitateur par un rival jaloux, est arrêté et embastillé ; il se lie d'amitié avec un vieux janséniste.

(...) « Mon fils, tout est physique en nous, dit le bon vieillard ; toute sécrétion fait du bien au corps, et tout ce qui le soulage soulage l'âme : nous sommes les machines de la Providence. »

L'Ingénu, qui, comme nous l'avons dit plusieurs fois, avait un grand fonds d'esprit, fit de profondes réflexions sur cette idée, dont il semblait qu'il avait la semence en lui-même. Après quoi il demanda à son compagnon pourquoi sa machine était depuis deux ans sous quatre verrous. « Par la grâce efficace, répondit Gordon ; je passe pour janséniste : j'ai connu Arnauld et Nicole ; les jésuites nous ont persécutés. Nous croyons que le pape n'est qu'un évêque comme un autre ; et c'est pour cela que le père de

La Chaise a obtenu du roi, son pénitent, un ordre de me ravir, sans aucune formalité de justice, le bien le plus précieux des hommes, la liberté. — Voilà qui est bien étrange, dit l'Ingénu ; tous les malheureux que j'ai rencontrés ne le sont qu'à cause du pape.

« À l'égard de votre grâce efficace, je vous avoue que je n'y entends rien ; mais je regarde comme une grande grâce que Dieu m'ait fait trouver dans mon malheur un homme comme vous, qui verse dans mon cœur des consolations dont je me croyais incapable. »

Chaque jour la conversation devenait plus intéressante et plus instructive. Les âmes des deux captifs s'attachaient l'une à l'autre. Le vieillard savait beaucoup, et le jeune homme voulait beaucoup apprendre. Au bout d'un mois il étudia la géométrie ; il la dévorait. Gordon lui fit lire la *Physique* de Rohault, qui était encore à la mode, et il eut le bon esprit de n'y trouver que des incertitudes.

Ensuite il lut le premier volume de la *Recherche de la vérité*. Cette nouvelle lumière l'éclaira. « Quoi ! dit-il, notre imagination et nos sens nous trompent à ce point ! quoi ! les objets ne forment point nos idées, et nous ne pouvons nous les donner nous-mêmes ! » Quand il eut lu le second volume, il ne fut plus si content, et il conclut qu'il est plus aisé de détruire que de bâtir.

Son confrère, étonné qu'un jeune ignorant fît cette réflexion qui n'appartient qu'aux âmes exercées, conçut une grande idée de son esprit et s'attacha à lui davantage.

« Votre Malebranche, lui dit un jour l'Ingénu, me paraît avoir écrit la moitié de son livre avec sa raison, et l'autre avec son imagination et ses préjugés. »

Quelques jours après, Gordon lui demanda : « Que pensez-vous donc de l'âme, de la manière dont nous recevons nos idées, de notre volonté, de la grâce, du libre arbitre ? — Rien, lui repartit l'Ingénu ; si je pensais quelque chose, c'est que nous sommes sous la puissance de l'Être éternel comme les astres et les éléments ; qu'il fait tout en nous, que nous sommes de petites roues de la machine immense dont il est l'âme ; qu'il agit par des lois générales et non par des vues particulières ; cela seul me paraît intelligible, tout le reste est pour moi un abîme de ténèbres.

— Mais, mon fils, ce serait faire Dieu auteur du péché !

— Mais, mon père, votre grâce efficace ferait Dieu auteur

du péché aussi : car il est certain que tous ceux à qui cette grâce serait refusée pécheraient ; et qui nous livre au mal n'est-il pas l'auteur du mal ? »

Cette naïveté embarrassait fort le bonhomme ; il sentait qu'il faisait de vains efforts pour se tirer de ce bourbier, et il entassait tant de paroles qui paraissaient avoir du sens et qui n'en avaient point (dans le goût de la prémotion physique) que l'Ingénu en avait pitié. Cette question tenait évidemment à l'origine du bien et du mal ; et alors il fallait que le pauvre Gordon passât en revue la boîte de Pandore, l'œuf d'Orosmade percé par Arimane, l'inimitié entre Typhon et Osiris, et enfin le péché originel ; et ils couraient l'un et l'autre dans cette nuit profonde, sans jamais se rencontrer. Mais enfin ce roman de l'âme détournait leur vue de la contemplation de leur propre misère ; et par un charme étrange, la foule des calamités répandues sur l'univers diminuait la sensation de leurs peines : ils n'osaient se plaindre quand tout souffrait.

Mais dans le repos de la nuit, l'image de la belle Saint-Yves effaçait dans l'esprit de son amant toutes les idées de métaphysique et de morale. Il se réveillait les yeux mouillés de larmes ; et le vieux janséniste oubliait sa grâce efficace, et l'abbé de Saint-Cyran, et Jansénius, pour consoler un jeune homme qu'il croyait en péché mortel.

Après leurs lectures, après leurs raisonnements, ils parlaient encore de leurs aventures ; et après en avoir inutilement parlé, ils lisaient ensemble ou séparément. L'esprit du jeune homme se fortifiait de plus en plus. Il serait surtout allé très loin en mathématique, sans les distractions que lui donnait Mlle de Saint-Yves.

Il lut des histoires, elles l'attristèrent. Le monde lui parut trop méchant et trop misérable. En effet, l'histoire n'est que le tableau des crimes et des malheurs. La foule des hommes innocents et paisibles disparaît toujours sur ces vastes théâtres. Les personnages ne sont que des ambitieux pervers. Il semble que l'histoire ne plaise que comme la tragédie, qui languit si elle n'est animée par les passions, les forfaits et les grandes infortunes. Il faut armer Clio du poignard comme Melpomène. (...)

CHAPITRE XI : COMMENT L'INGÉNU DÉVELOPPE SON GÉNIE

La lecture agrandit l'âme, et un ami éclairé la console. Notre captif jouissait de ces deux avantages qu'il n'avait pas soupçonnés auparavant. « Je serais tenté, dit-il, de croire aux métamorphoses, car j'ai été changé de brute en homme. » Il se forma une bibliothèque choisie d'une partie de son argent dont on lui permettait de disposer. Son ami l'encouragea à mettre par écrit ses réflexions. Voici ce qu'il écrivit sur l'histoire ancienne :

Je m'imagine que les nations ont été longtemps comme moi, qu'elles ne se sont instruites que fort tard, qu'elles n'ont été occupées pendant des siècles que du moment présent qui coulait, très peu du passé et jamais de l'avenir. J'ai parcouru cinq ou six cents lieues du Canada, je n'y ai pas trouvé un seul monument ; personne n'y sait rien de ce qu'a fait son bisaïeul. Ne serait-ce pas là l'état naturel de l'homme ? L'espèce de ce continent-ci me paraît supérieure à celle de l'autre. Elle a augmenté son être depuis plusieurs siècles par les arts et par les connaissances. Est-ce parce qu'elle a de la barbe au menton, et que Dieu a refusé la barbe aux Américains ? Je ne le crois pas ; car je vois que les Chinois n'ont presque point de barbe, et qu'ils cultivent les arts depuis plus de cinq mille années. En effet, s'ils ont plus de quatre mille ans d'annales, il faut bien que la nation ait été rassemblée et florissante depuis plus de cinquante siècles.

Une chose me frappe surtout dans cette ancienne histoire de la Chine, c'est que presque tout y est vraisemblable et naturel. Je l'admire en ce qu'il n'y a rien de merveilleux.

Pourquoi toutes les autres nations se sont-elles donné des origines fabuleuses ? Les anciens chroniqueurs de l'histoire de France, qui ne sont pas fort anciens, font venir les Français d'un Francus, fils d'Hector. Les Romains se disaient issus d'un Phrygien quoiqu'il n'y eût pas dans leur langue un seul mot qui eût le moindre rapport à la langue de Phrygie. Les dieux avaient habité dix mille ans en Égypte et les diables en Scythie, où ils avaient engendré les Huns. Je ne vois, avant Thucydide, que des romans semblables aux Amadis, *et beaucoup moins amusants. Ce sont partout des apparitions, des oracles, des prodiges, des sortilèges, des métamorphoses, des songes expliqués, et qui font la destinée des plus grands empires et des plus petits États : ici des bêtes qui parlent, là des bêtes qu'on adore, des dieux transformés en hommes, et des hommes transformés en dieux. Ah !*

s'il nous faut des fables, que ces fables soient du moins l'emblème de la vérité ! J'aime les fables des philosophes, je ris de celles des enfants, et je hais celles des imposteurs. (...)

Il mit par écrit beaucoup d'autres réflexions qui épouvantèrent le vieux Gordon. « Quoi ! dit-il en lui-même, j'ai consumé cinquante ans à m'instruire, et je crains de ne pouvoir atteindre au bon sens naturel de cet enfant presque sauvage ! Je tremble d'avoir laborieusement fortifié des préjugés ; il n'écoute que la simple nature. » (...)

CHAPITRE XIV : PROGRÈS DE L'ESPRIT DE L'INGÉNU

L'Ingénu faisait des progrès rapides dans les sciences, et surtout dans la science de l'homme. La cause du développement rapide de son esprit était due à son éducation sauvage presque autant qu'à la trempe de son âme. Car n'ayant rien appris dans son enfance, il n'avait point appris de préjugés. Son entendement, n'ayant point été courbé par l'erreur, était demeuré dans toute sa rectitude. Il voyait les choses comme elles sont, au lieu que les idées qu'on nous donne dans l'enfance nous les font voir toute notre vie comme elles ne sont point. « Vos persécuteurs sont abominables, disait-il à son ami Gordon. Je vous plains d'être opprimé, mais je vous plains d'être janséniste. Toute secte me paraît le ralliement de l'erreur. Dites-moi s'il y a des sectes en géométrie. — Non, mon cher enfant, lui dit en soupirant le bon Gordon ; tous les hommes sont d'accord sur la vérité quand elle est démontrée, mais ils sont trop partagés sur les vérités obscures. — Dites sur les faussetés obscures. S'il y avait eu une seule vérité cachée dans vos amas d'arguments qu'on ressasse depuis tant de siècles, on l'aurait découverte sans doute ; et l'univers aurait été d'accord au moins sur ce point-là. Si cette vérité était nécessaire comme le soleil l'est à la terre, elle serait brillante comme lui. C'est une absurdité, c'est un outrage au genre humain, c'est un attentat contre l'Être infini et suprême de dire : "Il y a une vérité essentielle à l'homme, et Dieu l'a cachée." »

Tout ce que disait ce jeune ignorant, instruit par la nature, faisait une impression profonde sur l'esprit du vieux savant infortuné. « Serait-il bien vrai, s'écria-t-il, que je me fusse rendu malheureux pour des chimères ? Je suis bien plus sûr de mon malheur que de la grâce efficace. J'ai consumé mes jours à raisonner sur la liberté de Dieu et du genre humain, mais j'ai perdu la mienne ; ni saint Augustin ni Prosper ne me tireront de l'abîme où je suis. »

L'Ingénu, livré à son caractère, dit enfin : « Voulez-vous que je vous parle avec une confiance hardie ? Ceux qui se font persécuter par ces vaines disputes de l'école me semblent peu sages ; ceux qui persécutent me paraissent des monstres. »

Les deux captifs étaient fort d'accord sur l'injustice de leur captivité. « Je suis cent fois plus à plaindre que vous, disait l'Ingénu ; je suis né libre comme l'air ; j'avais deux vies, la liberté et l'objet de mon amour : on me les ôte. Nous voici tous deux dans les fers, sans en savoir la raison, et sans pouvoir la demander. J'ai vécu huron vingt ans ; on dit que ce sont des barbares parce qu'ils se vengent de leurs ennemis ; mais ils n'ont jamais opprimé leurs amis. À peine ai-je mis le pied en France que j'ai versé mon sang pour elle ; j'ai peut-être sauvé une province, et pour récompense je suis englouti dans ce tombeau des vivants, où je serais mort de rage sans vous. Il n'y a donc point de lois dans ce pays ! On condamne les hommes sans les entendre ! Il n'en est pas ainsi en Angleterre. Ah ! ce n'était pas contre les Anglais que je devais me battre. » Ainsi sa philosophie naissante ne pouvait dompter la nature outragée dans le premier de ses droits, et laissait un libre cours à sa juste colère. (...)

CHAPITRE XVI : LA BELLE SAINT-YVES CONSULTE UN JÉSUITE

Pour sauver celui qu'elle aime, Mlle de Saint-Yves s'est rendue à Versailles où un libertin influent lui fait du chantage ; elle se confie à un prêtre jésuite.

Dès que la belle et désolée Saint-Yves fut avec son bon confesseur, elle lui confia qu'un homme puissant et voluptueux lui proposait de faire sortir de prison celui qu'elle devait épouser légitimement, et qu'il demandait un grand prix de son service ; qu'elle avait une répugnance horrible pour une telle infidélité, et que, s'il ne s'agissait que de sa propre vie, elle la sacrifierait plutôt que de succomber.

« Voilà un abominable pécheur ! lui dit le père Tout-à-tous. Vous devriez bien me dire le nom de ce vilain homme ; c'est à coup sûr quelque janséniste ; je le dénoncerai à Sa Révérence le père de La Chaise, qui le fera mettre dans le gîte où est à présent la chère personne que vous devez épouser. »

La pauvre fille, après un long embarras et de grandes irrésolutions, lui nomma enfin Saint-Pouange.

« Mgr de Saint-Pouange ! s'écria le jésuite ; ah ! ma fille, c'est tout autre chose ; il est cousin du plus grand ministre que nous ayons jamais eu, homme de bien, protecteur de la bonne cause, bon chrétien ; il ne peut avoir eu une telle pensée, il faut que vous ayez mal entendu. — Ah ! mon père, je n'ai entendu que trop bien ; je suis perdue quoi que je fasse ; je n'ai que le choix du malheur et de la honte ; il faut que mon amant reste enseveli tout vivant, ou que je me rende indigne de vivre. Je ne puis le laisser périr, et je ne puis le sauver. »

Le père Tout-à-tous tâcha de la calmer par ces douces paroles :

« Premièrement, ma fille, ne dites jamais ce mot, *mon amant* ; il a quelque chose de mondain qui pourrait offenser Dieu. Dites : *mon mari* ; car, bien qu'il ne le soit pas encore, vous le regardez comme tel, et rien n'est plus honnête.

« Secondement, bien qu'il soit votre époux en idée, en espérance, il ne l'est pas en effet : ainsi vous ne commettriez pas un adultère, péché énorme qu'il faut toujours éviter autant qu'il est possible.

« Troisièmement, les actions ne sont pas d'une malice de coulpe quand l'intention est pure ; et rien n'est plus pur que de délivrer votre mari.

« Quatrièmement, vous avez des exemples dans la sainte antiquité qui peuvent merveilleusement servir à votre conduite. Saint Augustin rapporte que, sous le proconsulat de Septimius Acindynus, en l'an 340 de notre salut, un pauvre homme, ne pouvant payer à César ce qui appartenait à César, fut condamné à la mort, comme il est juste, malgré la maxime : *Où il n'y a rien le roi perd ses droits*. Il s'agissait d'une livre d'or ; le condamné avait une femme en qui Dieu avait mis la beauté et la prudence. Un vieux richard promit de donner une livre d'or, et même plus, à la dame, à condition qu'il commettrait avec elle le péché immonde. La dame ne crut point mal faire en sauvant la vie à son mari. Saint Augustin approuve fort sa généreuse résignation. Il est vrai que le vieux richard la trompa, et peut-être même son mari n'en fut pas moins pendu ; mais elle avait fait tout ce qui était en elle pour sauver sa vie.

« Soyez sûre, ma fille, que, quand un jésuite vous cite saint Augustin, il faut bien que ce saint ait pleinement raison. Je ne vous conseille rien ; vous êtes sage ; il est à présumer que vous serez utile à votre mari. Mgr de Saint-Pouange est un honnête homme, il ne vous trompera pas ; c'est tout ce que je puis vous dire ; je prierai Dieu pour vous, et j'espère que tout se passera à sa plus grande gloire. » (...)

CHAPITRE XX : LA BELLE SAINT-YVES MEURT, ET CE QUI EN ARRIVE

Mlle de Saint-Yves, qui a sauvé l'Ingénu au prix de sa vertu, s'est laissée peu à peu dépérir : le conte s'achève avec sa mort.

(...) La première idée qui vint à l'Ingénu fut de tuer Saint-Pouange et de se tuer lui-même après. Rien n'était plus à sa place ; mais il était sans armes et veillé de près. Saint-Pouange ne se rebuta point des refus accompagnés du reproche, du mépris et de l'horreur qu'il avait mérités, et qu'on lui prodigua. Le temps adoucit tout. Mons de Louvois vint enfin à bout de faire un excellent officier de l'Ingénu, qui a paru sous un autre nom à Paris et dans les armées, avec l'approbation de tous les honnêtes gens, et qui a été à la fois un guerrier et un philosophe intrépide. (...)

ROUSSEAU

Discours sur l'origine et les fondements de l'inégalité parmi les hommes[1]

PRÉFACE

La plus utile et la moins avancée de toutes les connaissances humaines me paraît être celle de l'homme et j'ose dire que la seule inscription du temple de Delphes contenait un précepte plus important et plus difficile que tous les gros livres des moralistes. Aussi je regarde le sujet de ce *Discours* comme une des questions les plus intéressantes que la philosophie puisse proposer, et malheureusement pour nous comme une des plus épineuses que les philosophes puissent résoudre. Car comment connaître la source de l'inégalité parmi les hommes, si l'on ne commence par les connaître eux-mêmes ? et comment l'homme viendra-t-il à bout de se voir tel que l'a formé la nature, à travers tous les changements que la succession des temps et des choses a dû produire dans sa constitution originelle, et de démêler ce qu'il tient de son propre fond d'avec ce que les circonstances et ses progrès ont ajouté ou changé à son état primitif ? (...)

Ce qu'il y a de plus cruel encore, c'est que tous les progrès de l'espèce humaine l'éloignant sans cesse de son état primitif, plus nous accumulons de nouvelles connaissances, et plus nous nous ôtons les moyens d'acquérir la plus importante de toutes,

---

1. Le texte de Rousseau est disponible en Pocket Agora, nº 62. Voir la présentation du *Discours* dans « Le bon sauvage », DHL.

et que c'est en un sens à force d'étudier l'homme que nous nous sommes mis hors d'état de le connaître.

Il est aisé de voir que c'est dans ces changements successifs de la constitution humaine qu'il faut chercher la première origine des différences qui distinguent les hommes, lesquels d'un commun aveu sont naturellement aussi égaux entre eux que l'étaient les animaux de chaque espèce, avant que diverses causes physiques eussent introduit dans quelques-unes les variétés que nous y remarquons. En effet, il n'est pas concevable que ces premiers changements, par quelque moyen qu'ils soient arrivés, aient altéré tout à la fois et de la même manière tous les individus de l'espèce ; mais les uns s'étant perfectionnés ou détériorés, et ayant acquis diverses qualités bonnes ou mauvaises qui n'étaient point inhérentes à leur nature, les autres restèrent plus longtemps dans leur état originel ; et telle fut parmi les hommes la première source de l'inégalité, qu'il est plus aisé de démontrer ainsi en général que d'en assigner avec précision les véritables causes.

Que mes lecteurs ne s'imaginent donc pas que j'ose me flatter d'avoir vu ce qui me paraît si difficile à voir. J'ai commencé quelques raisonnements ; j'ai hasardé quelques conjectures, moins dans l'espoir de résoudre la question que dans l'intention de l'éclaircir et de la réduire à son véritable état. D'autres pourront aisément aller plus loin dans la même route, sans qu'il soit facile à personne d'arriver au terme. Car ce n'est pas une légère entreprise de démêler ce qu'il y a d'originaire et d'artificiel dans la nature actuelle de l'homme, et de bien connaître un état qui n'existe plus, qui n'a peut-être point existé, qui probablement n'existera jamais, et dont il est pourtant nécessaire d'avoir des notions justes pour bien juger de notre état présent. (...)

Laissant donc tous les livres scientifiques qui ne nous apprennent qu'à voir les hommes tels qu'ils se sont faits, et méditant sur les premières et plus simples opérations de l'âme humaine, j'y crois apercevoir deux principes antérieurs à la raison, dont l'un nous intéresse ardemment à notre bien-être et à la conservation de nous-mêmes, et l'autre nous inspire une répugnance naturelle à voir périr ou souffrir tout être sensible et principalement nos semblables. C'est du concours et de la combinaison que notre esprit est en état de faire de ces deux principes, sans qu'il soit nécessaire d'y faire entrer celui de la sociabilité, que me paraissent découler toutes les règles du droit naturel ; règles que la raison est ensuite forcée de rétablir sur d'autres fonde-

ments, quand par ses développements successifs elle est venue
à bout d'étouffer la nature. (...)

Cette même étude de l'homme originel, de ses vrais besoins,
et des principes fondamentaux de ses devoirs, est encore le seul
bon moyen qu'on puisse employer pour lever ces foules de difficultés qui se présentent sur l'origine de l'inégalité morale, sur
les vrais fondements du corps politique, sur les droits récipro-
ques de ses membres, et sur mille autres questions semblables,
aussi importantes que mal éclaircies. (...)

QUESTION PROPOSÉE PAR L'ACADÉMIE DE DIJON :
Quelle est l'origine de l'inégalité parmi les hommes,
et si elle est autorisée par la loi naturelle.

C'est de l'homme que j'ai à parler, et la question que j'examine m'apprend que je vais parler à des hommes ; car on n'en
propose point de semblables quand on craint d'honorer la vérité.
Je défendrai donc avec confiance la cause de l'humanité devant
les sages qui m'y invitent, et je ne serai pas mécontent de moi-
même si je me rends digne de mon sujet et de mes juges.

Je conçois dans l'espèce humaine deux sortes d'inégalité ;
l'une, que j'appelle naturelle ou physique, parce qu'elle est établie par la nature, et qui consiste dans la différence d'âges, de
la santé, des forces du corps et des qualités de l'esprit, ou de
l'âme ; l'autre, qu'on peut appeler inégalité morale ou politique,
parce qu'elle dépend d'une sorte de convention, et qu'elle est
établie, ou du moins autorisée par le consentement des hommes.
Celle-ci consiste dans les différents privilèges, dont quelques-
uns jouissent, au préjudice des autres ; comme d'être plus riches,
plus honorés, plus puissants qu'eux, ou même de s'en faire
obéir. (...)

De quoi s'agit-il donc précisément dans ce *Discours* ? De
marquer dans le progrès des choses le moment où, le droit suc-
cédant à la violence, la nature fut soumise à la loi ; d'expliquer
par quel enchaînement de prodiges le fort put se résoudre à servir
le faible, et le peuple à acheter un repos en idée, au prix d'une
félicité réelle.

Les philosophes qui ont examiné les fondements de la société
ont tous senti la nécessité de remonter jusqu'à l'état de nature,
mais aucun d'eux n'y est arrivé. Les uns n'ont point balancé à

supposer à l'homme dans cet état la notion du juste et de l'injuste, sans se soucier de montrer qu'il dût avoir cette notion, ni même qu'elle lui fût utile. D'autres ont parlé du droit naturel que chacun a de conserver ce qui lui appartient, sans expliquer ce qu'ils entendaient par appartenir ; d'autres donnant d'abord au plus fort l'autorité sur le plus faible, ont aussitôt fait naître le gouvernement, sans songer au temps qui dut s'écouler avant que le sens des mots d'autorité et de gouvernement pût exister parmi les hommes. Enfin tous, parlant sans cesse de besoin, d'avidité, d'oppression, de désirs et d'orgueil, ont transporté à l'état de nature des idées qu'ils avaient prises dans la société. Ils parlaient de l'homme sauvage, et ils peignaient l'homme civil. (...)

La religion nous ordonne de croire que Dieu lui-même ayant tiré les hommes de l'état de nature, immédiatement après la création, ils sont inégaux parce qu'il a voulu qu'ils le fussent ; mais elle ne nous défend pas de former des conjectures tirées de la seule nature de l'homme et des êtres qui l'environnent, sur ce qu'aurait pu devenir le genre humain, s'il fût resté abandonné à lui-même. Voilà ce qu'on me demande, et ce que je me propose d'examiner dans ce *Discours*. (...)

Ô homme, de quelque contrée que tu sois, quelles que soient tes opinions, écoute. Voici ton histoire, telle que j'ai cru la lire, non dans les livres de tes semblables qui sont menteurs, mais dans la nature qui ne ment jamais. Tout ce qui sera d'elle sera vrai. Il n'y aura de faux que ce que j'y aurai mêlé du mien, sans le vouloir. Les temps dont je vais parler sont bien éloignés. Combien tu as changé de ce que tu étais ! C'est pour ainsi dire la vie de ton espèce que je te vais décrire d'après les qualités que tu as reçues, que ton éducation et tes habitudes ont pu dépraver, mais qu'elles n'ont pu détruire. Il y a, je le sens, un âge auquel l'homme individuel voudrait s'arrêter ; tu chercheras l'âge auquel tu désirerais que ton espèce se fût arrêtée. Mécontent de ton état présent, par des raisons qui annoncent à ta postérité malheureuse de plus grands mécontentements encore, peut-être voudrais-tu pouvoir rétrograder ; et ce sentiment doit faire l'éloge de tes premiers aïeux, la critique de tes contemporains, et l'effroi de ceux qui auront le malheur de vivre après toi.

DISCOURS : PREMIÈRE PARTIE

(...) L'homme sauvage, livré par la nature au seul instinct, ou plutôt dédommagé de celui qui lui manque peut-être, par des facultés capables d'y suppléer d'abord, et de l'élever ensuite fort au-dessus de celle-là, commencera donc par les fonctions purement animales : apercevoir et sentir sera son premier état, qui lui sera commun avec tous les animaux. Vouloir et ne pas vouloir, désirer et craindre, seront les premières, et presque les seules opérations de son âme, jusqu'à ce que de nouvelles circonstances y causent de nouveaux développements.

Quoi qu'en disent les moralistes, l'entendement humain doit beaucoup aux passions, qui, d'un commun aveu, lui doivent beaucoup aussi : c'est par leur activité que notre raison se perfectionne ; nous ne cherchons à connaître que parce que nous désirons de jouir, et il n'est pas possible de concevoir pourquoi celui qui n'aurait ni désirs ni craintes se donnerait la peine de raisonner. Les passions, à leur tour, tirent leur origine de nos besoins, et leur progrès de nos connaissances ; car on ne peut désirer ou craindre les choses que sur les idées qu'on en peut avoir, ou par la simple impulsion de la nature ; et l'homme sauvage, privé de toute sorte de lumières, n'éprouve que les passions de cette dernière espèce ; ses désirs ne passent pas ses besoins physiques ; les seuls biens, qu'il connaisse dans l'univers sont la nourriture, une femelle et le repos ; les seuls maux qu'il craigne sont la douleur et la faim ; je dis la douleur et non la mort ; car jamais l'animal ne saura ce que c'est que mourir, et la connaissance de la mort, et de ses terreurs, est une des premières acquisitions que l'homme ait faites, en s'éloignant de la condition animale. (...)

Son imagination ne lui peint rien ; son cœur ne lui demande rien. Ses modiques besoins se trouvent si aisément sous la main, et il est si loin du degré de connaissances nécessaires pour désirer d'en acquérir de plus grandes qu'il ne peut avoir ni prévoyance, ni curiosité. Le spectacle de la nature lui devient indifférent, à force de lui devenir familier. C'est toujours le même ordre, ce sont toujours les mêmes révolutions ; il n'a pas l'esprit de s'étonner des plus grandes merveilles ; et ce n'est pas chez lui qu'il faut chercher la philosophie dont l'homme a besoin, pour savoir observer une fois ce qu'il a vu tous les jours. Son âme, que rien n'agite, se livre au seul sentiment de son existence actuelle, sans aucune idée de l'avenir, quelque prochain qu'il puisse être, et ses projets, bornés comme ses vues, s'étendent à peine jusqu'à la fin de la journée. Tel est encore aujourd'hui le degré de prévoyance du Caraïbe : il vend le matin son lit de coton, et vient pleurer le soir pour le racheter, faute d'avoir prévu qu'il en aurait besoin pour la nuit prochaine. (...)

Quel progrès pourrait faire le genre humain épars dans le bois parmi les animaux ? Et jusqu'à quel point pourraient se perfectionner, et s'éclairer mutuellement des hommes qui, n'ayant ni domicile fixe ni aucun besoin l'un de l'autre, se rencontreraient, peut-être à peine deux fois en leur vie, sans se connaître, et sans se parler ? (...)

Il paraît d'abord que les hommes dans cet état n'ayant entre eux aucune sorte de relation morale, ni de devoirs connus, ne pouvaient être ni bons ni méchants, et n'avaient ni vices ni vertus, à moins que, prenant ces mots dans un sens physique, on n'appelle vices dans l'individu les qualités qui peuvent nuire à sa propre conservation, et vertus celles qui peuvent y contribuer ; auquel cas, il faudrait appeler le plus vertueux celui qui résisterait le moins aux simples impulsions de la nature. Mais sans nous écarter du sens ordinaire, il est à propos de suspendre le jugement que nous pourrions porter sur une telle situation, et de nous défier de nos préjugés, jusqu'à ce que, la balance à la main, on ait examiné s'il y a plus de vertus que de vices parmi les hommes civilisés, ou si leurs vertus sont plus avantageuses que leurs vices ne sont funestes, ou si le progrès de leurs connaissances est un dédommagement suffisant des maux qu'ils se font mutuellement, à mesure qu'ils s'instruisent du bien qu'ils devraient se faire, ou s'ils ne seraient pas, à tout prendre, dans une situation plus heureuse de n'avoir ni mal à craindre ni bien à espérer de personne que de s'être soumis à une dépendance universelle, et de s'obliger à tout recevoir de ceux qui ne s'obligent à leur rien donner.

N'allons pas surtout conclure avec Hobbes que pour n'avoir aucune idée de la bonté, l'homme soit naturellement méchant, qu'il soit vicieux parce qu'il ne connaît pas la vertu, qu'il refuse toujours à ses semblables des services qu'il ne croit pas leur devoir, ni qu'en vertu du droit qu'il s'attribue avec raison aux choses dont il a besoin, il s'imagine follement être le seul propriétaire de tout l'univers. (...)

Avec des passions si peu actives, et un frein si salutaire, les hommes plutôt farouches que méchants, et plus attentifs à se garantir du mal qu'ils pouvaient recevoir que tentés d'en faire à autrui, n'étaient pas sujets à des démêlés fort dangereux : comme ils n'avaient entre eux aucune espèce de commerce, qu'ils ne connaissaient par conséquent ni la vanité, ni la considération, ni l'estime, ni le mépris, qu'ils n'avaient pas la moindre notion du *tien* et du *mien*, ni aucune véritable idée de la justice, qu'ils regardaient les violences qu'ils pouvaient essuyer comme un mal facile à réparer, et non comme une injure qu'il faut punir, et qu'ils ne songeaient pas même à la vengeance si ce n'est peut-être machinalement et sur-le-champ, comme le chien qui mord la pierre qu'on lui jette, leurs disputes eussent eu rarement des suites sanglantes, si elles n'eussent point eu de sujet plus sensible que la pâture : mais j'en vois un plus dangereux, dont il me reste à parler.

Parmi les passions qui agitent le cœur de l'homme, il en est une ardente, impétueuse, qui rend un sexe nécessaire à l'autre, passion terrible qui brave tous les dangers, renverse tous les obstacles, et qui dans ses fureurs semble propre à détruire le genre humain qu'elle est destinée à conserver. Que deviendront les hommes en proie à cette rage effrénée et brutale, sans pudeur, sans retenue, et se disputant chaque jour leurs amours au prix de leur sang ? (...)

Commençons par distinguer le moral du physique dans le sentiment de l'amour. Le physique est ce désir général qui porte un sexe à s'unir à l'autre ; le moral est ce qui détermine ce désir et le fixe sur un seul objet exclusivement, ou qui du moins lui donne pour cet objet préféré un plus grand degré d'énergie. Or il est facile de voir que le moral de l'amour est un sentiment factice ; né de l'usage de la société, et célébré par les femmes avec beaucoup d'habileté et de soin pour établir leur empire, et rendre dominant le sexe qui devrait obéir. Ce sentiment étant fondé sur certaines notions du mérite ou de la beauté qu'un sauvage n'est point en état d'avoir, et sur des comparaisons qu'il n'est point en état de faire, doit être presque nul pour lui. Car comme son esprit n'a pu se former des idées abstraites de régularité et de proportion, son cœur n'est point non plus susceptible des sentiments d'admiration et d'amour qui, même sans qu'on s'en aperçoive, naissent de l'application de ces idées ; il écoute uniquement le tempérament qu'il a reçu de la nature, et non le goût qu'il n'a pu acquérir, et toute femme est bonne pour lui.

Bornés au seul physique de l'amour, et assez heureux pour ignorer ces préférences qui en irritent le sentiment et en augmentent les difficultés, les hommes doivent sentir moins fréquemment et moins vivement les ardeurs du tempérament et par conséquent avoir entre eux des disputes plus rares, et moins cruelles. L'imagination, qui fait tant de ravages parmi nous, ne parle point à des cœurs sauvages ; chacun attend paisiblement l'impulsion de la nature, s'y livre sans choix, avec plus de plaisir que de fureur, et le besoin satisfait, tout le désir est éteint.

C'est donc une chose incontestable que l'amour même, ainsi que toutes les autres passions, n'a acquis que dans la société cette ardeur impétueuse qui le rend si souvent funeste aux hommes, et il est d'autant plus ridicule de représenter les sauvages comme s'entr'égorgeant sans cesse pour assouvir leur brutalité, que cette opinion est directement contraire à l'expérience, et que les Caraïbes, celui de tous les peuples existants qui jusqu'ici s'est écarté le moins de l'état de nature, sont précisément les plus paisibles dans leurs amours, et les moins sujets à la jalousie, quoique vivant sous un climat brûlant qui semble toujours donner à ces passions une plus grande activité. (...)

On ne peut donc pas conclure des combats de certains animaux pour la possession des femelles que la même chose arriverait à l'homme dans l'état de nature ; et quand même on pourrait tirer cette conclusion, comme ces dissensions ne détruisent point les autres espèces, on doit penser au moins qu'elles ne seraient pas plus funestes à la nôtre, et il est très apparent qu'elles y causeraient encore moins de ravage qu'elles ne font dans la société, surtout dans les pays où les mœurs étant encore comptées pour quelque chose, la jalousie des amants et la vengeance des époux causent chaque jour des duels, des meurtres, et pis encore ; où le devoir d'une éternelle fidélité ne sert qu'à faire des adultères, et où les lois mêmes de la continence et de l'honneur étendent nécessairement la débauche, et multiplient les avortements.

Concluons qu'errant dans les forêts sans industrie, sans parole, sans domicile, sans guerre, et sans liaisons, sans nul besoin de ses semblables, comme sans nul désir de leur nuire, peut-être même sans jamais en reconnaître aucun individuellement, l'homme sauvage sujet à peu de passions, et se suffisant à lui-même, n'avait que les sentiments et les lumières propres à cet état, qu'il ne sentait que ses vrais besoins, ne regardait que ce qu'il croyait avoir intérêt de voir, et que son intelligence ne faisait pas plus de progrès que sa vanité. Si par hasard il faisait quelque découverte, il pouvait d'autant moins la communiquer qu'il ne reconnaissait pas même ses enfants. L'art périssait avec l'inventeur ; il n'y avait ni éducation ni progrès, les générations se multipliaient inutilement ; et chacune partant toujours du même point, les siècles s'écoulaient dans toute la grossièreté des premiers âges, l'espèce était déjà vieille, et l'homme restait toujours enfant.

Si je me suis étendu si longtemps sur la supposition de cette condition primitive, c'est qu'ayant d'anciennes erreurs et des préjugés invétérés à détruire, j'ai cru devoir creuser jusqu'à la racine, et montrer dans le tableau du véritable état de nature combien l'inégalité, même naturelle, est loin d'avoir dans cet état autant de réalité et d'influence que le prétendent nos écrivains. (...)

Après avoir prouvé que l'inégalité est à peine sensible dans l'état de nature, et que son influence y est presque nulle, il me reste à montrer son origine, et ses progrès dans les développements successifs de l'esprit humain. Après avoir montré que la *perfectibilité,* les vertus sociales et les autres facultés que l'homme naturel avait reçues en puissance ne pouvaient jamais se développer d'elles-mêmes, qu'elles avaient besoin pour cela du concours fortuit de plusieurs causes étrangères qui pouvaient ne jamais naître, et sans lesquelles il fût demeuré éternellement dans sa condition primitive, il me reste à considérer et à rapprocher les différents hasards qui ont pu perfectionner la raison humaine, en détériorant l'espèce, rendre un être méchant en le rendant sociable, et d'un terme si éloigné amener enfin l'homme et le monde au point où nous les voyons.

DISCOURS : DEUXIÈME PARTIE

Le premier qui, ayant enclos un terrain, s'avisa de dire : *Ceci est à moi,* et trouva des gens assez simples pour le croire, fut le vrai fondateur de la société civile. Que de crimes, de guerres, de meurtres, que de misères et d'horreurs n'eût point épargnés au genre humain celui qui, arrachant les pieux ou comblant le fossé, eût crié à ses semblables : Gardez-vous d'écouter cet imposteur ; vous êtes perdus, si vous oubliez que les fruits sont

à tous, et que la terre n'est à personne. Mais il y a grande apparence, qu'alors les choses en étaient déjà venues au point de ne
pouvoir plus durer comme elles étaient ; car cette idée de propriété, dépendant de beaucoup d'idées antérieures qui n'ont pu
naître que successivement, ne se forma pas tout d'un coup dans
l'esprit humain. Il fallut faire bien des progrès, acquérir bien de
l'industrie et des lumières, les transmettre et les augmenter d'âge
en âge, avant que d'arriver à ce dernier terme de l'état de nature.
Reprenons donc les choses de plus haut et tâchons de rassembler
sous un seul point de vue cette lente succession d'événements
et de connaissances, dans leur ordre le plus naturel.

Le premier sentiment de l'homme fut celui de son existence,
son premier soin celui de sa conservation. Les productions de la
terre lui fournissaient tous les secours nécessaires, l'instinct le
porta à en faire usage. La faim, d'autres appétits lui faisant éprou-
ver tour à tour diverses manières d'exister, il y en eut une qui
l'invita à perpétuer son espèce ; et ce penchant aveugle,
dépourvu de tout sentiment du cœur, ne produisait qu'un acte
purement animal. Le besoin satisfait, les deux sexes ne se recon-
naissaient plus, et l'enfant même n'était plus rien à la mère sitôt
qu'il pouvait se passer d'elle.

Telle fut la condition de l'homme naissant ; telle fut la vie
d'un animal borné d'abord aux pures sensations, et profitant à
peine des dons que lui offrait la nature, loin de songer à lui rien
arracher ; mais il se présenta bientôt des difficultés, il fallut
apprendre à les vaincre : la hauteur des arbres qui l'empêchait
d'atteindre à leurs fruits, la concurrence des animaux qui cherchaient à s'en nourrir, la férocité de ceux qui en voulaient à sa
propre vie, tout l'obligea de s'appliquer aux exercices du corps ;
il fallut se rendre agile, vite à la course, vigoureux au combat.
Les armes naturelles, qui sont les branches d'arbre et les pierres
se trouvèrent bientôt sous sa main. Il apprit à surmonter les obstacles de la nature, à combattre au besoin les autres animaux, à
disputer sa subsistance aux hommes mêmes, ou à se dédomma-
ger de ce qu'il fallait céder au plus fort.

(...) Les nouvelles lumières qui résultèrent de ce développement augmentèrent sa supériorité sur les autres animaux, en la
lui faisant connaître. Il s'exerça à leur dresser des pièges, il leur
donna le change en mille manières, et quoique plusieurs le sur-
passassent en force au combat, ou en vitesse à la course, de ceux
qui pouvaient lui servir ou lui nuire, il devint avec le temps le

maître des uns, et le fléau des autres. C'est ainsi que le premier
regard qu'il porta sur lui-même y produisit le premier mouvement d'orgueil ; c'est ainsi que sachant encore à peine distinguer
les rangs, et se contemplant au premier par son espèce, il se
préparait de loin à y prétendre par son individu. (...)

Instruit par l'expérience que l'amour du bien-être est le seul
mobile des actions humaines, il se trouva en état de distinguer
les occasions rares où l'intérêt commun devait le faire compter
sur l'assistance de ses semblables, et celles plus rares encore où
la concurrence devait le faire défier d'eux. Dans le premier cas
il s'unissait avec eux en troupeau, ou tout au plus par quelque
sorte d'association libre qui n'obligeait personne, et qui ne durait
qu'autant que le besoin passager qui l'avait formée. Dans le
second chacun cherchait à prendre ses avantages, soit à force
ouverte s'il croyait le pouvoir, soit par adresse et subtilité s'il
se sentait le plus faible.

Voilà comment les hommes purent insensiblement acquérir
quelque idée grossière des engagements mutuels, et de l'avantage de les remplir, mais seulement autant que pouvait l'exiger
l'intérêt présent et sensible ; car la prévoyance n'était rien pour
eux, et loin de s'occuper d'un avenir éloigné, ils ne songeaient
pas même au lendemain. (...)

Les premiers développements du cœur furent l'effet d'une
situation nouvelle qui réunissait dans une habitation commune
les maris et les femmes, les pères et les enfants ; l'habitude de
vivre ensemble fit naître les plus doux sentiments qui soient
connus des hommes, l'amour conjugal, et l'amour paternel. Chaque famille devint une petite société d'autant mieux unie que
l'attachement réciproque et la liberté en étaient les seuls liens ;
et ce fut alors que s'établit la première différence dans la manière
de vivre des deux sexes, qui jusqu'ici n'en avaient eu qu'une.
Les femmes devinrent plus sédentaires et s'accoutumèrent à garder la cabane et les enfants, tandis que l'homme allait chercher
la subsistance commune. (...)

Tout commence à changer de face. Les hommes errant
jusqu'ici dans les bois, ayant pris une assiette plus fixe, se rapprochent lentement, se réunissent en diverses troupes, et forment
enfin dans chaque contrée une nation particulière, unie de mœurs
et de caractères, non par des règlements et des lois, mais par le
même genre de vie et d'aliments, et par l'influence commune
du climat. Un voisinage permanent ne peut manquer d'engendrer

enfin quelque liaison entre diverses familles. De jeunes gens de différents sexes habitent des cabanes voisines, le commerce passager que demande la nature en amène bientôt un autre non moins doux et plus permanent par la fréquentation mutuelle. On s'accoutume à considérer différents objets et à faire des comparaisons ; on acquiert insensiblement des idées de mérite et de beauté qui produisent des sentiments de préférence. À force de se voir, on ne peut plus se passer de se voir encore. Un sentiment tendre et doux s'insinue dans l'âme, et par la moindre opposition devient une fureur impétueuse : la jalousie s'éveille avec l'amour ; la discorde triomphe et la plus douce des passions reçoit des sacrifices de sang humain.

À mesure que les idées et les sentiments se succèdent, que l'esprit et le cœur s'exercent, le genre humain continue à s'apprivoiser, les liaisons s'étendent et les liens se resserrent. On s'accoutuma à s'assembler devant les cabanes ou autour d'un grand arbre : le chant et la danse, vrais enfants de l'amour et du loisir, devinrent l'amusement ou plutôt l'occupation des hommes et des femmes oisifs et attroupés. Chacun commença à regarder les autres et à vouloir être regardé soi-même, et l'estime publique eut un prix. Celui qui chantait ou dansait le mieux ; le plus beau, le plus fort, le plus adroit ou le plus éloquent devint le plus considéré, et ce fut là le premier pas vers l'inégalité, et vers le vice en même temps : de ces premières préférences naquirent d'un côté la vanité et le mépris, de l'autre la honte et l'envie ; et la fermentation causée par ces nouveaux levains produisit enfin des composés funestes au bonheur et à l'innocence.

Sitôt que les hommes eurent commencé à s'apprécier mutuellement et que l'idée de la considération fut formée dans leur esprit, chacun prétendit y avoir droit, et il ne fut plus possible d'en manquer impunément pour personne. De là sortirent les premiers devoirs de la civilité, même parmi les sauvages, et de là tout tort volontaire devint un outrage, parce qu'avec le mal qui résultait de l'injure, l'offensé y voyait le mépris de sa personne souvent plus insupportable que le mal même. C'est ainsi que chacun punissant le mépris qu'on lui avait témoigné d'une manière proportionnée au cas qu'il faisait de lui-même, les vengeances devinrent terribles, et les hommes sanguinaires et cruels. Voilà précisément le degré où étaient parvenus la plupart des peuples sauvages qui nous sont connus ; et c'est faute d'avoir suffisamment distingué les idées, et remarqué combien ces peu-

ples étaient déjà loin du premier état de nature, que plusieurs se
sont hâtés de conclure que l'homme est naturellement cruel et
qu'il a besoin de police pour l'adoucir, tandis que rien n'est si
doux que lui dans son état primitif, lorsque placé par la nature
à des distances égales de la stupidité des brutes et des lumières
funestes de l'homme civil, et borné également par l'instinct et
par la raison à se garantir du mal qui le menace, il est retenu par
la pitié naturelle de faire lui-même du mal à personne, sans y
être porté par rien, même après en avoir reçu. Car, selon l'axiome
du sage Locke, *il ne saurait y avoir d'injure, où il n'y a point
de propriété.* (...)

Tant que les hommes se contentèrent de leurs cabanes rusti-
ques, tant qu'ils se bornèrent à coudre leurs habits de peaux avec
des épines ou des arêtes, à se parer de plumes et de coquillages,
à se peindre le corps de diverses couleurs, à perfectionner ou à
embellir leurs arcs et leurs flèches, à tailler avec des pierres
tranchantes quelques canots de pêcheurs ou quelques grossiers
instruments de musique, en un mot tant qu'ils ne s'appliquèrent
qu'à des ouvrages qu'un seul pouvait faire, et qu'à des arts qui
n'avaient pas besoin du concours de plusieurs mains, ils vécurent
libres, sains, bons et heureux autant qu'ils pouvaient l'être par
leur nature, et continuèrent à jouir entre eux des douceurs d'un
commerce indépendant : mais dès l'instant qu'un homme eut
besoin du secours d'un autre, dès qu'on s'aperçut qu'il était utile
à un seul d'avoir des provisions pour deux, l'égalité disparut, la
propriété s'introduisit, le travail devint nécessaire et les vastes
forêts se changèrent en des campagnes riantes qu'il fallut arroser
de la sueur des hommes, et dans lesquelles on vit bientôt l'esclavage et la misère germer et croître avec les moissons.

La métallurgie et l'agriculture furent les deux arts dont
l'invention produisit cette grande révolution. (...)

De la culture des terres s'ensuivit nécessairement leur partage, et de la propriété une fois reconnue les premières règles
de justice : car pour rendre à chacun le sien, il faut que chacun
puisse avoir quelque chose ; de plus les hommes commençant à
porter leurs vues dans l'avenir et se voyant tous quelques biens
à perdre, il n'y en avait aucun qui n'eût à craindre pour soi la
représaille des torts qu'il pouvait faire à autrui. Cette origine est
d'autant plus naturelle qu'il est impossible de concevoir l'idée
de la propriété naissante d'ailleurs que de la main-d'œuvre ; car
on ne voit pas ce que, pour s'approprier les choses qu'il n'a

point faites, l'homme y peut mettre de plus que son travail. C'est le seul travail qui donnant droit au cultivateur sur le produit de la terre qu'il a labourée, lui en donne par conséquent sur le fond, au moins jusqu'à la récolte, et ainsi d'année en année, ce qui faisant une possession continue, se transforme aisément en propriété. (...)

C'est ainsi que les plus puissants ou les plus misérables, se faisant de leur force ou de leurs besoins une sorte de droit au bien d'autrui, équivalent, selon eux, à celui de propriété, l'égalité rompue fut suivie du plus affreux désordre : c'est ainsi que les usurpations des riches, les brigandages des pauvres, les passions effrénées de tous étouffant la pitié naturelle, et la voix encore faible de la justice, rendirent les hommes avares, ambitieux et méchants. Il s'élevait entre le droit du plus fort et le droit du premier occupant un conflit perpétuel qui ne se terminait que par des combats et des meurtres. La société naissante fit place au plus horrible état de guerre : le genre humain avili et désolé, ne pouvant plus retourner sur ses pas ni renoncer aux acquisitions malheureuses qu'il avait faites et ne travaillant qu'à sa honte, par l'abus des facultés qui l'honorent, se mit lui-même à la veille de sa ruine. (...)

Telle fut, ou dut être, l'origine de la société et des lois, qui donnèrent de nouvelles entraves au faible et de nouvelles forces au riche, détruisirent sans retour la liberté naturelle, fixèrent pour jamais la loi de la propriété et de l'inégalité, d'une adroite usurpation firent un droit irrévocable, et pour le profit de quelques ambitieux assujettirent désormais tout le genre humain au travail, à la servitude et à la misère. (...)

Sans entrer aujourd'hui dans les recherches qui sont encore à faire sur la nature du pacte fondamental de tout gouvernement, je me borne en suivant l'opinion commune à considérer ici l'établissement du corps politique comme un vrai contrat entre le peuple et les chefs qu'il se choisit, contrat par lequel les deux parties s'obligent à l'observation des lois qui y sont stipulées et qui forment les liens de leur union. (...)

Si nous suivons le progrès de l'inégalité dans ces différentes révolutions, nous trouverons que l'établissement de la loi et du droit de propriété fut son premier terme ; l'institution de la magistrature le second, que le troisième et dernier fut le changement du pouvoir légitime en pouvoir arbitraire ; en sorte que l'état de riche et de pauvre fut autorisé par la première époque, celui de puissant et de faible par la seconde, et par la troisième celui de maître et d'esclave, qui est le dernier degré de l'inégalité, et le terme auquel aboutissent enfin tous les autres, jusqu'à ce que de nouvelles révolutions dissolvent tout à fait le gouvernement, ou le rapprochent de l'institution légitime. (...)

Ce que la réflexion nous apprend là-dessus, l'observation le confirme parfaitement : l'homme sauvage et l'homme policé diffèrent tellement par le fond du cœur et des inclinations que ce qui fait le bonheur suprême de l'un réduirait l'autre au désespoir. Le premier ne respire que le repos et la liberté, il ne veut que vivre et rester oisif, et l'ataraxie même du stoïcien n'approche pas de sa profonde indifférence pour tout autre objet. Au contraire, le citoyen toujours actif sue, s'agite, se tourmente sans cesse pour chercher des occupations encore plus laborieuses : il travaille jusqu'à la mort, il y court même pour se mettre en état de vivre, ou renonce à la vie pour acquérir l'immortalité. Il fait sa cour aux grands qu'il hait et aux riches qu'il méprise ; il n'épargne rien pour obtenir l'honneur de les servir ; il se vante orgueilleusement de sa bassesse et de leur protection et, fier de son esclavage, il parle avec dédain de ceux qui n'ont pas l'honneur de le partager. Quel spectacle pour un Caraïbe que les travaux pénibles et enviés d'un ministre européen ! Combien de morts cruelles ne préférerait pas cet indolent sauvage à l'horreur d'une pareille vie qui souvent n'est pas même adoucie par le plaisir de bien faire ? (...)

J'ai tâché d'exposer l'origine et le progrès de l'inégalité, l'établissement et l'abus des sociétés politiques, autant que ces choses peuvent se déduire de la nature de l'homme par les seules lumières de la raison, et indépendamment des dogmes sacrés qui donnent à l'autorité souveraine la sanction du droit divin. Il suit de cet exposé que l'inégalité, étant presque nulle dans l'état de nature, tire sa force et son accroissement du développement de nos facultés et des progrès de l'esprit humain et devient enfin stable et légitime par l'établissement de la propriété et des lois. Il suit encore que l'inégalité morale, autorisée par le seul droit positif, est contraire au droit naturel, toutes les fois qu'elle ne concourt pas en même proportion avec l'inégalité physique ; distinction qui détermine suffisamment ce qu'on doit penser à cet égard de la sorte d'inégalité qui règne parmi tous les peuples policés ; puisqu'il est manifestement contre la Loi de Nature, de quelque manière qu'on la définisse, qu'un enfant commande à un vieillard, qu'un imbécile conduise un homme sage, et qu'une poignée de gens regorge de superfluités, tandis que la multitude affamée manque du nécessaire.

(fin du discours)

Rousseau a accompagné son discours de plusieurs notes ; en voici quelques extraits significatifs :

Note 9 - Les hommes sont méchants ; une triste et continuelle expérience dispense de la preuve ; cependant l'homme est naturellement bon, je crois l'avoir démontré ; qu'est-ce donc qui peut l'avoir dépravé à ce point sinon les changements survenus dans sa constitution, les progrès qu'il a faits et les connaissances qu'il a acquises ? Qu'on admire tant qu'on voudra la société humaine, il n'en sera pas moins vrai qu'elle porte nécessairement les hommes à s'entre-haïr à proportion que leurs intérêts se croisent, à se rendre mutuellement des services apparents et à se faire en effet tous les maux imaginables. (...) Qu'on pénètre donc au travers de nos frivoles démonstrations de bienveillance ce qui se passe au fond des cœurs et qu'on réfléchisse à ce que doit être un état de choses où tous les hommes sont forcés de se caresser et de se détruire mutuellement et où ils naissent ennemis par devoir et fourbes par intérêt. Si l'on me répond que la société est tellement constituée que chaque homme gagne à servir les autres, je répliquerai que cela serait fort bien s'il ne gagnait encore plus à leur nuire. Il n'y a point de profit si légitime qui ne soit surpassé par celui qu'on peut faire illégitimement et le tort fait au prochain est toujours plus lucratif que les services. Il ne s'agit donc plus que de trouver les moyens de s'assurer l'impunité, et c'est à quoi les puissants emploient toutes leurs forces, et les faibles toutes leurs ruses.

L'homme sauvage, quand il a dîné, est en paix avec toute la nature, et l'ami de tous ses semblables. S'agit-il quelquefois de disputer son repas ? Il n'en vient jamais aux coups sans avoir auparavant comparé la difficulté de vaincre avec celle de trouver ailleurs sa subsistance et comme l'orgueil ne se mêle pas du combat, il se termine par quelques coups de poing. Le vainqueur mange, le vaincu va chercher fortune, et tout est pacifié, mais chez l'homme en société, ce sont bien d'autres affaires ; il s'agit premièrement de pourvoir au nécessaire, et puis au superflu ;

ensuite viennent les délices, et puis les immenses richesses, et puis des sujets, et puis des esclaves ; il n'a pas un moment de relâche ; ce qu'il y a de plus singulier, c'est que moins les besoins sont naturels et pressants, plus les passions augmentent, et, qui pis est, le pouvoir de les satisfaire ; de sorte qu'après de longues prospérités, après avoir englouti bien des trésors et désolé bien des hommes, mon héros finira par tout égorger jusqu'à ce qu'il soit l'unique maître de l'univers. Tel est en abrégé le tableau moral, sinon de la vie humaine, au moins des prétentions secrètes du cœur de tout homme civilisé.

Comparez sans préjugés l'état de l'homme civil avec celui de l'homme sauvage et recherchez, si vous le pouvez, combien, outre sa méchanceté, ses besoins et ses misères, le premier a ouvert de nouvelles portes à la douleur, à la mort. Si vous considérez les peines d'esprit qui nous consument, les passions violentes qui nous épuisent et nous désolent, les travaux excessifs dont les pauvres sont surchargés, la mollesse encore plus dangereuse à laquelle les riches s'abandonnent, et qui font mourir les uns de leurs besoins et les autres de leurs excès, si vous songez aux monstrueux mélanges des aliments, à leurs pernicieux assaisonnements, aux denrées corrompues, aux drogues falsifiées, aux friponneries de ceux qui les vendent, aux erreurs de ceux qui les administrent, au poison des vaisseaux dans lesquels on les prépare, si vous faites attention aux maladies épidémiques engendrées par le mauvais air parmi des multitudes d'hommes rassemblés, à celles qu'occasionnent la délicatesse de notre manière de vivre, les passages alternatifs de l'intérieur de nos maisons au grand air, l'usage des habillements pris ou quittés avec trop peu de précaution, et tous les soins que notre sensualité excessive a tournés en habitudes nécessaires et dont la négligence ou la privation nous coûte ensuite la vie ou la santé, si vous mettez en ligne de compte les incendies et les tremblements de terre qui, consumant ou renversant des villes entières, en font périr les habitants par milliers, en un mot, si vous réunissez les dangers que toutes ces causes assemblent continuellement sur nos têtes, vous sentirez combien la nature nous fait payer cher le mépris que nous avons fait de ses leçons. (...)

Le luxe est un remède beaucoup pire que le mal qu'il prétend guérir ; ou plutôt, il est lui-même le pire de tous les maux, dans quelque État grand ou petit que ce puisse être, et qui, pour nourrir des foules de valets et de misérables qu'il a faits, accable et ruine le laboureur et le citoyen. Semblable à ces vents brûlants du midi qui, couvrant l'herbe et la verdure d'insectes dévorants, ôtent la subsistance aux animaux utiles et portent la disette et la mort dans tous les lieux où ils se font sentir.

De la société et du luxe qu'elle engendre, naissent les arts libéraux et mécaniques, le commerce, les lettres ; et toutes ces inutilités, qui font fleurir l'industrie, enrichissent et perdent les États. (...)

Telles sont les causes sensibles de toutes les misères où l'opulence précipite enfin les nations les plus admirées. À mesure que l'industrie et les arts s'étendent et fleurissent, le cultivateur, méprisé, chargé d'impôts nécessaires à l'entretien du luxe et condamné à passer sa vie entre le travail et la faim, abandonne ses champs, pour aller chercher dans les villes le pain qu'il y devrait porter. Plus les capitales frappent d'admiration les yeux stupides du peuple, plus il faudrait gémir de voir les campagnes abandonnées, les terres en friche, et les grands chemins inondés de malheureux citoyens devenus mendiants ou voleurs et destinés à finir un jour leur misère sur la roue ou sur un fumier. C'est ainsi que l'État, s'enrichissant d'un côté, s'affaiblit et se dépeuple de l'autre (...).

J'ai bien peur que quelqu'un ne s'avise à la fin de me répondre que toutes ces grandes choses, à savoir les arts, les sciences et les lois, ont été très sagement inventées par les hommes, comme une peste salutaire pour prévenir l'excessive multiplication de l'espèce, de peur que ce monde, qui nous est destiné, ne devînt à la fin trop petit pour ses habitants.

Quoi donc ? Faut-il détruire les sociétés, anéantir le tien et le mien, et retourner vivre dans les forêts avec les ours ? Conséquence à la manière de mes adversaires, que j'aime autant prévenir que de leur laisser la honte de la tirer. Ô vous, à qui la voix céleste ne s'est point fait entendre et qui ne reconnaissez pour votre espèce d'autre destination que d'achever en paix cette courte vie, vous qui pouvez laisser au milieu des villes vos funestes acquisitions, vos esprits inquiets, vos cœurs corrompus et vos désirs effrénés, reprenez, puisqu'il dépend de vous, votre antique et première innocence ; allez dans les bois perdre la vue et la mémoire des crimes de vos contemporains et ne craignez point d'avilir votre espèce, en renonçant à ses lumières pour renoncer à ses vices. Quant aux hommes semblables à moi dont les passions ont détruit pour toujours l'originelle simplicité, qui ne peuvent plus se nourrir d'herbe et de gland, ni se passer de lois et de chefs, ceux qui furent honorés dans leur premier père de leçons surnaturelles, ceux qui verront dans l'intention de donner d'abord aux actions humaines une moralité qu'elles n'eussent de longtemps acquise, la raison d'un précepte indifférent par lui-même et inexplicable dans tout autre système ; ceux, en un mot, qui sont convaincus que la voix divine appela tout le genre humain aux lumières et au bonheur des célestes intelligences, tout ceux-là tâcheront, par l'exercice des vertus qu'ils s'obligent à pratiquer en apprenant à les connaître, à mériter le prix éternel qu'ils en doivent attendre ; ils respecteront les sacrés liens des sociétés dont ils sont les membres ; ils aimeront leurs semblables et les serviront de tout leur pouvoir ; ils obéiront scrupuleusement aux lois et aux hommes qui en sont les auteurs et les ministres, ils honoreront surtout les bons et sages princes qui sauront prévenir, guérir ou pallier cette foule d'abus et de maux toujours prêts à nous accabler, ils animeront le zèle de ces dignes chefs, en leur montrant sans crainte et sans flatterie la grandeur de leur tâche et la rigueur de leur devoir ; mais ils n'en mépriseront pas moins une constitution qui ne peut se maintenir qu'à l'aide de tant de gens respectables qu'on désire plus souvent qu'on ne les obtient et de laquelle, malgré tous leurs soins, naissent toujours plus de calamités réelles que d'avantages apparents. (...)

Note 15 - Il ne faut pas confondre l'amour-propre et l'amour de soi-même ; deux passions très différentes par leur nature et par leurs effets. L'amour de soi-même est un sentiment naturel qui porte tout animal à veiller à sa propre conservation et qui, dirigé dans l'homme par la raison et modifié par la pitié, produit l'humanité et la vertu. L'amour-propre n'est qu'un sentiment relatif, factice et né dans la société, qui porte chaque individu à faire plus cas de soi que de tout autre, qui inspire aux hommes tous les maux qu'ils se font mutuellement et qui est la véritable source de l'honneur.

Ceci bien entendu, je dis que dans notre état primitif, dans le véritable état de nature, l'amour-propre n'existe pas. (...)

Note 16 - C'est une chose extrêmement remarquable que depuis tant d'années que les Européens se tourmentent pour amener les sauvages des diverses contrées du monde à leur manière de vivre, ils n'aient pas pu encore en gagner un seul, non pas même à la faveur du christianisme ; car nos missionnaires en font quelquefois des chrétiens, mais jamais des hommes civilisés. Rien ne peut surmonter l'invincible répugnance qu'ils ont à prendre nos mœurs et vivre à notre manière. (...)

On a plusieurs fois amené des sauvages à Paris, à Londres et dans d'autres villes ; on s'est empressé de leur étaler notre luxe, nos richesses et tous nos arts les plus utiles et les plus curieux ; tout cela n'a jamais excité chez eux qu'une admiration stupide, sans le moindre mouvement de convoitise. Je me souviens entre autres de l'histoire d'un chef de quelques Américains septentrionaux qu'on mena à la cour d'Angleterre il y a une trentaine d'années. On lui fit passer mille choses devant les yeux pour chercher à lui faire quelque présent qui pût lui plaire, sans qu'on trouvât rien dont il parût se soucier. Nos armes lui semblaient lourdes et incommodes, nos souliers lui blessaient les pieds, nos habits le gênaient, il rebutait tout ; enfin on s'aperçut qu'ayant pris une couverture de laine, il semblait prendre plaisir à s'en envelopper les épaules ; vous conviendrez, au moins, lui dit-on aussitôt, de l'utilité de ce meuble ? Oui, répondit-il, cela me paraît presque aussi bon qu'une peau de bête. Encore n'eût-il pas dit cela s'il eût porté l'une et l'autre à la pluie.

LES CLÉS DE L'ŒUVRE

I - AU FIL DU TEXTE

II - DOSSIER HISTORIQUE ET LITTÉRAIRE

Pour approfondir votre lecture, LIRE vous propose une sélection commentée :
• de morceaux « classiques » devenus incontournables, signalés par ● (droit au but).
• d'extraits représentatifs de l'œuvre, signalés par ↪ (en flânant).

AU FIL DU TEXTE

I - DÉCOUVRIR

> ### La phrase clé
>
> « Le Voyage de Bougainville est le seul qui m'ait donné du goût pour une autre contrée que la mienne. (...) La vie sauvage est si simple, et nos sociétés sont des machines si compliquées ! Le Tahitien touche à l'origine du monde et l'Européen touche à sa vieillesse » (pp. 21-22).

• LA DATE

En 1771, deux ans après son retour en France, Louis-Antoine de Bougainville, le premier Français à faire le tour du monde (1766-1769) et à découvrir les îles du Pacifique, publie son récit de voyage sous le titre *Voyage autour du monde par la frégate* La Boudeuse *et la flûte* L'Étoile.

  ▶ **carte** : p. 76.

  ▶ **repères biographiques** : « La découverte et l'exploration de Tahiti », DHL (dossier historique et littéraire).

  ▶ **extraits** : dans les Lectures complémentaires, pp. 77 sq.

Vers la fin de 1771, Diderot rédige un compte rendu alerte et louangeur de ce récit de Bougainville pour la *Correspondance littéraire* du baron allemand Friedrich-Melchior Grimm (ami des Encyclopédistes, il publie à Paris une sorte de journal destiné à renseigner les cours d'Europe sur la vie intellectuelle et artistique dans la capitale française ; Diderot est l'un de ses rédacteurs attitrés).

Bien que Diderot l'ait envoyé à Grimm, ce dernier ne publie pas l'article intitulé « Voyage autour du monde par la frégate *La Boudeuse* et la flûte *L'Étoile* en 1766, 1767, 1768, 1769 sous le commandement de M. de Bougainville ». Les positions radicales que l'écrivain-philosophe y défend contre les sociétés « civilisées », des propos qu'il mettra ensuite dans la bouche d'Orou et du vieillard tahitien, risquaient trop de choquer ses lecteurs couronnés !

Un an plus tard, tandis qu'il collabore à l'*Histoire philosophique et politique des établissements et du commerce des Européens dans les deux Indes* de l'abbé Raynal (voir « Le bon sauvage : de la réalité au mythe », dans le DHL), Diderot travaille à ce qui deviendra son *Supplément*. Sa rédaction s'insère dans un projet d'ensemble organisé en trois volets, dont les deux autres sont des textes étiquetés « contes », *Ceci n'est pas un conte* et *Madame de La Carlière* (également écrits en 1772 : le premier paraît dans la *Correspondance littéraire* en 1773, le second ne sera publié par Naigeon qu'en 1798).

Diderot, qui a demandé à Grimm de lui rendre son « papier », semble satisfait de son travail : « Hier je regrattai un peu le troisième conte qui était fait ; ainsi le papier sur Bougainville est venu tout à temps. (...) Si je savais où vous prendre dans le courant de la journée, vous auriez la lecture de ce troisième morceau qui vous ferait plaisir parce qu'il m'en fait. Il est à lui seul plus étendu que les deux autres » (lettre à Grimm du 7 octobre 1772). Diderot a donc repris très largement cet article pour écrire son nouveau texte : ainsi le *Supplément* n'est que la mise en forme dialoguée du compte rendu de lecture du *Voyage* de Bougainville.

Le 9 septembre 1772, Diderot marie sa fille unique Marie-Angélique (née en 1753). Sans doute est-ce pour lui un moment « difficile » : l'événement a déclenché une crise familiale et pour le père, qui a toujours entouré sa fille de l'affection la plus tendre, voire la plus exclusive, une sorte de fureur irréligieuse, un besoin de rupture avec l'absurdité des conventions sociales, dont témoignent ses lettres à son frère chanoine. Belle occasion de s'interroger sur les « inconvénients » du lien conjugal, ce que font précisément les trois contes rédigés cette année-là (voir ci-après). 1772 marque aussi la fin de l'entreprise encyclopédique (voir, dans le Guide de lecture spécial Bac, la fiche n° 2).

Le *Supplément* ne sera publié qu'en 1798, soit quatorze ans après la mort de Diderot. En 1935, un manuscrit venu du fonds conservé à Saint-Pétersbourg permet une nouvelle édition plus étoffée.

• LE TITRE

Le titre complet est « Supplément au voyage de Bougainville ou Dialogue entre A. et B. sur l'inconvénient d'attacher des idées morales à certaines actions physiques qui n'en comportent pas ».

▶ **Le terme « supplément »** est à distinguer de « complément » : il indique bien que le texte de Diderot ne cherche pas à compléter une information, mais à en proposer une interprétation. Le *Supplément* se place donc sous le signe d'une addition en forme d'ajout purement fictif au texte source, le *Voyage* de Bougainville apportant simplement la base d'une réalité géographique et historique au débat sur l'état de nature.

▶ **Le sous-titre** annonce clairement une structure et une problématique (voir p. 11) :

– le dialogue (voir La structure, ci-après) ;

– la confrontation des comportements physiques et des préceptes moraux sur laquelle Diderot va réactualiser l'opposition traditionnelle nature/société (voir Les thèmes clés, dans Les clés de l'œuvre),

La nature – la *phusis* des Grecs – est le domaine de l'***action***, la morale celui des ***idées***, qui ne sont que de pures abstractions spéculatives : en contrariant la nature, elles contredisent la raison, comme l'explique le Tahitien Orou à l'aumônier européen. Puisque la raison naturelle se fonde sur une rationalité physique des actions qui confère sa dignité à l'existence humaine, les ***inconvénients*** propres aux conduites des peuples « civilisés » proviennent de l'*inconvenance* physique de leurs conventions morales et sociales (au sens propre, elles ne conviennent pas à la nature).

Dans la trilogie, le conte intitulé *Madame de La Carlière* et sous-titré « Sur l'inconséquence du jugement public de nos actions particulières » annonce les enjeux de cette problématique :

« Et puis j'ai mes idées, peut-être justes, à coup sûr bizarres, sur **certaines actions** que je regarde moins comme des vices de l'homme que comme des conséquences de nos législations absurdes, sources de mœurs aussi absurdes qu'elles et d'une dépravation que j'appellerais volontiers artificielle. Cela n'est pas trop clair, mais cela s'éclaircira peut-être une autre fois » (fin du conte).

▶ **L'exergue** : on notera également que Diderot a inséré une citation du poète latin Horace en ouverture du *Supplément* (voir p. 11) ; ainsi choisit-il de placer sa réflexion sous les auspices de l'épicurisme (voir « Modèles antiques », 3ᵉ partie, « Philosophie et morale : *secundum naturam vivere* », dans le DHL).

• COMPOSITION

Le point de vue de l'auteur

Le pacte de lecture

Entre réalité et fiction, entre compte rendu documentaire et fable, ni récit de voyageur, ni essai philosophique, ni conte, ni dialogue théâtral, mais tout cela à la fois : le statut du *Supplément* est pour le moins ambigu. Il débute comme un dialogue entre deux amis anonymes simplement marqués des deux lettres A et B, joue sans cesse sur les emboîtements de discours et les repères d'énonciation, et entretient même habilement la fiction du « supplément » dans le *Supplément* (voir le tableau dans la Structure ci-après).

▶ **Le cadre** : en ouverture du dialogue, la cohérence du processus narratif est assurée par une référence spatio-temporelle

(« Cette superbe voûte étoilée, sous laquelle nous revînmes hier... »,
p. 13), renvoyant au conte précédent (derniers mots de *Madame de
La Carlière* : « (...) voilà le jour qui tombe et la nuit qui s'avance
avec ce nombreux cortège d'étoiles que je vous avais promis. – Il
est vrai »). L'identité d'allusion au décor marque bien une continuité
problématique entre les deux textes.

Le *Supplément* est donc présenté comme la suite d'une conversation engagée le jour précédent entre les mêmes interlocuteurs. Un
artifice narratif qui n'est pas sans rappeler une tradition littéraire
bien connue, celle des ouvrages où des « devisants » racontent des
histoires au fil de plusieurs journées, tels le *Décaméron* de Boccace
(traduit en français en 1414), l'*Heptaméron* de Marguerite de
Navarre (1549), *Les Mille et Une Nuits* (traduites en français par
Antoine Galland en 1704).

▶ **La problématique :** le *Supplément* fait partie d'une trilogie
(voir, ci-dessus, La date). Il convient donc de le replacer dans une
cohérence d'ensemble de ce qui se présente comme trois contes
(d'abord au sens propre de « raconter », avant de passer au sens de
récit de fiction) ; c'est d'ailleurs ainsi que Diderot les nomme (voir
la lettre à Grimm).

Les deux autres textes témoignent des inconvénients désastreux
d'une morale sociale qui impose comme « naturelle » une soumission à autrui contraire à la nature :

– *Ceci n'est pas un conte* illustre le thème « des hommes bien
bons et des femmes bien méchantes » et son inverse ;

– *Mᵐᵉ de La Carlière* montre que l'exigence excessive de fidélité
d'une femme associée à une légère faiblesse d'un homme fait le
malheur des deux.

Ils mettent en scène une passion amoureuse vécue intensément
dans un contexte social qui dénature le sens physique par les préjugés moraux et sociaux. La souffrance de l'amour déçu est augmentée par la perception de l'illusion qui le fondait ; le serment de
fidélité est provoqué par les mœurs qui donnent à l'engagement la
forme d'un contrat de propriété exclusive.

On remarquera qu'à la fin du *Supplément*, Diderot renvoie aux
deux couples de *Ceci n'est pas un conte* (La Reymer et Tanié, Gardeil et Mˡˡᵉ de La Chaux) et au couple de *Mᵐᵉ de La Carlière* (Desroches et Mᵐᵉ de La Carlière), renforçant ainsi clairement le souci
de cohérence problématique de sa trilogie. Ce qui pourrait passer
pour un « conte tahitien » prolonge donc la réflexion en révélant le
mécanisme par lequel la morale occulte la nature : les mœurs
« libres » des Tahitiens les dispensent de tous les maux de la passion
et de la jalousie. Comme on peut le constater, le débat sur les rela-

tions hommes/femmes et sur la sexualité est au cœur des trois contes (voir « Le débat sur la sexualité » dans Les thèmes clés ci-après).

Les objectifs d'écriture

Le *Supplément* s'inscrit dans une double tradition :
– **philosophique** : la réflexion sur le concept d'état de nature et les conditions de la vie sociale, qui fonde la théorie du « droit naturel » moderne depuis Grotius (1620), après Hobbes, Locke et Rousseau (voir Le Guide Bac, fiche n° 1) ;
– **anthropologique :** la relation de voyage, qui depuis le XVIᵉ siècle propose d'observer les sociétés dites « sauvages » (DHL, « Le bon sauvage : de la réalité au mythe »).

Diderot s'inspire du compte rendu de Bougainville pour exposer ses idées sur « l'homme naturel » face aux sociétés dites « civilisées » : la découverte de ce paradis exotique vient ainsi alimenter le mythe du « bon sauvage » et le débat nature/culture, chers aux Lumières, engagés dans la controverse avec Rousseau.

« L'ouvrage de M. de Bougainville montre en plusieurs endroits l'homme sauvage communément si stupide que les chefs-d'œuvre de l'industrie humaine ne l'affectent non plus que les grands phénomènes de la nature ; il a toujours vu ces phénomènes ; il n'y pense pas ; il ne s'en émerveille point ; et il lui manque une certaine quantité d'idées élémentaires qui le conduiraient à une véritable estimation des chefs-d'œuvre de l'art. C'est de la défense journalière contre les bêtes féroces que le caractère cruel qu'on lui remarque quelquefois a pu tirer sa première origine. On lui trouve de la douceur et de l'innocence dans les contrées isolées où rien ne trouble son repos et sa sécurité. Toute guerre naît d'une prétention commune à la même propriété : le tigre a une prétention commune avec l'homme à la possession des forêts, et c'est la plus vieille, la première des prétentions ; l'homme a une prétention commune avec l'homme à la possession d'un champ dont ils occupent chacun une des extrémités » (extrait de l'article rédigé en 1771 pour la *Correspondance littéraire* ; on pourra comparer ces lignes avec ce qu'elles sont devenues dans le *Supplément*, pp. 20-21).

À partir des trois chapitres que Bougainville consacre à Tahiti dans son *Voyage*, Diderot construit l'essentiel de son programme en y trouvant les moyens de critiquer les mœurs dites « civilisées » :
– **critique explicite** par la dénonciation directe, placée dans la bouche des « sauvages », des méfaits de la civilisation (le vieillard tahitien et Orou) ;
– **critique implicite** par la confrontation entre le tableau idyllique de la vie à Tahiti et la corruption sous-entendue de la vie en

Europe, car le simple fait de décrire « le paradis » fait ressortir les tares de « l'enfer ».

Cependant, Diderot traite l'information apportée par Bougainville avec une liberté toute « poétique » : il grossit certains traits, en modifie d'autres, voire en supprime certains, en particulier les réserves de l'explorateur sur l'idéal que représenterait le système social tahitien. De fait, pour les besoins de sa démonstration, Diderot efface tous les signes d'une division sociale chez les indigènes, tout ce qui pourrait marquer une communauté de mœurs avec les Européens. Sous sa plume, Tahiti n'est plus qu'une île de fiction, un modèle pratique pour argumenter : ce que la description avait d'ethnographique devient un instrument d'analyse de la société en général.

Ainsi, Diderot recourt à la réalité contre la fiction spéculative – ce qui le distingue de Rousseau –, mais il recourt aussi à la fiction pour interpréter la réalité – ce qui le distingue de Bougainville.

La thèse de Diderot est farouchement anticolonialiste : l'Européen, qui impose son ordre par les armes du soldat et le chapelet du prêtre, introduit le remords et l'effroi ; il détruit une société qui repose sur une morale plus sensée que la sienne. Là où l'aumônier blanc ne voit que licence et vice, Orou, le vertueux Tahitien, lui montre des lois qui ne contredisent pas la nature, car elles s'inspirent d'un grand principe : la reproduction de l'espèce. Tout ce qui tend à la procréation d'enfants sains et vigoureux est légitime ; ce qui ne sert qu'au plaisir est condamné. Dans tous les cas, le bien général l'emporte sur le bien particulier.

Contrairement à l'opinion que l'on a pu se faire du *Supplément*, Diderot n'est pas un adepte de l'état de nature : il ne vise pas à poser Tahiti comme un paradis en soi, mais comme le laboratoire d'une morale laïque. Il n'est ni le vieillard tahitien ni Orou, mais il pousse à travers eux la logique du raisonnement jusqu'au bout (la politique de natalité planifiée, par exemple). Il n'oppose pas non plus la nature à la société en général, mais il confronte une société qui suit les seules lois de la nature à une société soumise à trois autorités fabriquées : l'autorité religieuse, l'autorité morale et l'autorité légale.

L'écriture de Diderot est antidogmatique sans être sceptique : provocatrice et légère, elle consiste à laisser le dernier mot au lecteur, à ne pas le priver de son jugement ni de son interprétation de la nature. « Le *Supplément* ne résume pas sa philosophie : il n'en est qu'un aspect dialectique, ou mieux encore, l'expression poétique et buissonnière. » (Paul Vernière, *Diderot, Œuvres philosophiques*, Classiques Garnier, 1956, p. 453).

Structure

Le *Supplément* se présente comme une succession de dialogues et discours enchâssés, l'ensemble étant divisé en cinq chapitres.

I pp. 13-23	**Jugement du voyage de Bougainville** ✓ **Dialogue entre A et B** C'est le dialogue d'encadrement proprement dit entre les « devisants » européens : – généralités sur le voyage de Bougainville ; – évocation du Tahitien Aotourou ramené à Paris par Bougainville (p. 21).
II pp. 25-34	**Les adieux du vieillard** ✓ **Discours du vieillard tahitien supposé lu par A (pp. 25-32)** « B. Tenez, tenez, lisez : passez ce préambule qui ne signifie rien, et allez droit aux adieux que fit un des chefs de l'île à nos voyageurs. Cela vous donnera quelque notion de l'éloquence de ces gens-là » (p. 23). ✓ **Reprise du dialogue entre A et B (pp. 32-34)**
III pp. 35-50	**L'entretien de l'aumônier et d'Orou** ✓ **Discussion rapportée par B entre le chef tahitien Orou et l'aumônier de l'expédition de Bougainville (pp. 35-46)** Les modes d'insertion du discours Orou / l'aumônier varient : 1) discours direct : « Orou, qui s'était absenté avec sa famille, reparut, lui présenta sa femme et ses trois filles nues, et lui dit : — Tu as soupé (...) » (p. 35) ; 2) discours indirect avec renvoi à l'instant supposé de l'énonciation : « **Ici**, le véridique aumônier convient que jamais la Providence (...). Le naïf aumônier dit qu'elle lui serrait les mains (...) » (p. 37) ; 3) reprise du discours direct : « (...) ensuite Orou, demeuré seul avec l'aumônier, lui dit : (...) L'aumônier, après avoir rêvé un moment, répondit : (...) » (p. 38) ;

	4) le discours se poursuit comme un véritable dialogue de théâtre (sans verbe introducteur) : « OROU. C'est moi. L'AUMÔNIER. Eh bien ! (...) » (p. 38). ✓ **Reprise du dialogue entre A et B (pp. 46-50)** La fiction de la lecture continue : « A. Qu'est-ce que je vois là en marge ? B. C'est une note, où le bon aumônier dit que (...) Après cette note de l'aumônier, Orou continue » (pp. 46-47). ✓ **Insertion du discours de Miss Polly Baker rapporté par B (pp. 47-49)** « A. Avant qu'il reprenne son discours, j'ai une prière à vous faire, c'est de me rappeler une aventure arrivée dans la Nouvelle-Angleterre. » B. La voici » (p. 47).
IV pp. 51-60	**Suite de l'entretien de l'aumônier avec l'habitant de Tahiti** ✓ **Dialogue entre Orou et l'aumônier (pp. 51-59)** Le dialogue a la forme d'une succession de répliques comme dans une scène de théâtre. N. B. Plusieurs copies du texte de Diderot ne comportent pas cette partie et passent directement à la reprise du dialogue entre A et B (p. 60). ✓ **Retour au dialogue entre A et B (p. 60)** Le dernier paragraphe fait transition avec le chapitre suivant : « Le bon aumônier raconte (...). // A. J'estime cet aumônier poli » (p. 60 // p. 61).
V pp. 61-74	**Suite du dialogue entre A et B** ✓ **Dialogue entre A et B** Fin du dialogue d'encadrement.

► **La structure polyphonique**

Vu le processus d'écriture suivi par Diderot, le passage du compte rendu au dialogue a entraîné des aménagements de forme sans changer le fond (voir l'exemple de confrontation des deux versions cité ci-dessus dans Les objectifs d'écriture).

Le dialogue est une forme littéraire que Diderot affectionne tout particulièrement pour sa spontanéité familière, pour la liberté qu'il offre de confronter les opinions dans un système d'échange direct et pour les possibilités de faire entendre l'évolution d'un raisonnement à travers plusieurs points de vue juxtaposés. Sa technique est non seulement l'héritage « classique » des dialogues socratiques et de l'art de la « conférence » cher à Montaigne, mais aussi la forme privilégiée de l'échange intellectuel dans le goût d'une époque qui a fait de la conversation un rituel social, particulièrement prisé dans les salons parisiens. Diderot l'utilise très souvent dans ses œuvres, tant philosophiques que romanesques (voir Guide Bac, fiche n° 1).

Voici deux exemples qui montrent bien son plaisir à jouer, tel un musicien faisant ses gammes, des modalités polyphoniques :

« J'ai fait un Dialogue entre d'Alembert et Moi : nous y causons assez gaiement, et même assez clairement, malgré la sécheresse et l'obscurité du sujet. À ce dialogue, il en succède un second beaucoup plus étendu, qui sert d'éclaircissement au premier, celui-ci est intitulé : *Le Rêve de d'Alembert*. (...) Cela est de la plus haute extravagance, et tout à la fois de la philosophie la plus profonde ; il y a quelque adresse à avoir mis mes idées dans la bouche d'un homme qui rêve : il faut souvent donner à la sagesse l'air de la folie afin de lui procurer ses entrées ; j'aime mieux qu'on dise : "Mais cela n'est pas si insensé qu'on croirait bien", que de dire : "Écoutez-moi, voici des choses très sages" » (lettre à Sophie Volland, 11 septembre 1769).

« Lorsqu'on fait un conte, c'est à quelqu'un qui l'écoute ; et pour peu que le conte dure, il est rare que le conteur ne soit interrompu quelquefois par son auditeur. Voilà pourquoi j'ai introduit dans le récit qu'on va lire, et qui n'est pas un conte ou qui est un mauvais conte, si vous vous en doutez, un personnage qui fasse à peu près le rôle du lecteur, et je commence » (début de *Ceci n'est pas un conte*).

Il est vrai que ce mode d'expression correspond bien à Diderot, fantasque de nature et délicat de manières, et à ses élans dans l'humour comme dans la colère, chaque locuteur pouvant tour à tour lui servir de porte-parole. Le dialogue est la forme la plus immédiate du questionnement, une démarche intellectuelle – « Je ne prononce pas, j'interroge » (*Réfutation d'Helvétius*, 1774) – qui manifeste bien la conviction des Lumières : la communication entre les êtres est nécessaire au progrès de l'esprit humain.

▶ **Les personnages**

Les « devisants », deux amis anonymes, refont en pensée le voyage de Bougainville jusqu'à Tahiti et les rôles paraissent bien distribués entre A et B, locuteurs et instances d'encadrement : A est le lecteur naïf chargé de questionner, tandis que B sait, informe, raconte, décide et juge (« A. Il semble que mon lot soit d'avoir tort avec vous jusque dans les moindres choses ; il faut que je sois bien bon pour vous pardonner une supériorité aussi continue ! – B. Tenez, tenez, lisez : passez ce préambule qui ne signifie rien, et allez droit aux adieux (...) » – p. 23).

Ainsi A sert de faire-valoir à B, lequel semble incarner l'auteur lui-même (voir la mise en abyme, ci-après). Dans la dernière partie du texte, tandis que B se fait l'interprète de la nature et expose ses phénomènes observables, A, lui, cherche à l'interroger pour voir sans partialité ce qu'elle répondra (« Mais comment est-il arrivé qu'un acte dont le but est si solennel, et auquel la nature nous invite par l'attrait le plus puissant, que le plus grand, le plus doux, le plus innocent des plaisirs soit devenu la source la plus féconde de notre dépravation et de nos maux ? » – p. 67). B joue alors le rôle du répétiteur impérieux et excédé pour prendre le relais du Tahitien Orou dans la critique des institutions (« B. Orou l'a fait entendre dix fois à l'aumônier. Écoutez-le donc encore, et tâchez de le retenir » – p. 67).

C'est donc B qui a le mot de la fin : « A. Que ferons-nous donc ? reviendrons-nous à la nature ? nous soumettrons-nous aux lois ? – B. Nous parlerons contre les lois insensées jusqu'à ce qu'on les réforme ; et, en attendant, nous nous y soumettrons » (p. 73). La sagesse lucide de Diderot lui-même, en quelque sorte.

Les autres personnages, ceux qui sont nommés et disposent d'une individualité plus ou moins importante dans le texte, peuvent être répartis en deux « camps » selon la confrontation nature / culture :

– les « civilisés » : outre A et B, Bougainville, l'aumônier ;
– les « sauvages » : Aotourou, le vieillard du chap. II, Orou, sa femme et ses trois filles, Asto, Palli et Thia.

▶ **La mise en abyme ou le jeu de miroir**

Selon un procédé cher à Diderot, la fantaisie d'écriture s'accompagne d'un jeu de situations : tout se passe en effet comme si l'objet « Supplément » (le manuscrit du compte rendu) était concrètement palpable par les acteurs / interlocuteurs de la fiction du *Supplément* (autant que le globe sur lequel ils sont censés suivre le trajet de l'explorateur – p. 15). Une mise en abyme habilement doublée d'un clin d'œil sur le rapport réalité / « fable », qui permet à Diderot de se mettre lui-même en scène comme lecteur du *Voyage* de Bougainville et auteur de son compte rendu :

– « A. Que pensez-vous de son Voyage ? – B. Autant que j'en puis juger sur une lecture assez superficielle, j'en rapporterais l'avantage à trois points principaux (...) » (p. 15).

– « A. Est-ce que vous donneriez dans la fable de Tahiti ? – B. Ce n'est point une fable ; et vous n'auriez aucun doute sur la sincérité de Bougainville, si vous connaissiez le supplément de son voyage. – A. Et où trouve-t-on ce supplément ? – B. Là, sur cette table. – A. Est-ce que vous ne me le confieriez pas ? – B. Non ; mais nous pourrons le parcourir ensemble, si vous voulez. (...) B. Tenez, tenez, lisez » (p. 23).

Et Diderot d'entretenir la fiction du manuscrit, non sans un délicieux humour « coquin » :

« À. Qu'est-ce que je vois là en marge ? – B. C'est une note, où le bon aumônier dit que les préceptes des parents sur le choix des garçons et des filles étaient pleins de bon sens et d'observations très fines et très utiles ; mais qu'il a supprimé ce catéchisme, qui aurait paru, à des gens aussi corrompus et aussi superficiels que nous, d'une licence impardonnable ; ajoutant toutefois que ce n'était pas sans regret qu'il avait retranché des détails (...) » (p. 46).

En conclusion, il laisse même à son lecteur la possibilité d'imaginer une suite en lecture comme dans une réunion de salons avec dames curieuses : « A. Si nous leur lisions l'entretien de l'aumônier et d'Orou ? – B. À votre avis, qu'en diraient-elles ? » (p. 74).

▶ **Formes et registres**

À la variété des discours s'ajoute la variété de tonalité :

– Humour et comique
Dans la confrontation Orou / l'aumônier, le discours glisse avec une manifeste joyeuseté grivoise vers le comique d'une scène de théâtre. Tandis que l'aumônier se voit offrir les charmes de délicieuses vahinés, il ne sait que répéter « mais ma religion ! mais mon état ! » (on pense, bien sûr, au comique de répétition de Molière) :

– « Mais quand cela serait, le plaisir d'honorer une de mes filles, entre ses compagnes et ses sœurs, et de faire une bonne action, ne te suffirait-il pas ? Sois généreux ! – L'AUMÔNIER. Ce n'est pas cela : elles sont toutes quatre également belles ; mais ma religion ! mais mon état ! » (p. 36).

– « (...) il resta seul avec elle (...) disant : *Mais ma religion, mais mon état*, il se trouva le lendemain couché à côté de cette jeune fille » (p. 37).

– « Le bon aumônier raconte qu'il passa le reste de la journée à parcourir l'île, à visiter les cabanes, et que le soir, après souper, le père et la mère l'ayant supplié de coucher avec la seconde de leurs filles, Palli s'était présentée dans le même déshabillé que Thia, et qu'il s'était écrié plusieurs fois pendant la nuit : *Mais ma religion ! mais mon état !* que la troisième nuit il avait été agité des mêmes remords avec Asto, l'aînée, et que la quatrième il l'avait accordée par honnêteté à la femme de son hôte » (p. 60).

On le voit, Diderot "libertin" aime les plaisanteries lestes autant que Voltaire dans ses contes philosophiques (voir, dans les lectures complémentaires, l'intrépidité de l'ingénu amoureux au chapitre VI de *L'Ingénu*).

– Pathétique bourgeois

Mais Diderot peut aussi bien céder au plaisir d'évoquer une scène édifiante à la façon de ce drame bourgeois auquel il est si attaché :

« OROU. L'heureux moment pour une jeune fille et pour ses parents, que celui où sa grossesse est constatée ! Elle se lève ; elle accourt ; elle jette ses bras autour du cou de sa mère et de son père ; c'est avec des transports d'une joie mutuelle qu'elle leur annonce et qu'ils apprennent cet événement. Maman ! Mon papa ! embrassez-moi : je suis grosse ! – Est-il bien vrai ? – Très vrai. – Et de qui l'êtes-vous ? – Je le suis d'un tel... » (p. 51).

On sent aussi bien poindre ici la tendresse paternelle de l'homme Diderot que l'attachement sentimental de l'auteur de théâtre pour la famille, tel qu'il l'exprime dans tous ses drames édifiants (ex. *Le Père de famille*, 1761). Au passage, on notera le vouvoiement qui ne manque pas de nous ramener de la tribu tahitienne à une bonne famille bourgeoise du XVIII⁺ siècle !

– Métaphores philosophiques

Soucieux d'illustrer de manière concrète et efficace ce que la démonstration pourrait avoir de trop abstrait, Diderot philosophe et moraliste aime enfin à utiliser des images : celle des ressorts, empruntée à Morelly (voir la note 4, p. 71), pourrait aussi rappeler le *clinamen* des épicuriens (la chute des atomes) et les hommes-machines de Descartes :

« Je considère les hommes non civilisés comme une multitude de ressorts épars et isolés. Sans doute, s'il arrivait à quelques-uns de ces ressorts de se choquer, l'un ou l'autre, ou tous les deux, se briseraient. Pour obvier à cet inconvénient, un individu d'une sagesse profonde et d'un génie sublime rassembla ces ressorts et en composa une machine, et dans cette machine appelée société, tous les ressorts furent rendus agissants, réagissant les uns contre les autres, sans cesse fatigués ; et il s'en rompit plus dans un jour, sous l'état de législation, qu'il ne s'en rompait en un an sous l'anarchie de nature. Mais quel fracas ! quel ravage ! quelle énorme destruction de petits ressorts, lorsque deux, trois, quatre de ces énormes machines vinrent à se heurter avec violence ! » (p. 71).

II - LIRE

Pour approfondir votre lecture, LIRE vous propose une sélection commentée :
- *de morceaux « classiques » devenus incontournables, signalés par ⚫► (droit au but).*
- *d'extraits représentatifs de l'œuvre, signalés par ⚬► (en flânant).*

⚬► 1 - *Le voyage de Bougainville*	pp. 15-22

À partir du compte rendu qu'il a déjà rédigé pour la *Correspondance littéraire*, Diderot retrace le parcours de Bougainville et évoque la figure du Tahitien Aotourou que l'explorateur avait ramené à Paris.

▶ **voir la date et la composition dans la partie « Découvrir ».**
▶ **carte : p. 76.**

⚫► 2 - *Le réquisitoire du vieillard tahitien*	pp. 25-32

La page la plus célèbre du *Supplément* : un morceau d'anthologie, à rapprocher d'autres textes "engagés" dans la dénonciation du colonialisme (Montaigne, entre autres).

Dans cette longue diatribe qu'il prête à un vieux Tahitien exaspéré par le comportement des Européens, Diderot joue sur le registre de l'indignation véhémente pour condamner les méfaits de la civilisation face à la pureté native des indigènes.

On appréciera la manière dont Diderot entretient « l'effet de réel » de ce discours par les détails concrets qu'il imagine pour sa supposée transmission (p. 32). La hardiesse des propos qu'il met dans la bouche du vieillard vient ainsi justifier son absence dans le texte de Bougainville : « Je ne vois que trop à présent pourquoi Bougainville a supprimé ce fragments » (p. 32).

▶ **voir dans le DHL, le dossier « Le bon sauvage : de la réalité au mythe ».**

3 - *La leçon d'Orou* | pp. 39-41

Sur un ton moins polémique et plus souriant (allusion au refrain comique de l'aumônier *Mais ma religion, mais mon état*, p. 41), le Tahitien Orou reprend les arguments du vieillard : les Européens ont troublé l'état d'innocence des Tahitiens et ont oublié les lois de la nature. Soumis à la triple autorité religieuse, morale et politique des magistrats et des prêtres, ils ne sont plus maîtres d'eux-mêmes.

▶ voir, dans le DHL, le dossier « Le bon sauvage : de la réalité au mythe ».

▶ voir, dans Les thèmes clés, le débat sur l'autorité.

4 - *Le mariage tahitien* | pp. 45-46

La cérémonie de mariage racontée par Orou est l'occasion pour Diderot d'exploiter la vision du paradis tahitien célébré par Bougainville avec le charme exotique des vahinés.

5 - *Le plaidoyer de Miss Polly Baker* | pp. 47-49

Le discours et le destin édifiant d'une « fille mère » : l'exemple d'une jeune femme américaine « qui ne doit le titre de mère qu'au libertinage » (p. 47) renforce la leçon donnée par la sagesse tahitienne. Là où une société hypocrite et corrompue accable les femmes qui ont « fauté », la société des « sauvages » accueille avec joie l'occasion de s'enrichir par de nouveaux rejetons, quelle que soit leur origine.

▶ L'histoire de Polly Baker, située près de Boston, peut faire penser à celle de l'héroïne de *La Lettre écarlate*, le célèbre roman de l'auteur américain Nathaniel Hawthorne (1850) qui raconte le sort d'une jeune mère célibataire, elle aussi vivant à Boston, dans les années 1640, condamnée au pilori par la bien-pensante société puritaine et flétrie par la lettre A (adultère) en toile écarlate.

▶ voir, dans Les thèmes clés, le débat sur la sexualité.

6 - *L'impôt sur la semence* | pp. 57-58

Orou explique comment la présence des Européens va permettre aux Tahitiens de développer une politique de natalité habilement planifiée. Diderot s'amuse à systématiser les positions qu'il prête aux « sauvages » en matière de procréation naturelle, mais c'est aussi pour lui une façon de mettre en garde, *a contrario*, les sociétés européennes sur le risque de dépopulation.

•• 7 - *Le combat de « l'homme naturel » et de « l'homme artificiel »*	pp. 67-71

Le *Supplément* s'achève sur un constat d'impuissance pour l'homme « civilisé » : « triste monstre tiraillé » (p. 69) entre nature et culture, il a perdu son intégrité et le bonheur d'un âge d'or où il pouvait vivre selon son instinct naturel.

La solution ? « Nous parlerons contre les lois insensées jusqu'à ce qu'on les réforme ; et, en attendant, nous nous y soumettrons. (...) Imitons le bon aumônier, moine en France, sauvage dans Tahiti » (pp. 73-74).

• **LES THÈMES CLÉS**

Ils sont regroupés sous forme de pistes et de citations pour organiser les thèmes à débattre dans le Guide de lecture spécial Bac, fiche n° 1 :

▶ Le débat nature / société

▶ Le débat sur la propriété

▶ Le débat sur l'autorité

▶ Le débat sur la sexualité

III - POURSUIVRE

• LECTURES CROISÉES

Le point de vue du botaniste

Philibert de Commerçon, lié à Linné et Jussieu, accompagna l'expédition de Bougainville en qualité de botaniste. Son journal de voyage en forme de notes fut publié par le *Mercure de France* en novembre 1769 ; il est fort possible que Diderot en ait eu connaissance. Son témoignage conforte la vision paradisiaque de Tahiti ainsi que la réflexion sur les notions de propriété et de vol.

> « (...) Je reviens sur mes pas, pour vous tracer une légère esquisse de cette île heureuse, dont je ne vous ai fait mention qu'en passant dans le dénombrement des nouvelles terres que nous avons vues en courant le monde. Je lui avais appliqué le nom d'*Utopie* que Thomas Morus avait donné à sa république idéale, en le dérivant des racines grecques (*eu* et *topos*, *quasi felix locus*). Je ne savais pas encore que M. de Bougainville l'avait nommée *Nouvelle Cythère*, et ce n'est que bien postérieurement qu'un prince de cette nation, que l'on conduisit en Europe, nous a appris qu'elle se nommait Tahiti par ses propres habitants.
>
> Sa position en longitude et en latitude est le secret du gouvernement, sur lequel je m'impose silence, mais je puis vous dire que c'est le seul coin de la terre où habitent des hommes sans vices, sans préjugés, sans besoins, sans dissensions. Nés sous le plus beau ciel, nourris des fruits d'une terre féconde sans culture, régis par des pères de famille plutôt que par des rois, ils ne connaissent d'autre dieu que l'Amour. Tous les jours lui sont consacrés, toute l'île est son temple, toutes les femmes en sont les autels, tous les hommes les sacrificateurs. Et quelles femmes, me demanderez-vous ? les rivales des Géorgiennes en beauté, et les sœurs des Grâces toutes nues. Là, ni la honte, ni la pudeur n'exercent point leur tyrannie : la plus légère des gazes flotte toujours au gré des vents et des désirs : l'acte de créer son semblable est un acte de religion ; les préludes en sont encouragés

par les vœux et les chants de tout le peuple assemblé, et la fin célébrée par des applaudissements universels ; tout étranger est admis à participer à ces heureux mystères ; c'est même un des devoirs de l'hospitalité que de les inviter, de sorte que le bon Utopien jouit sans cesse ou du sentiment de ses propres plaisirs ou du spectacle de ceux des autres. Quelque censeur à double rabat ne verra peut-être en tout cela qu'un débordement de mœurs, une horrible prostitution, le cynisme le plus effronté mais il se trompera grossièrement lui-même en méconnaissant l'état de l'homme naturel, né essentiellement bon, exempt de tout préjugé et suivant, sans défiance comme sans remords, les douces impulsions d'un instinct toujours sûr, parce qu'il n'a pas encore dégénéré en raison.

[...] Je ne les quitterai pas, ces chers Tahitiens, sans les avoir lavés d'une injure qu'on leur a faite en les traitant de voleurs. Il est vrai qu'ils nous ont enlevé beaucoup de choses, et cela même avec une dextérité qui ferait honneur au plus habile filou de Paris : mais méritent-ils pour cela le nom de voleurs ? Voyons ce que c'est que le vol ? c'est l'enlèvement d'une chose qui est en propriété à un autre, il faut donc que ce quelqu'un se plaigne justement d'avoir été volé, qu'il lui ait été enlevé un effet sur lequel son droit de propriété était préétabli ; mais ce droit de propriété est-il dans la nature ? non : il est de pure convention ; or, aucune convention n'oblige qu'elle ne soit connue et acceptée. Or, le Tahitien qui n'a rien à lui, qui offre et donne généreusement tout ce qu'il voit désirer, ne l'a jamais connu ce droit exclusif ! donc l'acte d'enlèvement qu'il vous a fait d'une chose qui excite sa curiosité n'est, selon lui, qu'un acte d'équité naturelle par laquelle il vous sait faire exécuter comme il s'exécuterait lui-même ; c'est l'inverse du talion par lequel on s'applique à soi-même tout le bien qu'on aurait fait aux autres. Je ne vois pas l'ombre du vol là-dedans. Notre prince tahitien était un plaisant voleur : il prenait d'une main un clou ou un verre ou un biscuit, mais c'était pour le donner de l'autre au premier des siens qu'il rencontrait en leur enlevant bananes, poules et cochons qu'il nous apportait. »

Philibert de Commerçon, *Post-scriptum sur l'isle de la Nouvelle Cythère ou Tayti,* in *Bougainville et ses compagnons autour du monde,* 1766-1769.

Le discours d'Aotourou

Dans son *Sauvage de Tahiti aux Français, avec un envoi au philosophe ami des sauvages,* paru en 1770, Bricaire de la Dixmérie prête la parole à Aotourou, le Tahitien que Bougainville a ramené de son voyage et que Diderot évoque rapidement dans son *Supplément*. Reprenant le procédé du Huron de La Hontan (voir, dans le DHL, le dossier « Le bon sauvage »), il s'abrite derrière son « sauvage » pour dénoncer l'homme civilisé. La lettre est suivie d'un envoi à Rousseau pour doubler la critique de la société européenne par celle de « l'état de nature » cher au philosophe genevois. Peut-être Diderot a-t-il eu l'occasion de lire ce texte qui recoupe bien de ses réflexions.

Le Sauvage de Tahiti aux Français

« (...) Notre origine est si ancienne que nous ne la connaissons pas. Nous ne connaissons pas même ce qu'est une origine. Jamais nous n'avons soupçonné que nos pères eussent habité d'autres pays que le nôtre. Vous m'apprenez le contraire. Apprenez-moi comment nous avons pu l'ignorer si longtemps ? Pourquoi nous avons été longtemps ignorés ? Nul étranger, avant vous, n'aborda notre rivage. Nous existons sans aucun mélange. Nous n'avons rien emprunté d'autrui. Nos vices, nos vertus sont à nous. Nos usages n'ont point varié. J'apprends, au contraire, que les vôtres varient tous les dix ans. Ne serait-ce pas que nous avons d'abord trouvé les meilleurs, tandis que vous les cherchez encore ?

Je n'en suis point surpris ; vous les cherchez loin de la nature. Elle seule, au contraire, nous dirigea dans notre choix. Les lois qu'elle nous dicte sont aussi douces que l'air qu'elle nous fait respirer. Nous avons tous les arts qu'exigent les vrais besoins : et tous les besoins qu'exige le bonheur. Aucune loi parmi nous n'est écrite, et jamais elle ne fut transgressée : jamais elle ne fit de mécontents. Dites-moi si les vôtres, si celles de tant d'autre peuples, jouissent du même avantage ? La forme de tous ces État a presque autant varié que celle de vos vêtements. Elle changera sans doute encore, et peut-être, finiront-ils par se retrouver au point d'où ils sont partis.

(...) Je l'avoue avec joie, mesdames, vous m'avez paru moins dédaigneuses, plus indulgentes, plus attentives. Peut-être vous ai-je paru moi-même un peu familier. C'est ainsi que tout vrai Tahitien en use avec votre sexe. Il n'en est pas pour cela moins heureux, ni moins absolu parmi nous. Il aime à faire notre bonheur ; nous n'aspirons qu'à faire le sien. Nous croyons qu'une belle femme est le plus beau présent que la nature ait fait à l'homme. Nous recevons ce présent avec reconnaissance ; nous en usons mais nous en connaissons toujours le prix. Nul de nous ne prétend se l'approprier sans réserve. Nous ne croyons pas qu'une femme doive nous aimer toujours, parce qu'elle nous aura aimé quelque temps. Nos chaînes peuvent se rompre, et ne nous en paraissent que plus légères. La nature, il est vrai, a prodigieusement multiplié parmi nous le plus beau de ses présents. On ne s'arrache point une belle femme ; il en existe tant d'autres ! Dès lors on ne voit éclore dans notre île ni querelles, ni rivalités, ni jalousies, ni vengeances. La plus belle moitié du genre humain n'y désole jamais l'autre. Elle y maintient la concorde, et ne tire point sa gloire d'y semer la division. (...)

Vous trouvez nos plaisirs bien uniformes : dites plutôt qu'ils sont souvent répétés. Chaque jour est pour nous un jour de fête, et le Dieu qu'on y célèbre, c'est l'amour. Vous l'encensez moins. À peine avez-vous le loisir de le connaître. L'ambition, l'intrigue, le faste, la dissipation, voilà les Dieux à qui vous sacrifiez. J'ai vu de près ce que vous nommez vos plaisirs : j'en ai essayé quelques-uns ; je les ai comparés aux nôtres et j'ai dit : ce peuple est né pour l'illusion ; il prend l'ombre pour la chose ; il se précipite au fond d'un fleuve pour cueillir le fruit d'un arbre qui n'y est que répété ; il pouvait réellement cueillir ce fruit, sans quitter le rivage. »

La « politesse » de la reine Obéira

Dans un petit conte peu connu intitulé *Les Oreilles du comte de Chesterfield et le chapelain Goudman*, publié en 1775, Voltaire fait raconter à l'un de ses personnages, censé avoir participé au voyage de Cook autour du monde, la cérémonie de « politesse tahitienne » que réserva la princesse Obéira, reine de Tahiti, à ses hôtes.

CHAPITRE VI

« La princesse Obéira, dis-je, après nous avoir comblés de présents avec une politesse digne d'une reine d'Angleterre, fut curieuse d'assister un matin à notre service anglican. Nous le célébrâmes aussi pompeusement que nous pûmes. Elle nous invita au sien l'après-dîné ; c'était le 14 mai 1769. Nous la trouvâmes entourée d'environ mille personnes des deux sexes, rangées en demi-cercle, et dans un silence respectueux. Une jeune fille, très jolie, simplement parée d'un déshabillé galant, était couchée sur une estrade qui servait d'autel. La reine Obéira ordonna à un beau garçon d'environ vingt ans d'aller sacrifier. Il prononça une espèce de prière, et monta sur l'autel. Les deux sacrificateurs étaient à demi nus. La reine, d'un air majestueux, enseignait à la jeune victime la manière la plus convenable de consommer le sacrifice. Tous les Otaïtiens étaient si attentifs et si respectueux qu'aucun de nos matelots n'osa troubler la cérémonie par un rire indécent. Voilà ce que j'ai vu, vous dis-je, voilà tout ce que notre équipage a vu. C'est à vous d'en tirer les conséquences.

— Cette fête sacrée ne m'étonne pas, dit le docteur Goudman. Je suis persuadé que c'est la première fête que les hommes aient jamais célébrée ; et je ne vois pas pourquoi on ne prierait pas Dieu lorsqu'on va faire un être à son image, comme nous le prions avant les repas qui servent à soutenir notre corps. Travailler à faire naître une créature raisonnable est l'action la plus noble et la plus sainte. (...)

Quoi qu'il en soit, il est très vraisemblable que jamais aucun peuple n'établit ni ne put établir un culte par libertinage. La débauche s'y glisse quelquefois dans la suite des temps ; mais l'institution est toujours innocente et pure. Nos premières agapes, dans lesquelles les garçons et les filles se baisaient modestement sur la bouche, ne dégénérèrent qu'assez tard en rendez-vous et en infidélités ; et plût à Dieu que je pusse sacrifier avec miss Fidler devant la reine Obéira en tout bien et en tout honneur ! Ce serait assurément le plus beau jour et la plus belle action de ma vie. »

Tahiti 2440

En 1770, Louis-Sébastien Mercier a écrit un curieux ouvrage, *L'An 2440, Rêve s'il en fut jamais*, considéré comme le premier roman d'anticipation : il imagine que la société civilisée a su renoncer à ses erreurs et accomplir enfin les progrès des Lumières. Au chapitre XLII, un article de gazette explique ce qu'est devenue Tahiti. On y voit comment un marin de Bougainville, « ému de la candeur » des indigènes « et plus encore des malheurs qui attendaient ce peuple innocent », décide de rester dans l'île – ce qu'aurait bien aimé faire l'aumônier du *Supplément* ! (voir p. 62) – et applique sans hésiter « l'arrêt cruel » que le vieillard de Diderot ne faisait que sous-entendre.

« De l'île de Tahiti, dans la mer du Sud, le...

Lorsque M. de Bougainville découvrit cette île fortunée, où régnaient les mœurs de l'âge d'or, il ne manqua pas de prendre possession de cette île au nom de son maître. Il s'embarqua ensuite et ramena un Taïtien qui, en 1770, fixa pendant huit jours la curiosité de Paris. On ne savait pas alors qu'un Français, ému de la beauté du climat, de la candeur de ses habitants et plus encore des malheurs qui attendaient ce peuple innocent, s'était caché pendant que ses camarades s'embarquaient. À peine les vaisseaux furent-ils éloignés qu'il se présenta à la nation ; il l'assembla dans une vaste plaine et lui tint ce langage :

"C'est parmi vous que je veux rester pour mon bonheur et pour le vôtre. Recevez-moi comme un de vos frères. Vous allez voir que je le suis, car je prétends vous sauver du plus affreux désastre. Ô peuple heureux, qui vivez dans la simplicité de la nature ! Savez-vous quels malheurs vous menacent ? Ces étrangers si polis que vous avez reçus, que vous avez comblés de présents et de caresses, que je trahis en ce moment, si c'est les trahir que de prévenir la ruine d'un peuple vertueux, ces étrangers, mes compatriotes, vont bientôt revenir et amèneront avec eux tous les fléaux qui affligent les autres contrées. Ils vous feront connaître des poisons et des maux que vous ignorez. Ils vous apporteront des fers et dans leur cruel raisonnement ils voudront vous prouver encore que c'est pour votre plus grand bien. Voyez cette pyramide élevée : elle atteste déjà que cette terre est dans leur dépendance, comme marquée dans l'empire d'un souverain que vous ne connaissez même pas de nom. Vous êtes tous désignés pour recevoir des lois nouvelles. On fouillera votre sol, on dépouillera vos arbres fruitiers, on saisira vos personnes. Cette égalité précieuse qui règne parmi vous sera détruite. Peut-être le sang humain arrosera ces fleurs qui se courbent sous le poids de vos innocentes caresses. L'Amour est le dieu de cette île. Elle est consacrée, pour ainsi dire, à son culte. La haine et la vengeance prendront sa place. Vous ignorez jusqu'à l'usage des armes : on vous apprendra ce que c'est que la guerre, le meurtre et l'esclavage..."

À ces mots, ce peuple pâlit et demeura consterné. C'est ainsi qu'une troupe d'enfants, qu'on interrompt dans leurs aimables jeux, palpitent d'effroi lorsqu'une voix sévère leur annonce la fin du monde et fait entrer dans leur jeune cerveau l'idée des calamités qu'ils ne soupçonnaient pas.

L'orateur reprit : "Peuples que j'aime et qui m'avez attendri ! Il est un moyen de vous conserver heureux et libres. Que tout étranger qui débarquera sur cette rive fortunée soit immolé au bonheur du pays. L'arrêt est cruel, mais l'amour de vos enfants et de votre postérité doit vous faire chérir cette barbarie. Vous frémiriez bien plus si je vous annonçais les horreurs que les Européens ont exercées contre des peuples qui, comme vous, avaient la faiblesse et l'innocence pour partage. Garantissez-vous de l'air contagieux qui sort de leur bouche. Tout, jusqu'à leur sourire, est le signal des infortunes dont ils méditent de vous accabler."

Les chefs de la nation s'assemblèrent et d'une voix unanime décernèrent l'autorité à ce Français qui se rendait le bienfaiteur de toute la nation, en la préservant des plus horribles calamités. La loi de mort contre tout étranger fut portée et exécutée avec une rigueur vertueuse et patriotique, comme elle fut exécutée jadis dans la Tauride, peut-être chez un peuple, selon les apparences, aussi innocent, mais jaloux de rompre toute communication avec des peuples ingénieux, mais en même temps tyranniques et cruels.

On apprend que cette loi vient d'être abolie, parce que plusieurs expériences ont prouvé que l'Europe n'est plus l'ennemie des autres parties du monde, qu'elle n'attente point à la liberté paisible des nations qui sont loin d'elle, qu'elle n'est plus jalouse à l'excès du despotisme honteux de ses souverains, qu'elle ambitionne des amis, et non des esclaves, que ses vaisseaux vont chercher des exemples de mœurs simples et vraies, et non de viles richesses, etc. »

Jules Verne juge Bougainville

Dans son *Histoire des grands voyages et des grands voyageurs*, parue chez Hetzel en 1886, Verne consacre un chapitre à Bougainville dans la partie réservée aux précurseurs du capitaine Cook (II, III). Voici comment il met en garde son lecteur contre « l'imagination fertile » de l'explorateur enchanté par la Nouvelle Cythère.

« Avant d'aller plus loin et de reproduire d'autres extraits du récit de Bougainville, nous croyons à propos de prévenir le lecteur de ne pas prendre au pied de la lettre ces tableaux dignes des *Bucoliques*. L'imagination fertile du narrateur veut tout embellir. Les scènes ravissantes qu'il a sous les yeux, cette nature pittoresque ne lui suffisent pas, et il croit ajouter de nouveaux agréments au tableau, quand il ne fait que le charger. Ce travail, il l'accomplit de bonne foi, presque inconsciemment. Il n'en est pas moins vrai qu'il ne faut accepter toutes ces descriptions qu'avec une extrême réserve. De cette tendance générale à cette époque, nous trouvons un exemple assez singulier dans le récit du second voyage de Cook. Le peintre qui avait été attaché à l'expédition, M. Hodges, voulant représenter le débarquement des Anglais dans l'île de Middelbourg, nous peint des individus qui n'ont pas le moins du monde l'air océanien, et qu'avec leur toge on prendrait bien plutôt pour des contemporains de César ou d'Auguste. Et, cependant, il avait eu les originaux sous les yeux, et rien ne lui eût été plus facile que de représenter avec fidélité une scène dont il avait été témoin ! Comme nous savons mieux aujourd'hui respecter la vérité ! Nulle broderie, nul enjolivement dans les relations de nos voyageurs ! Si quelquefois ce n'est qu'un procès-verbal un peu sec, qui ne plaît que médiocrement à l'homme du monde, le savant y trouve presque toujours les éléments d'une étude sérieuse, les bases d'un travail utile à l'avancement de la science. »

• BIBLIOGRAPHIE

Éditions des œuvres complètes de Diderot (ordre chronologique)

– *Œuvres complètes,* édition établie par J. Assézat et M. Tourneux, Paris, Garnier Frères, 1875-1877, 20 vol.

– *Œuvres*, édition établie et annotée par A. Billy, Paris, Pléiade, 1951

– *Œuvres de Diderot*, édition établie par P. Vernière, Paris, Garnier Frères, 1966 (mise à jour 1994), 5 vol.

– *Œuvres complètes*, éd. chronologique avec introduction de R. Lewinter, Paris, Club français du livre, 1969-1972, 15 vol.

– *Œuvres complètes*, édition critique et annotée par J. Fabre, H. Dieckmann, J. Proust, J. Varloot, Paris, éd. Hermann, depuis 1975, 36 vol.

– *Œuvres de Diderot*, édition établie par L. Versini, Paris, Robert Laffont, collection Bouquin, 1994-1997, 5 vol.

Ouvrages sur Diderot (ordre chronologique)

– BELAVAL Y., *L'esthétique sans paradoxe de Diderot*, Paris, Gallimard, 1950

– VARTANIAN A., *Diderot and Descartes, a study of scientific naturalism in the Enlightenment*, Princeton, Princeton University Press, 1953

– DIECKMANN H., *Cinq leçons sur Diderot*, Genève / Paris, Droz / Minard, 1959

– PROUST J., *Diderot et l'*Encyclopédie, Paris, Albin Michel, 1962, rééd. 1995

– BENOT Y., *Diderot, de l'athéisme à l'anticolonialisme*, Paris, François Maspero, 1970

– CHOUILLET J., *La formation des idées esthétiques de Diderot*, Paris, Armand Colin, 1973

– DUCHET M., *Diderot et l'*Histoire des Deux Indes *ou l'écriture fragmentaire*, Paris, Nizet, 1978

– POTULICKI E. B., *La modernité de la pensée de Diderot dans les œuvres philosophiques* , Paris, Nizet, 1980

– FONTENAY E., *Diderot ou le matérialisme enchanté*, Paris, Grasset, 1981

– MAT M., « Le *Supplément au Voyage de Bougainville* : une aporie polyphonique », *Revue internationale de philosophie,* 38, 1984

– PAPIN B., « Sens et fonction de l'utopie tahitienne dans l'œuvre politique de Diderot », *Studies on Voltaire and the Eighteenth Century*, 1988, n° 251

– BOURDIN J.-C., *Diderot : le matérialisme*, Paris, PUF, 1998

Ouvrages généraux (ordre chronologique)

– ELIADE M., « Le mythe du bon sauvage ou les prestiges de l'origine » in *La Nouvelle Revue française*, Paris, 1er août 1955, pp. 229-249

– HAZARD P., *La crise de la conscience européenne*, Paris, Fayard, 1961, rééd. 1994

– EHRARD J., *L'idée de nature en France à l'aube des Lumières,* Paris Albin Michel, 1963, rééd. 1994

– DUCHET M., *Anthropologie et histoire au siècle des Lumières*, Paris, Albin Michel, 1971, rééd. 1995, « L'anthropologie de Diderot », pp. 407-475

– GOLDSCHMIDT V., *Anthropologie et politique, les principes du système de Rousseau*, Paris, Vrin, 1983

– *La Mer au siècle des Encyclopédies*, actes recueillis et présentés par Jean Balcou, Paris, Genève, Champion-Slatkine, 1987

– VIBART É., « 1767-1797, La Mémoire des siècles, *Tahiti : Naissance d'un paradis au siècle des Lumières* », Bruxelles, Éditions Complexe, 1987

– *L'Île territoire mythique*, études rassemblées par F. Moureau, Paris, Aux Amateurs de livres, 1989

– MARGUERON D., *Tahiti dans toute sa littérature, Essai sur Tahiti et ses îles dans la littérature française de la découverte à nos jours*, Paris, L'Harmattan, collection Critiques littéraires, 1989

– *Papeete au temps composé, le livre du centenaire*, Paris, Association Pacifique, collection Pacifique, 1990

– MUND-DOPCHIE M., « De l'âge d'or à Prométhée : le choix mythique entre le bonheur naturel et le progrès technique », colloque sur « L'utopie pour penser et agir en Europe : état des lieux d'un imaginaire du non-lieu » organisé par le Centre de recherches sur l'imaginaire de l'Université catholique de Louvain, septembre 2001

– Catalogue de l'exposition « Kannibals et Vahinés, Imagerie des mers du sud », Paris, Réunion des musées nationaux, 2001

DOSSIER HISTORIQUE ET LITTÉRAIRE

I - REPÈRES BIOGRAPHIQUES

1713 5 octobre : naissance à Langres de Denis Diderot. Son père Didier (1685-1759) est maître coutelier (il fait partie d'une aristocratie ouvrière dont la corporation date du XIIIe siècle ; en 1766, il n'y avait que 20 maîtres dans cette profession pour toute la France). Sa mère, Angélique Vigneron (1677-1748), a déjà trente-six ans ; elle a un frère prêtre.

1715 Naissance de Denise (« sœurette »).

1716 Naissance de Catherine (qui mourra en 1718).

1719 Naissance d'une autre Catherine (qui mourra en 1735).

1720 Naissance d'Angélique, qui deviendra ursuline à Langres et mourra folle en 1748.

1722 Naissance de Didier-Pierre, le cadet de presque dix ans de Denis. Il deviendra chanoine et sera très vite en conflit permanent avec son aîné.

1723-1728 Études de Denis chez les jésuites de Langres. Il est destiné par sa famille à une carrière ecclésiastique et doit succéder à son oncle Didier Vigneron, alors chanoine. En 1726, en vue de cette succession, Denis reçoit la tonsure (22 août), cérémonie par laquelle l'évêque désigne un des paroissiens de son diocèse qui, sans être encore entré dans les ordres mineurs, se prépare déjà au sacerdoce.

1728-1732 Denis est à Paris, inscrit dans un collège (on ignore lequel). À la fin de l'année universitaire 1732, il est reçu maître ès arts de l'université de Paris ; il est alors théoriquement prêt à commencer les études de théologie qui couronnaient le cursus universitaire sous l'Ancien Régime.

1733-1735 Denis s'initie au droit en l'étude du procureur laïque (sorte d'avoué) Clément de Ris, originaire de Langres.

1736   Denis a fait des dettes à Paris. Son père refuse de les payer et fait surveiller son fils par un de ses parents, le frère Ange, vice-procureur des Carmes du Luxembourg (le « procureur », au sens ecclésiastique du terme, est le religieux chargé des intérêts temporels d'une communauté). De 1736 à 1741, on n'a pratiquement aucune trace de lui ; sans doute mène-t-il une « vie de bohème ».

1741   Diderot dédie une épître en vers à François-Thomas Baculard d'Arnaud (1718-1805), écrivain ami des philosophes. Il rencontre Antoinette Champion (« Nanette »), qui devient sans doute sa maîtresse. Elle est marchande de lingerie, avec sa mère, elle a trente et un ans, lui vingt-huit. Néanmoins, dans le même temps, il endort les soupçons de la redoutable famille langroise en annonçant son intention d'entrer au séminaire l'année suivante.

1742   Promesse de mariage entre Denis et Nanette. Rencontre au café de la Régence de Jean-Jacques Rousseau, qui est l'aîné d'un an de Diderot. Il sera le frère d'élection de Denis jusqu'à leur brouille de 1757, dont les torts sont partagés. En décembre, Denis part pour Langres, où il sollicite en vain de son père une pension et, dans un premier temps, ne souffle mot de Nanette.

1743   En janvier-février, épisode rocambolesque à Langres : Denis a enfin parlé de Nanette, demandé le consentement paternel ; son père réplique en le faisant enfermer dans un monastère des environs de Troyes, d'où il s'évade pour rentrer à Paris sans le sou. En avril paraît l'*Histoire de la Grèce*, de l'Anglais Temple Stanyan, que Diderot a traduite. Le 6 novembre, il épouse clandestinement Nanette, à minuit, dans une église parisienne.

1744   13 août : naissance d'Angélique, qui ne vivra que deux mois. Diderot subsiste (plutôt mal) de nouvelles traductions de textes anglais : *Dictionnaire de médecine* de Robert James ; l'année suivante *Essai sur le mérite et la vertu* d'Anthony Ashley Cooper, comte de Shaftesbury (1671-1713), philosophe empiriste et déiste, protecteur de John Locke (1632-1704), le philosophe anglais dont les idées (tolérance, liberté politique, christianisme « raisonnable ») auront la plus grande influence sur les philosophes français (voir Guide Bac, fiche n° 2). Rencontre de Condillac (octobre). Diderot suit des cours de chirurgie (jusqu'en 1747).

1745 Diderot, qui s'entend (déjà) mal avec Toinette, rencontre Madeleine d'Arsant, Mme de Puisieux (1720-1798), épouse d'un avocat au Parlement de Paris, qui sera sa maîtresse jusqu'en 1751.

1746 Naissance de François, qui vivra cinq ans. Publication des *Pensées philosophiques*, condamnées par le Parlement de Paris (7 juillet). Début de l'entreprise de l'*Encyclopédie*, qui ne devait être, dans le projet initial des libraires Lebreton et Briasson (éditeur des traductions antérieures de Diderot), que la traduction de la *Cyclopaedia ou Dictionnaire des arts et des sciences*, de l'Anglais Chambers, parue en trois volumes à Londres en 1728 (Diderot est engagé comme traducteur-contrôleur). Rencontre avec d'Alembert.

1747 Le lieutenant général de police Nicolas-René Berryer (1703-1762), nouvellement nommé grâce à la protection de Mme de Pompadour, reçoit un rapport d'un de ses agents dénonçant l'irréligion du « misérable Diderot ». En octobre, Diderot et son ami Jean Le Rond d'Alembert (1717-1783), fils naturel de Mme de Tencin, mathématicien déjà illustre et membre de l'Académie des Sciences, acceptent de codiriger l'*Encyclopédie*, dont le privilège avait été accordé l'année précédente, quand c'était encore l'abbé Gua de Malves qui en était le maître d'œuvre. Diderot rédige *La Promenade du sceptique*.

1748 En janvier, parution des *Bijoux indiscrets*, conte d'inspiration érotique et d'une réflexion pénétrante qui est la première œuvre personnelle importante du philosophe. Mais il publie en même temps des brochures savantes : *Mémoire sur différents sujets de mathématiques* ; *Lettre au chirurgien Morand sur les troubles de la médecine et de la chirurgie*.

1749 Juin : *Lettre sur les aveugles à l'usage de ceux qui voient*, œuvre philosophique hardie inspirée par le cas de l'aveugle-né Saunderson, opéré par Réaumur. Un mois plus tard, Diderot est arrêté et enfermé à Vincennes. Il sera libéré le 3 novembre sur intervention du comte Marc-Pierre d'Argenson (1696-1764), secrétaire d'État à la Guerre, à qui Diderot et d'Alembert dédieront l'*Encyclopédie*, en échange d'un engagement écrit de soumission, qu'il respectera en apparence, gardant ses œuvres les plus subversives en manuscrit. Rencontre avec d'Holbach et Grimm.

1750 Octobre : Diderot a définitivement donné une nouvelle inflexion à l'entreprise de l'*Encyclopédie*, qui sera tout autre chose qu'une traduction de l'anglais, dans le prospectus qu'il a personnellement rédigé et qui circule dans le public. Naissance de Denis-Laurent (29 oct.), qui ne vivra que deux mois.

Rousseau publie en novembre le *Discours sur les sciences et les arts*, qui lui a été inspiré par une conversation qu'il a eue avec Diderot emprisonné à Vincennes, le 30 octobre 1749.

1751 Publication de la *Lettre sur les sourds et muets à l'usage de ceux qui entendent et qui parlent* (18 février). Diderot reçoit le diplôme de membre de l'Académie de Berlin (4 mars). Parution, en juin, du premier volume de l'*Encyclopédie*. En novembre, Jean-Martin, abbé de Prades (1720-1782), soutient à la Sorbonne une thèse qui fait scandale parce qu'elle met en doute la divinité de Jésus-Christ. Condamné par l'Université, par le pape, poursuivi par le Parlement de Paris, il fuit en Hollande, puis s'établit à Berlin à la demande de Frédéric II de Prusse (1712-1786), arrivé au pouvoir en 1740, qui avait été sollicité en ce sens par Voltaire, alors son « chambellan » et fixé à Potsdam au château de Sans-Souci. Polémique avec les jésuites ; lecture de *Clarissa* de Richardson.

1752 Parution en janvier du tome II de l'*Encyclopédie*. En février, arrêt du Conseil du Roi ordonnant l'interdiction des deux premiers volumes. En mai, suppression de l'arrêt sur intervention de Mme de Pompadour. En juillet, publication de l'*Apologie de l'abbé de Prades*, à laquelle Diderot a collaboré. La police perquisitionne chez Diderot et saisit le manuscrit de *La Promenade du sceptique* ; Diderot confie ses papiers à Malesherbes, directeur de la Librairie. Première dispute avec Rousseau (octobre).

1753 Naissance de Marie-Angélique, qui, seule des enfants de Diderot et de Toinette à avoir survécu, sera entourée par son père d'une adoration et d'une sollicitude constantes (et parfois pesantes). Publication du volume III de l'*Encyclopédie* et *De l'interprétation de la nature*.

1754 Publication en octobre du volume IV de l'*Encyclopédie*. Séjour de Diderot à Langres. 20 décembre : par accord avec ses libraires, Diderot se voit garantir 2 500 livres par volume de l'*Encyclopédie*, plus une somme globale de 20 000 livres à la parution du dernier. Diderot suit les cours de chimie de Rouelle (jusqu'en 1757).

1755 En juillet, première lettre (perdue) à Louise-Henriette Volland (1716-1784), que Diderot appellera Sophie (« sagesse », en grec) et qu'il a connue au printemps. Elle a trente-neuf ans, porte des lunettes et est affligée d'une mère qui, malgré l'âge de sa fille, la surveille comme un dragon. Cette mère, née Élisabeth-Françoise Brunel de La Carlière, habite avec sa fille près du Palais-Royal, et en été dans un château près de Vitry-le-François. Les Volland sont donc riches. « Sophie » est la seule des trois filles (elle a aussi un frère) à ne pas être mariée. Publication du volume V de l'*Encyclopédie* (septembre). Premiers textes publiés dans la *Correspondance littéraire* de Grimm.

1756 En mai paraît le volume VI de l'*Encyclopédie*. Rousseau, depuis le 6 avril de cette année-là, est à l'Ermitage, un pavillon mis à sa disposition et à celle de sa famille par Mme Louise-Florence-Pétronille Tardieu d'Esclavelles, marquise d'Épinay (1726-1783), mariée à La Live, fermier général. Les deux amis sont encore si intimes que Diderot va rejoindre Rousseau dans cette demeure champêtre dépendant du château de La Chevrette, où vit Mme d'Épinay, dès le 12 avril. En octobre, Diderot est malade (estomac et intestins) ; il rencontre le médecin Tronchin. Par lui, il se lie avec les physiocrates (Turgot, Quesnay).

1757 Parution à Amsterdam du *Fils naturel*, première pièce de théâtre de Diderot, suivi des *Entretiens avec Dorval sur le Fils naturel*. En mars commence l'imbroglio psychologique et sentimental qui va séparer Diderot et Rousseau pour toujours. Mme d'Épinay aime Rousseau. Elle s'est déjà confiée à Diderot qui prend fait et cause pour elle et qui intervient avec son enthousiasme et son indiscrétion habituels auprès de son ami pour qu'il accompagne à Genève la marquise qui doit s'y faire soigner par Tronchin. Mais Rousseau veut avant tout sa tranquillité. De plus, il est platoniquement amoureux de Mme d'Houdetot, belle-sœur de Mme d'Épinay, tandis que le « Saxon » Frédéric Melchior Grimm (1723-1807), Allemand arrivé à Paris en 1748 ou 1749 (ami à la fois de Rousseau et de Diderot, auquel Rousseau l'avait présenté), grand amateur d'intrigues, s'ingénie avec succès à semer la zizanie entre les divers personnages de ce psychodrame. En octobre, Mme d'Épinay part seule pour Genève. Rousseau va devoir quitter l'Ermitage. Le dernier entretien entre Diderot et Rousseau est de décembre. Parution en novembre du volume VII de l'*Encyclopédie*, qui contient l'article « Genève » de d'Alembert.

Parution des *Petites Lettres sur de grands philosophes*, pamphlet de Charles Palissot de Montenoy (1730-1814), ami de Fréron, l'adversaire principal de Voltaire, contre les philosophes et l'*Encyclopédie*.

1758   D'Alembert, inquiet des attaques des jésuites et soucieux surtout de préserver sa tranquillité, décide en janvier de quitter l'*Encyclopédie*. Diderot écrit en février à Voltaire (alors installé, après la fin de sa mésaventure prussienne auprès de Frédéric II, aux « Délices », non loin de Genève) qu'il continuera à assumer seul la direction de l'entreprise.

Février : publication du *Père de famille*, pièce de théâtre, puis du *Discours sur la poésie dramatique*. Rousseau quitte l'*Encyclopédie* et écrit la *Lettre à d'Alembert* sur les spectacles, dans laquelle il condamne le théâtre. Rupture publique entre Diderot et Rousseau (octobre).

1759   Janvier : nouvelle condamnation de l'*Encyclopédie* par le Parlement de Paris. Le 8 mars, le Conseil du Roi révoque le privilège de l'entreprise.

Mort du père de Diderot le 3 juin ; sa part d'héritage se monte à 1 200 livres de rente par an. Première lettre connue de Diderot à Sophie Volland (en fait, la 135e !).

Diderot rédige le *Salon* de 1759 pour la *Correspondance littéraire* de Grimm. Huit autres suivront ; il achève la rédaction des articles philosophiques pour l'*Encyclopédie*, qui est condamnée par Rome (3 septembre). Il séjourne au château du Grandval, chez son ami d'Holbach.

1760   Février : Diderot, qui a monté sa mystification avec Grimm, écrit *La Religieuse*, qui ne paraîtra qu'à partir de 1780 dans la *Correspondance littéraire*, et ne sera publiée en volume qu'en 1796.

En mai, première de la comédie satirique *Les Philosophes* de Palissot, où Diderot, en particulier, est ridiculisé sous le nom de Dortidius ; la pièce remporte un succès éclatant. Diderot partage son temps entre Paris, La Chevrette (chez Mme d'Épinay) et Le Grandval (chez d'Holbach).

Diderot écrit en décembre à son frère, le chanoine resté à Langres, sa *Lettre sur la tolérance*.

1761   *Le Père de famille*, joué à Paris en février, a peu de succès. Diderot rédige son second *Salon*, pour 1761. Il travaille à la révision des derniers tomes de l'*Encyclopédie*, dont le premier volume de planches sort cette année-là. En avril, rencontre avec Jean-François Rameau, neveu du musicien. Diderot rédige sans doute la première ébauche du *Neveu de Rameau*.

1762 *Éloge de Richardson*, l'illustre romancier anglais, auteur de *Pamela* (1741) et de *Clarissa Harlowe* (1748), mort cette année-là.

En septembre, l'impératrice de Russie, Catherine II dite la Grande, invite Diderot, qui refuse, à venir terminer la publication de l'*Encyclopédie* en Russie. Chez d'Holbach, il rencontre Sterne, qui lui fera parvenir les premiers volumes de *Tristram Shandy*.

1763 *Lettre sur le commerce de la librairie*, adressée à M. de Sartine (1729-1801), nouveau lieutenant général de police.

Troisième *Salon*. Diderot rencontre à Paris, chez Paul-Henri Thiry, baron d'Holbach (1723-1789), philosophe allemand de l'athéisme militant et du matérialisme radical, collaborateur de l'*Encyclopédie*, le philosophe anglais David Hume (1711-1776), qui va séjourner à Paris trois ans et accueillir Rousseau en Angleterre en 1766.

1764 Fureur de Diderot contre le libraire Lebreton qui a censuré par peur les dix derniers volumes de l'*Encyclopédie*, alors sous presse. Il accepte néanmoins d'achever l'entreprise.

1765 Catherine II achète pour 15 000 livres et une pension annuelle de cent pistoles (1 000 livres) la bibliothèque de Diderot (dont il conserve la jouissance jusqu'à sa mort). Diderot fait la connaissance de Naigeon et de Sedaine (juin). En été, il commence à écrire *Jacques le fataliste*.

Quatrième *Salon. Essai sur la peinture*.

L'*Encyclopédie* est achevée en décembre.

1766 En janvier, les dix derniers tomes de l'*Encyclopédie* sont distribués aux souscripteurs étrangers (la publication des volumes en planches durera jusqu'en 1772).

En juillet, Voltaire incite Diderot à quitter la France (affaire La Barre).

1767 Diderot est nommé membre de l'Académie impériale des arts de Saint-Pétersbourg.

Cinquième *Salon*.

1768 Diderot écrit *Mystification*, conte qu'il garde secret (il sera publié en 1954 seulement). Mort de Mme Legendre, sœur de Sophie Volland (fin de l'été).

1769   Diderot a une liaison avec Jeanne-Catherine Quinault, Mme
       de Meaux (1725-après 1781), proche de Mme d'Épinay. Elle
       restera pour lui une grande amie.
           Février : publication des *Regrets sur ma vieille robe de
       chambre* dans la *Correspondance littéraire*, dont il s'occupe
       en l'absence de Grimm, parti pour l'Allemagne.
           En août, il écrit *Le Rêve de d'Alembert*, dont il n'autorisera
       la publication qu'en 1782 dans la *Correspondance littéraire*.
       Sixième *Salon*.
           Ébauche du *Paradoxe sur le comédien*.

1770   Fiançailles d'Angélique avec Abel-François Caroillon de
       Vandeul (1746-1813), fermier des domaines de Monsieur,
       frère du roi. Diderot a préparé de longue main l'établissement
       de sa fille chérie avec un riche parti.
           Il rédige *Les Deux Amis de Bourbonne*, *Entretien d'un père
       avec ses enfants*, l'*Apologie de Galiani*, économiste et phi-
       losophe italien (1728-1787) dont il avait publié *Dialogues
       sur les blés* l'année précédente. Il compose le *Code Denis*
       qui sera publié en janvier dans la *Correspondance littéraire*.

1771   *L'Entretien d'un père avec ses enfants* paraît dans la *Corres-
       pondance littéraire*.
           Diderot commence une nouvelle pièce, *Est-il bon ? Est-il
       méchant ?*, qu'il gardera secrète (elle ne sera publiée qu'en
       1834).
           Le 26 septembre, *Le Fils naturel* échoue à la Comédie-
       Française. Diderot retire sa pièce après la première
       représentation.
           Septième *Salon*.

1772   *Essai sur les femmes* (mars). Le 9 septembre, Angélique (19
       ans) épouse Abel-François (26 ans). Les jeunes époux s'ins-
       tallent rue des Saints-Pères, près de Diderot, qui habite dans
       le quartier de Saint-Germain-des-Prés.
           Diderot commence sa collaboration à l'ouvrage de l'abbé
       Guillaume-Thomas-François Raynal (qui avait renoncé à son
       ministère en 1748 et dirigé avant Grimm et jusqu'en 1754 la
       Correspondance littéraire), *Histoire philosophique et politi-
       que des établissements du commerce des Européens dans les
       deux Indes*, dont la troisième édition (1780) sera condamnée
       par le Parlement de Paris, ce qui obligera l'auteur, menacé
       d'arrestation, à s'enfuir auprès de Frédéric II de Prusse, puis
       de Catherine II de Russie.
           Rédaction du *Supplément au Voyage de Bougainville*, qui
       sera remanié et enrichi à plusieurs reprises publié en 1798.

Première édition collective d'œuvres de Diderot : six volumes à Amsterdam chez Marc-Michel Rey.

1773   Voyage en Russie, en passant par La Haye, où Diderot séjourne trois mois à l'ambassade de Russie (juin-août), puis par l'Allemagne (Leipzig, Dresde, en septembre). Le 8 octobre, il est à Saint-Pétersbourg où il passe la fin de l'année. En partant, il a confié ses manuscrits à Naigeon, qui publiera les *Œuvres complètes* en 15 volumes (mais sans de nombreux textes essentiels, dont le *Neveu de Rameau*), en 1798.

    Ceci n'est pas un conte paraît dans la *Correspondance littéraire* (avril). Grimm part pour l'Allemagne et confie sa publication à Meister.

1774   Séjour à Saint-Pétersbourg jusqu'au 5 mars. Les relations de Diderot avec Catherine II, amoureuse de « son » philosophe, sans subir la dégradation de celles de Voltaire avec Frédéric II de 1750 à 1753, n'en illustrent pas moins les difficultés de la cohabitation entre le philosophe à l'esprit le plus libre de son siècle, désireux de tout bouleverser en Russie, et la « Sémiramis du Nord », despote éclairé, mais despote tout de même !

    Du 5 mars au 21 octobre, voyage en Allemagne et séjour de cinq mois et demi en Hollande. Diderot écrit le *Voyage en Hollande* (qui ne sera publié qu'en 1819), la *Réfutation d'Helvétius* (il s'agit de l'œuvre posthume, Helvétius étant mort en 1771, *De l'homme*, parue en 1773 et d'un matérialisme radical), qui ne commencera à paraître, dans la *Correspondance littéraire*, que quelques mois avant la mort du philosophe, en 1783, et les *Entretiens avec la Maréchale de ****, qui paraîtront en 1777, mais comme prétendue « traduction » du philosophe italien Thomas Crudeli. Diderot commence la rédaction de ses *Éléments de physiologie*.

1775   De retour à Paris, Diderot ne quittera plus la France. Naissance en juin de son petit-fils Denis-Simon.

    Huitième *Salon*.

    Rédaction, dans le cadre des *Mémoires pour Catherine II*, du *Plan d'une université pour le gouvernement de la Russie*, d'une grande audace pédagogique et philosophique.

1776   De juin à novembre, séjour à Sèvres chez son ami le joaillier Belle. Diderot corrige et remanie de nombreux textes inédits.

1777 À Sèvres depuis janvier, Diderot travaille à l'*Histoire des deux Indes* de Raynal et prépare l'édition complète de ses propres œuvres.

1778 Diderot passe la moitié de la semaine à la campagne, à Sèvres. 30 mai : mort de Voltaire. 2 juillet : mort de Rousseau.

Début de la publication de *Jacques le fataliste*, dans la *Correspondance littéraire* (novembre). Publication de l'*Essai sur la vie de Sénèque* ; remanié l'année suivante, il devient l'*Essai sur les règnes de Claude et de Néron*.

1779 Catherine II verse 10 000 livres à Diderot par l'intermédiaire de Grimm pour l'établissement de ses enfants. Il travaille à l'*Histoire des deux Indes*.

1780 La *Correspondance littéraire* commence à publier *La Religieuse*, écrite vingt ans auparavant.

1781 Neuvième *Salon*. Seconde révision de *La Religieuse*.

Lettre apologétique de l'abbé Raynal à M. Grimm. Dans ce libelle véhément, Diderot démasque en Grimm, désormais enrichi et « assis », un antiphilosophe qui n'a attaqué, dans la *Correspondance littéraire*, l'*Histoire des deux Indes* de l'abbé Raynal (et en particulier les textes lyriques et philosophiques rédigés par Diderot lui-même) que par conformisme et adulation à l'égard des puissants.

1782 *Essai sur les règnes de Claude et de Néron* (2ᵉ édition).

1783 Mort de Mme d'Épinay (15 avril) et de d'Alembert (29 octobre). Maladie de Diderot.

1784 Le 19 février, Diderot a une crise d'apoplexie. Le 22 février, mort de Sophie Volland, que Diderot ignore. En avril, mort de sa petite-fille, âgée de onze ans.

31 juillet : mort de Diderot, inhumé le 1ᵉʳ août en l'église Saint-Roch. Catherine II accorde 5 000 livres à sa veuve.

1785 En mars, Mme Caroillon de Vandeul, fille de Diderot, offre à Catherine II tous les manuscrits du philosophe, qui arrivent à Saint-Pétersbourg en novembre, en même temps que la bibliothèque achetée en 1765.

II - MODÈLES ANTIQUES

I – Le mythe : l'âge d'or / Prométhée

La tradition poétique gréco-latine illustre de manière symbolique, par le biais du *muthos* – au sens étymologique : la parole alimentée par l'imagination, dont le mot latin *fabula* est l'équivalent (soit nos termes « mythe » et « fable ») – , où une intention morale vient plus ou moins explicitement orienter le récit merveilleux, le conflit primordial nature/culture :

▶ d'une part, le mythe de l'âge d'or : fonctionnant comme une utopie régressive, il célèbre le paradis perdu d'une humanité oisive et bienheureuse ;

▶ d'autre part, le mythe de Prométhée : en apportant le feu, cet indispensable instrument de tout progrès technique, Prométhée est devenu le « père » d'une humanité laborieuse et inventive.

D'un côté, donc, l'homme « naturel », de l'autre l'*homo faber*, l'artisan producteur d'art, mais aussi d'artifice. Les mythes antithétiques de l'âge d'or et de Prométhée ont nourri les valeurs fondatrices de la pensée occidentale. Les sociétés dites « civilisées » ont éprouvé une fierté « prométhéenne » pour les progrès techniques dont elles ont pu tirer une confiance orgueilleuse dans leur suprématie ; mais elles en ont aussi souvent ressenti les limites : d'où la nostalgie d'un âge d'or révolu ou préservé dans des terres inexplorées (voir, dans le DHL, « Le bon sauvage : de la réalité au mythe »).

1 – L'âge d'or : le paradis perdu

Le texte mythique fondateur se trouve dans *Les Travaux et les Jours* du poète grec Hésiode (vers 750 avant J.-C.) ; il décrit ainsi la race d'or sous le règne de Cronos (l'aîné des Titans, nés de l'union de Gaia, la Terre, avec Ouranos, le Ciel) :

« D'or fut la première race d'hommes périssables que créèrent les Immortels, habitants de l'Olympe. C'était aux temps de Cronos,

172 SUPPLÉMENT AU VOYAGE DE BOUGAINVILLE

quand il régnait encore au ciel. Ils vivaient comme des dieux, le cœur libre de soucis, à l'écart et à l'abri des peines et des misères : la vieillesse misérable sur eux ne pesait pas ; mais, bras et jarrets toujours jeunes, ils s'égayaient dans les festins, loin de tous les maux. Ils mouraient comme en s'abandonnant au sommeil. Tous les biens étaient à eux : le sol fécond produisait de lui-même une abondante et généreuse récolte, et eux, dans la joie et la paix, vivaient de leurs champs, au milieu de biens sans nombre » (vers 109-119).

C'est la tradition hésiodique que développe le poète latin Ovide (43 av. J.-C.-17 apr. J.-C.) dans ses *Métamorphoses* :

« Le premier âge du monde fut appelé l'Âge d'or, parce que l'homme y gardait sa foi, sans y être contraint par les lois, parce que de son propre mouvement il cultivait la Justice, et qu'il ne connaissait point d'autres biens que la simplicité et l'innocence. La peine et la crainte en étaient entièrement bannies ; et comme il n'y avait point de criminels, il n'y avait point de supplices, ni de lois qui en ordonnassent. On n'appréhendait point de paraître en la présence d'un Juge ; et tout le monde était assuré sans avoir besoin de Juge. Les pins n'avaient pas encore été coupés pour être convertis en vaisseaux ; et de ces belles montagnes, dont ils étaient les ornements, ils n'étaient pas descendus dans la Mer, pour aller voir un monde inconnu. Les hommes ne connaissaient point d'autres terres que les terres où ils étaient nés. Il n'y avait point de fossés qui environnassent les Villes, et qui les défendissent par leur profondeur. Il n'y avait point de trompettes, il n'y avait point d'épées, ni de toutes ces autres armes, qui ne protègent les uns qu'à la ruine des autres ; et les Peuples, toujours paisibles, passaient doucement leur vie, sans devoir leur tranquillité à la force des gens de guerre. Ainsi la terre donnait libéralement toutes choses, sans y être contrainte par la bêche ou par la charrue ; et les hommes, satisfaits de ce qu'elle donnait d'elle-même, faisaient leurs meilleurs repas des fruits qu'ils trouvaient dans les forêts, de ceux qu'ils cueillaient dans les buissons, et du gland qui tombait des chênes. Le Printemps était éternel, et la douce humidité de l'haleine des Zéphirs entretenait l'éclat des fleurs, après les avoir fait naître, sans avoir été semées. En même temps qu'on avait coupé les blés, la terre en produisait de nouveaux, sans que le Laboureur se mît en peine de la cultiver. On voyait couler partout des fleuves de lait et de nectar ; et les forêts avaient des arbres d'où l'on voyait distiller le miel » (livre I, vers 89 sq. ; cette traduction de Pierre Du Ryer parut à Amsterdam en 1702 : elle pouvait donc être largement connue des Lumières).

On le voit, cette vision de « paradis » – il est intéressant de noter que le mot grec *paradeisos*, issu du vieux persan, signifie « jardin » – est à mettre en relation avec celle de la genèse biblique :

« Yahvé Dieu planta un jardin en Éden, à l'orient, et il y mit l'homme qu'il avait modelé. Yahvé Dieu fit pousser du sol toute espèce d'arbres séduisants à voir et bons à manger, et l'arbre de Vie au milieu du jardin, et l'arbre de la connaissance du Bien et du Mal. Un fleuve sortait d'Éden pour arroser le jardin et de là il se divisait pour former quatre bras » (Genèse, II, 8-10).

Voici comment saint Augustin (354-430) décrit à son tour le Paradis d'Adam et Ève, premiers représentants de l'humanité :

« Ainsi l'homme vivait au paradis comme il le voulait, aussi longtemps qu'il voulut ce que Dieu avait ordonné. Il vivait jouissant de Dieu dont la bonté faisait la sienne ; il vivait exempt de tout besoin et il avait le pouvoir de vivre toujours ainsi. Il avait à disposition une nourriture pour apaiser sa faim, une boisson pour étancher sa soif, l'arbre de vie pour le garantir contre les atteintes de la vieillesse. Aucune espèce de corruption corporelle n'imposait la moindre gêne à aucun de ses sens. Il n'avait à craindre aucune maladie intérieure, aucun accident extérieur : dans sa chair une parfaite santé, dans son âme une pleine sérénité. De même qu'on ne souffrait en paradis ni du chaud ni du froid, ainsi son hôte était-il à l'abri de tout désir et de toute crainte contrariant sa volonté bonne. Pas l'ombre d'une tristesse, pas la moindre vaine joie. Continuellement il trouvait sa vraie joie en Dieu pour qui il brûlait d'une charité née d'un cœur pur, d'une conscience droite et d'une foi sincère. Entre les deux époux régnait une union fidèle fondée sur un chaste amour, entre le corps et l'âme un mutuel dévouement, une obéissance sans effort au commandement divin. Le repos ne dégénérait pas en lassitude, on n'était pas malgré soi accablé de sommeil » (La Cité de Dieu, livre XIV, chap. 26).

Dans ce premier temps de la genèse du monde, les hommes ont donc connu au sein d'une nature généreuse et nourricière un sort idyllique qui se définit par une somme de négations : pas de contrainte, pas de travail, pas de maladie, pas de vieillesse, pas d'angoisse face à la mort, pas de désirs, pas de vices, pas de corruption, mais aussi aucune technique, ni sciences, ni arts.

Or l'humanité se retrouve privée de ce paradis à la suite d'une transgression : le vol du feu divin par Prométhée, fils du Titan Japet et cousin de Zeus, provoque le châtiment du maître des dieux, qui envoie aux hommes Pandore et sa fameuse boîte ; tous les maux en surgiront, précipitant l'humanité dans le labeur et la souffrance :

« Auparavant la race des hommes vivait sur la terre, totalement à l'écart des maux, du labeur pénible et des dures maladies qui apportent la mort aux humains. (...) D'innombrables maux variés errent chez les hommes ; car la terre est pleine de maux, la mer en est pleine ; les maladies, selon leur mouvement propre, errent chez les humains, les unes de jour, les autres durant la nuit, apportant silencieusement leurs maux aux mortels, puisque Zeus le sage leur a ôté la parole. Ainsi, il n'est en aucun cas possible d'échapper au dessein de Zeus » (Hésiode, *Les Travaux et les Jours*, vers 90-105).

Transgression aussi, bien entendu, dans la Bible, et toujours à cause d'une femme : en digne émule de Pandore, Ève provoque la même punition divine.

Ainsi, le bonheur « naturel » des origines est perdu, quitte à ce qu'il revienne un jour dans une conception cyclique du temps ou qu'il soit regagné dans un paradis réservé à quelques privilégiés au pays des Morts, dans ces Champs Élysées où se retrouvent les âmes des Bienheureux (à ce titre, voir la référence tout à fait significative que fait Bougainville aux vers de Virgile, au début du chapitre X de son *Voyage*). Tout au plus a-t-il pu se maintenir dans des enclaves qui ont échappé à l'évolution universelle, aux confins de la terre habitée, dans les îles au sein du vaste Océan qui encercle le monde connu, en particulier celles de l'Océan occidental, domaine du Soleil couchant et des Filles du Soir (les Hespérides, et leur fameux jardin où Hercule cueillit les pommes d'or).

Éloigné dans le temps ou dans l'espace, le paradis de l'âge d'or est désormais un lieu inaccessible, dont on rêve sans pouvoir y parvenir : une « utopie » purement régressive.

2 – Prométhée : l'invention de la civilisation.

Mais à cette vision pessimiste de la destinée humaine succède une autre conception : celle de la foi dans le progrès de l'humanité, née avec le courant de la philosophie et la médiation des sophistes, dans cette Athènes si fière de ses « lumières », à qui Périclès a donné son siècle d'Or (Ve siècle av. J.-C.).

Prométhée n'est plus celui qui a fait le malheur de l'humanité, mais il en est le bienfaiteur. Ainsi se présente-t-il lui-même dans la tragédie d'Eschyle (525-456 av. J.-C.) *Prométhée enchaîné* :

« Écoutez les misères des mortels, et comment des enfants qu'ils étaient j'ai fait des êtres de raison, doués de pensée. Je veux le conter ici, non pour dénigrer les humains, mais pour vous montrer la bonté dont leur ont témoigné mes dons. Au début, ils voyaient sans voir, ils écoutaient sans entendre, et, pareils aux formes des songes, ils vivaient leur longue existence dans le désordre et la confusion. Ils ignoraient les maisons de briques ensoleillées, ils ignoraient le travail du bois ; ils vivaient sous terre, comme les fourmis agiles, au fond de grottes closes au soleil. Pour eux, il n'était point de signe sûr ni de l'hiver ni du printemps fleuri ni de l'été fertile ; ils faisaient tout sans recourir à la raison, jusqu'au moment où je leur appris la science ardue des levers et des couchers des astres. Puis ce fut le tour de celle du nombre, la première de toutes, que j'inventai pour eux, ainsi que celle des lettres assemblées, mémoire de toutes choses, labeur qui enfante les arts. Le premier aussi, je liai sous le joug des bêtes soumises soit au harnais, soit à un cavalier, pour qu'elles prennent aux gros travaux la place des mortels, et je menai au char les chevaux dociles aux rênes, dont se pare le faste opulent. Nul autre que moi non plus n'inventa ces véhicules aux ailes de toile qui permettent au marin de courir les mers » (vers 443-467).

C'est précisément ce rôle mythique de dispensateur de la *technè* (la compétence « technique » traditionnellement représentée par le couple divin Héphaïstos/Athéna) que met en avant le sophiste Protagoras dans le dialogue de Platon (voir ci-après) qui porte son nom : Prométhée assure le salut d'une humanité dépourvue des moyens naturels de défense dont disposent les différentes espèces animales ; mais le progrès technique ne suffit pas à garantir la survie des hommes dans un monde difficile : il leur faut, conformément à la volonté de Zeus, assimiler en plus l'art de vivre en société, et par conséquent apprendre à pratiquer la justice (*dikè*) et la retenue ou respect de l'autre (*aidôs*), qui donnent à chacun son espace de liberté.

« C'était au temps où les dieux existaient déjà, mais où les races mortelles n'existaient pas encore. Quand vint le moment marqué par le destin pour la naissance de celles-ci, voici que les dieux les façonnent à l'intérieur de la terre avec un mélange de terre et de feu et de toutes les substances qui se peuvent combiner avec le feu et la terre. Au moment de les produire à la lumière, les dieux ordonnèrent à Prométhée et à son frère jumeau Épiméthée de distribuer convenablement entre elles toutes les qualités dont elles avaient été pourvues. Épiméthée demanda à Prométhée de lui laisser le soin de faire lui-même la distribution. (...) Or Épiméthée, dont la sagesse était imparfaite, avait déjà dépensé, sans y prendre garde, toutes les facultés en faveur des animaux, et il lui restait encore à pourvoir l'espèce humaine pour laquelle il ne savait que faire.

Dans cet embarras, survint Prométhée pour inspecter le partage et il vit que les autres êtres vivants étaient dotés convenablement de tout ce qu'il leur fallait, mais que l'homme était nu, sans chaussures, sans couvertures et sans armes. Déjà s'approchait le jour fixé au cours duquel l'homme devait quitter la terre pour se diriger vers la lumière. Se trouvant embarrassé pour trouver un moyen de sauver l'homme, Prométhée déroba la compétence technique d'Héphaïstos et d'Athéna en même temps que le feu – car sans le feu il était impossible que cette compétence s'acquière ou soit utile à qui que ce soit – et ainsi il en fit don à l'homme. (...).

Certes, la technique de l'artisan leur était une aide suffisante pour la nourriture, mais elle était inefficace en ce qui concerne la guerre contre les bêtes sauvages ; car ils ne disposaient pas encore de l'art politique, dont l'art de la guerre fait partie. Ils cherchaient certes à se rassembler et à se sauver en fondant des cités ; mais, lorsqu'ils étaient rassemblés, ils se faisaient mutuellement tort, puisqu'ils ne possédaient pas l'art politique, de sorte que, se dispersant à nouveau, ils recommençaient à périr. C'est pourquoi Zeus, craignant que notre race ne périsse tout entière, envoya Hermès amener chez les hommes le respect et la justice, afin que l'un et l'autre soient les ornements de la cité et des liens créateurs d'amitié. Hermès demanda à Zeus de quelle manière il offrirait la justice et le respect aux hommes : "Dois-je les répartir à la façon dont les techniques sont réparties ? Car les techniques sont réparties de la manière que voici : un seul homme qui possède l'art du médecin suffit au grand nombre et il en va de même pour les autres métiers. Dois-je donc répartir la justice et le respect de cette façon parmi les hommes ou dois-je les distribuer à tous ? – À tous, répondit Zeus, et que tous y aient part. Car il n'y aurait pas de cité, si un petit nombre d'entre eux seulement participent à la justice et au respect comme c'est le cas pour les autres arts. Établis en mon nom la loi que voici : que l'on tue, comme un fléau pour la cité, celui qui n'est pas capable de participer au respect et à la justice" » (*Protagoras*, 320c-322d).

Cette fois, ce n'est plus d'un paradis, mais du désordre primitif des origines, d'une vie naturelle « sauvage », que doit émerger l'humanité par son utilisation intelligente des techniques, qui lui permettront de maîtriser son environnement. C'est aussi le point de vue de Démocrite (460-370 avant J.-C.), comme en témoigne ce texte de Diodore de Sicile (Iᵉʳ siècle av. J.-C.), qui reproduit l'enseignement du célèbre philosophe fondateur de la théorie atomiste de l'Univers (voir, ci-après, III, « Philosophie et morale ») :

« Quant aux premiers-nés parmi les humains, installés, à ce que l'on dit, dans une vie désordonnée et sauvage, ils se rendaient en ordre dispersé dans les herbages et mangeaient ce qui convenait le mieux parmi les herbes et les fruits qui poussaient spontanément sur les arbres. (...) Comme rien de ce qui était utile à la vie n'avait été découvert, les premiers hommes menaient par conséquent une vie pénible, privés de vêtements, ne connaissant ni l'habitation ni le feu, étant totalement ignorants de la nourriture cultivée. Ignorant la récolte de la nourriture sauvage, ils ne se faisaient aucune provision des fruits en cas de besoin ; c'est pourquoi beaucoup d'entre eux périssaient en hiver à cause du froid et de la rareté de la nourriture. (...) Le feu ayant été connu, ainsi que les autres choses utiles, peu à peu les techniques furent découvertes, ainsi que les autres choses aptes à porter aide à la vie en commun » (*Bibliothèque historique*, livre I, VIII, 1-10). Comme on peut le constater, le débat qui divise les Lumières sur la question des rapports entre nature et société se trouve déjà posé en termes mythiques, poétiques et philosophiques dès l'Antiquité.

II – Philosophie et politique : le *politikon zôon*

Avec l'avènement de la philosophie et du *logos* – la parole fondée par la raison, *ratio* en latin –, le débat se concentre sur le « politique ». En effet, comme on l'a vu avec le mythe prométhéen du *Protagoras*, pour que les hommes vivent en communauté, il a fallu que les dieux leur fassent un don supplémentaire, celui qui leur permet de vivre harmonieusement dans et par l'organisation de la cité (*polis*) : « l'art politique ».

▶ Le célèbre philosophe Platon (427-347 av. J.-C.) fut le disciple de Socrate de 407 à 399 : il fixa par écrit ses nombreux dialogues qui étaient aussi l'occasion d'exposer ses opinions éthiques et politiques. Leur importance est fondamentale dans l'histoire de la pensée européenne.

▶ Pour Aristote (384-322 av. J.-C.), qui fut d'abord le disciple de Platon en son Académie, avant de fonder sa propre école, le Lycée, la politique représente la recherche des fins les plus hautes de l'homme qui, en tant qu'« animal politique », ne peut accéder à son humanité véritable que dans le cadre de la cité.

1 – Platon et la « cité idéale »

• *La République*

La République (dix livres), dont la rédaction fut probablement commencée vers 387, développe les principes de « la cité idéale ». Les divers modèles de société « utopiques » y puisent leur inspiration (voir le dossier III, « Utopia in fabula ») ; au XVIII siècle, les Lumières prendront l'œuvre comme paradigme même de la politique.

La « République » (du latin *res publica*, la « chose publique », équivalent du grec *politeia*, le « régime politique » de la *polis*, la cité) pourrait se définir comme un « corps » public fonctionnant selon les mêmes modalités que le corps humain : sa hiérarchie sociale (classe des artisans et laboureurs, classe des guerriers, classe des magistrats philosophes) reproduit les trois « espèces » de l'âme (cœur et désir, force et virilité, raison et sagesse).

La cité « idéale » est « réduite au strict nécessaire à son commencement » (livre II, 369 d), c'est-à-dire les « productifs » : cultivateurs, bergers, maçons, artisans divers ; cependant, elle s'accroît rapidement, d'où le besoin d'augmenter son territoire qui entraîne la guerre et donc la nécessité d'instituer des « gardiens de la cité » (II, 374 e).

Il s'agit alors de définir les qualités de ces gardiens qui devront être par nature des *kaloi kagathoi*, des hommes « beaux et bons », selon le fameux idéal antique : la musique et la gymnastique seront la base d'une éducation harmonieuse, à l'issue de laquelle « les plus âgés et les meilleurs » (*aristoi*) seront choisis pour diriger la cité ; ils y auront un camp où ils vivront de façon communautaire et ne posséderont ni argent ni or (III, 416 c).

À l'objection d'Adimante qui fait alors remarquer que les gardiens ne seront guère heureux, Socrate répond que le but est de fonder une cité heureuse et non de faire le bonheur de l'un de ses groupes. Le principe « entre amis (*philoi*) tout est commun » – le terme grec *philos* désigne ici non pas une « amitié » ordinaire, mais un lien de mutualité entre partenaires – sera appliqué aussi à la possession des femmes et des enfants (IV, 424 a). La modération, le respect de la loi et le sens de la justice régleront la conduite de l'individu comme de la communauté : la raison, alliée au cœur, contrôlera le désir (441 d).

La loi « communautaire » est donc poussée à l'extrême : « Que ces femmes soient toutes communes à tous ces hommes, et qu'aucune ne vive en privé avec aucun ; que les enfants eux aussi soient communs, et qu'un parent ne connaisse pas son propre rejeton, ni un enfant son parent » (V, 457 c-d). Un principe particulièrement « avantageux » selon Socrate, sans qu'il soit pour autant « réalisable » (V, 457 d). Il s'agit de garder la cité « une », par la communauté du plaisir comme du déplaisir : les souffrances de l'un affecteront tous les autres, comme cela se passe pour les membres d'un corps.

Si Socrate admet que la cité idéale peut sembler difficilement « réalisable », il se propose de montrer comment parvenir à une réalisation approchée en rendant les philosophes rois ou les rois philosophes (le philosophe étant *celui qui aime la sagesse* dans son entier tout en s'attachant à la réalité des choses et des êtres). « Si l'on n'arrive pas, dis-je, ou bien à ce que les philosophes règnent dans les cités, ou bien à ce que ceux qui à présent sont nommés rois et hommes puissants philosophent de manière authentique et satisfaisante, et que coïncident l'un avec l'autre pouvoir politique et philosophie (...), il n'y aura pas, mon ami Glaucon, de cesse aux maux des cités, ni non plus, il me semble, du genre humain » (V, 473 c-d).

C'est bien cet idéal de monarchie « éclairée » par la sagesse d'un roi-philosophe que croiront pouvoir trouver les Lumières au XVIIIe siècle.

• Le mythe de l'Atlantide, double paradigme « utopique »

Avec le mythe de l'Atlantide, résumé par Platon dans le *Timée* (24 e-25 d) et longuement développé dans le *Critias* (108 e sq.-fin du dialogue), Platon propose deux modèles « utopiques » :

– d'un côté l'ancêtre d'Athènes (la cité à l'état proto-historique, en quelque sorte) ;

– de l'autre l'Atlantide, une île-continent que Platon situe au-delà des colonnes d'Hercule (détroit de Gibraltar), dans le mystérieux Océan.

Selon le récit que Platon prête à un prêtre égyptien, ces deux pays seraient entrés en conflit et auraient disparu au cours d'un terrible cataclysme quelque neuf mille ans avant son temps.

On voit que l'un comme l'autre bénéficient d'une nature riche et bienveillante, qui pourvoit généreusement aux besoins de leurs habitants :

– « La terre de ce pays [c'est-à-dire l'Attique] dépassait, dit-on, en fertilité toutes les autres, en sorte que la contrée était alors capable de nourrir une grande armée, exempte des travaux de la terre. Voici un témoignage de sa bonté. Ce qui en subsiste encore aujourd'hui est sans égal pour la variété et la qualité des fruits, et pour l'excellence des pâturages qu'elle offre à toute sorte de bétail. Mais alors, outre leur qualité, elle portait aussi ces fruits en quantité infinie » (*Critias*, 110-111a).

– L'Atlantide est une île gigantesque avec « des fleuves, des lacs, des prairies capables de nourrir quantité de bêtes, domestiques ou sauvages, en particulier des éléphants » ; « des forêts épaisses, des fleurs, des fruits à profusion » ; « des sources abondantes d'eau froide et d'eau chaude » ; des mines où trouver « tous les métaux les plus précieux ». Bref, un véritable paradis car « toutes ces choses, l'île sacrée, qui était alors sous le soleil, les produisait belles et merveilleuses, en quantité illimitée » (*Critias*, 114e-115a).

Or ces deux pays se sont constitués en états, produits non plus de la seule générosité naturelle, comme dans le premier temps de l'âge d'or, mais aussi de l'effort de l'homme :

– l'Athènes primitive est exclusivement « terrienne » : elle vit en autarcie, ne comporte ni agora ni port pour le commerce ; elle ne produit des biens que pour s'assurer le nécessaire et a réparti les tâches entre différentes classes d'habitants sous l'égide d'un groupe de chefs éclairés et intègres. Elle est placée sous le signe de l'unité et de la permanence : égalité entre les hommes et les femmes, présence d'une seule source, stabilité du nombre des guerriers, maintien d'un habitat identique au cours des âges. Elle cultive la justice (*dikè*) et le respect de la loi (*eunomia*) ;

– l'Atlantide a non seulement accéléré la production de la terre (ses habitants produisent deux récoltes grâce à un vaste système de canaux d'irrigation), mais surtout elle a somptueusement enrichi sa capitale, bâtie en cercles concentriques selon une géométrie admirablement calculée par son fondateur, le dieu des mers Poséidon : « des remparts immenses, avec des tours et des portes, entièrement recouverts de cuivre, d'étain et d'orichalque », « des canaux, des ponts, des bassins pour les navires, des ports, des arsenaux pleins de trirèmes, des casernes » pour une armée d'élite ; « des temples, des jardins, des gymnases, un hippodrome, des bâtiments bariolés, des maisons en très grand nombre, pressées les unes contre les autres » ; des demeures royales « que chaque souverain a voulu embellir jusqu'à ce que la seule vue de la beauté et des dimensions de l'ouvrage frappe de stupeur ». La cité déborde de richesses et d'activité : dans les ports, « une foule bruyante, un tumulte incessant dû au va-et-vient des navires de commerce venus de partout ».

Mais, si l'Atlantide a pu sembler parfaite en ses débuts, sa quête insatiable de richesses et son exploitation outrancière des ressources naturelles débouchent sur l'orgueil demesuré (*hubris*) et l'injustice (*adikia*) : les descendants des premiers rois de l'île, fils de Poséidon intègres et vertueux, finirent par oublier les lois de leurs pères. « Tout gonflés d'injuste avidité et de puissance », les Atlantes négligèrent l'héritage divin pour laisser « dominer le caractère humain » et ils s'abandonnèrent à la luxure. Ils voulurent asservir le monde et se lancèrent dans une guerre de conquête féroce où seuls les ancêtres des Athéniens surent leur résister. La punition décidée par Zeus fut exemplaire : « en l'espace d'un seul jour et d'une nuit terribles, l'île Atlantide s'enfonça dans la mer et disparut » (*Timée*, 25 d).

On peut donc voir que les leçons divergentes des mythes de l'âge d'or et de Prométhée (voir ci-dessus) se trouvent illustrées aussi bien dans le système modèle de l'Athènes archaïque que dans son antithèse proprement désastreuse, représentée par l'Atlantide : l'âge d'or doit intégrer le travail humain, mais selon un rapport équilibré des richesses et des structures sociales. Cependant, la double expérience « utopique » est éphémère : le cataclysme engloutit aussi bien l'Athènes des origines que l'île Atlantide.

La leçon que Platon veut délivrer à ses contemporains est claire : l'Atlantide impérialiste, orgueilleuse et démesurée, victime de son *hubris*, c'est l'Athènes de son temps, celle de Périclès, si fière de sa démocratie, de sa suprématie politique et culturelle (sa *technè*) sur le monde grec, celle qui vient de s'engloutir dans la désastreuse guerre du Péloponnèse (431-404 av. J.-C.). Il est plus que jamais temps qu'elle retrouve la « pureté » des origines, les vertus de cette Athènes primitive qui seule a su déjouer les pièges du progrès et

son engrenage fatal (commerce / luxe / corruption / expansion-
nisme), qui seule s'est dressée courageusement contre l'envahisseur.
Double paradigme mythique, on le voit, qui va féconder l'imaginaire
occidental, de paradis préservés en rêves utopiques.

2 – Aristote et le *politikon zôon*

• La *Polis*, réalité « naturelle »

Aristote affirme le caractère naturel de la politique, inscrite dans
l'essence humaine même. L'homme est le seul être animé qui, vivant
toujours en groupe, est aussi capable, le cas échéant, de vivre dans
une société politiquement organisée, dans une *polis*, une société
civile *(koinonia politikè)*, où le but n'est pas seulement de pouvoir
vivre ensemble – savoir satisfaire ses besoins et s'entendre –, mais
surtout de « bien vivre », d'avoir une vie heureuse, c'est-à-dire
vertueuse.

« Toute cité est naturelle, comme le sont les premières commu-
nautés qui la constituent. Car elle est leur fin, et la nature est fin :
car ce que chaque chose est, une fois sa croissance complètement
achevée, nous disons que c'est la nature de cette chose, ainsi pour
un homme, un cheval, une famille. De plus le "ce en vue de quoi",
c'est-à-dire la fin, c'est ce qu'il y a de meilleur ; et se suffire à
soi-même *(autarkeia* : autarcie) c'est à la fois la fin et ce qu'il y a
de meilleur.
Nous en déduisons qu'à l'évidence la cité est une réalité naturelle, et que l'homme est par nature un être destiné à vivre en cité
(politikon zôon : animal politique) ; si bien que celui qui vit hors
cité, naturellement bien sûr et non par le hasard des circonstances,
est soit un être dégradé, soit un être surhumain ; il est comme celui
qu'Homère injurie en ces termes : "sans lignage, sans loi, sans
foyer". Car un tel homme est du même coup avide de guerre ; il est
comme un pion isolé au jeu de dames. C'est pourquoi il est évident
que l'homme est un animal politique, bien plus que n'importe quelle
abeille ou n'importe quel animal grégaire. Car, nous le disons souvent, la nature ne fait rien en vain » (*Politique*, livre I, chap. II,
8-10).

L'homme peut vivre sans organisation politique, mais sa vie est
alors d'une qualité inférieure. Selon Aristote, il existe des peuples
(Européens de l'Ouest trop impétueux ou Asiatiques manquant
d'énergie) dont les qualités psychologiques, sans doute liées au climat, leur interdisent de vivre dans des cités. Si les Barbares ne vivent
jamais en cité, si tous les Grecs ne vivent pas dans des sociétés
civiles, une partie d'entre eux – les Athéniens par excellence, bien
sûr ! – forment une communauté de citoyens *(politeai)*, selon le

principe de l'égalité dans la loi (*isonomia*). Tous les rapports de pouvoir y sont réversibles, puisque le citoyen qui est commandé peut commander à son tour, en tant que magistrat. C'est pourquoi la science de la société civile – la science « politique » – est la meilleure des sciences : son but est le bien commun.

• **L'esclavage, nécessité « naturelle »**

Dans l'Antiquité, l'esclavage est un état de fait immémorial que ni la morale ni les institutions politiques ne remettent en question. Pour Platon, l'ordre social et la personne humaine s'ordonnent selon une même hiérarchie des valeurs où des éléments rationnels disciplinés dominent « naturellement » des éléments affectifs indisciplinés (voir ci-dessus). Les pires sociétés, comme les pires individus, sont celles où dominent les éléments les plus bas, caractéristiques de ceux qui sont esclaves. En conséquence, la meilleure condition que puissent connaître les esclaves est celle où ils sont gouvernés.

C'est Aristote qui propose l'analyse la plus élaborée de l'esclavage dans sa *Politique* (livre I, 2-7) : « l'esclave est un objet de propriété animé » et il remplit la fonction d'instrument pour entretenir la vie de tous les jours dans ses structures individuelles (la famille) comme collectives (la cité).

D'où la distinction de nature, fondamentale, entre maître et esclave : « tandis que le maître est simplement maître de l'esclave, mais ne lui appartient pas, l'esclave, lui, non seulement est esclave du maître, mais encore lui appartient entièrement. (...) Un être qui par nature ne s'appartient pas, mais est l'homme d'un autre, cet être-là est par nature esclave » (*ibid.*). Reste à savoir si cette distinction est légitimement fondée et défendable : est-il « meilleur et juste » pour quelqu'un d'être esclave ? ou, au contraire, « tout esclavage est-il contre nature ? » — La réponse du philosophe est catégorique : « Commander et obéir font partie des choses non seulement inévitables, mais encore utiles ; certains êtres, immédiatement dès leur naissance, se trouvent destinés les uns à obéir, les autres à commander. (...) Il est donc évident qu'il y a par nature des gens qui sont les uns libres, les autres esclaves, et que pour ceux-ci la condition servile est à la fois avantageuse et juste » (*ibid.*).

De fait, l'esclave, « qui n'a part à la raison que dans la mesure où il peut la percevoir, mais non pas la posséder lui-même », doit trouver dans sa condition les mêmes avantages que les animaux domestiqués qui « ont une nature meilleure que les animaux sauvages : pour eux tous il vaut mieux être soumis à l'homme, car ils y trouvent leur sécurité » (*ibid.*).

Cependant, comme son maître Platon, Aristote prône l'harmonie d'une communauté semblable à celle qui régit l'âme (destinée à commander) et le corps (destiné à obéir). « Une mauvaise pratique de l'autorité est nuisible à tous les deux : la partie et le tout, comme le corps et l'âme, ont même intérêt ; or l'esclave est une partie du maître : c'est comme une partie vivante de son corps, mais séparée ; aussi y a-t-il une communauté d'intérêt et une amitié réciproque entre maître et esclave qui ont par nature mérité de l'être ; lorsque les rapports sont déterminés, non de cette façon, mais par la loi et la violence, c'est tout le contraire » (*ibid.*).

En conclusion, « être maître ne consiste pas simplement à acquérir ses esclaves, mais à savoir se servir des esclaves ». Une science qui n'a « rien de grand ni de majestueux » et dont les hommes bien nés peuvent s'épargner l'ennui en confiant la gestion de leur maison à un intendant, « tandis qu'eux-mêmes s'occupent de politique ou de philosophie » !

L'Europe s'est bâtie sur ces valeurs, jusqu'à ce que le mouvement humaniste à la Renaissance, puis celui des Lumières au XVIIIe siècle, qui l'amplifie, provoquent leur remise en cause fondamentale (on connaît, par exemple, l'impact du fameux texte de Montesquieu « Sur l'esclavage des nègres »).

III – Philosophie et morale : *secundum naturam vivere*

Le philosophe grec Épicure (341-270 av. J.-C.) donnait ses leçons dans un jardin à Athènes, ce qui valut à ses disciples le nom de « philosophes du Jardin » : de son œuvre immense ne subsistent que trois lettres, mais sa doctrine, rapidement diffusée dans tout le bassin méditerranéen, connaîtra une influence prodigieuse, tout en étant souvent déformée ou mal comprise. Les Lumières, et particulièrement Diderot, se plairont à professer les leçons d'un matérialisme épicurien.

L'épicurisme s'oppose à la tradition platonicienne idéaliste et spiritualiste : il affirme que tout est corporel et matériel, y compris l'âme. Les notions fondamentales de la philosophie d'Épicure sont :

• la sensation (*aisthésis* en grec) : conçue comme donnée concrète des sens, elle nous met en harmonie et en accord avec la nature ; la sensation n'est ni relative ni subjective, mais elle est vraie et réelle ;

• l'atome (« que l'on ne peut couper » en grec) : c'est la plus petite partie de la matière, envisagée comme un corpuscule insécable, solide, compact et immuable. La théorie de la physique atomiste vient de Démocrite (460-370 av. J.-C.) : « À l'origine de toutes choses, il y a les atomes et le vide, le reste n'est que supposition » ;

• le plaisir (*hédonè* en grec) : conçu comme une jouissance naturelle, un repos qui implique l'absence de douleur, il constitue le

principe de la vie heureuse (à ne pas confondre avec l'hédonisme
qui prône la volupté du plaisir pour le plaisir) ;
   • l'ataraxie (*ataraxia* en grec) : elle se définit par l'absence de
trouble et d'inquiétude, objet fondamental de la recherche du sage,
qui détourne ainsi sa pensée de la peur de la mort.

   « Les dieux existent, nous en avons une connaissance évidente.
Mais leur nature n'est pas ce qu'un vain peuple pense. Celui qui nie
les dieux de la foule n'est pas impie ; l'impie est celui qui attribue
aux dieux les caractères que leur prête la foule.

   Habitue-toi à penser que la mort n'est rien pour nous, puisque
le bien et le mal n'existent que dans la sensation. (...) Il n'y a rien
de redoutable dans la vie pour qui a compris qu'il n'y a rien de
redoutable dans le fait de ne plus vivre.

   Parmi les désirs, les uns sont naturels et les autres vains, et parmi
les désirs naturels, les uns sont nécessaires, et les autres seulement
naturels (...). Nous recherchons le plaisir seulement quand son
absence cause une souffrance. (...) Par conséquent, lorsque nous
disons que le plaisir est le souverain bien, nous ne parlons pas du
plaisir des débauchés ni des jouissances sensuelles : nous parlons de
l'absence de souffrance physique et de l'absence de trouble moral.

   Ce ne sont ni les beuveries, ni les banquets continuels, ni la
jouissance que l'on tire de la fréquentation des jeunes gens et des
femmes, ni la joie que donnent les poissons et les viandes dont on
charge les tables somptueuses qui procurent une vie heureuse, mais
des habitudes raisonnables et sobres, une raison recherchant sans
cesse des causes légitimes de choix ou d'aversion, et rejetant les
opinions susceptibles d'apporter à l'âme le plus grand trouble »
(fragments de lettres d'Épicure).

   C'est surtout par le philosophe latin Lucrèce (98-55 av. J.-C.)
que se transmet l'épicurisme dans les milieux intellectuels européens : il a écrit un poème philosophique et didactique en six chants,
De natura rerum (« De la nature des choses »), à la gloire de son
maître Épicure et de sa conception du monde. Resté à l'écart de la
vie troublée de son époque, Lucrèce a une ambition : libérer l'humanité par la connaissance, l'arracher à ses passions, à ses craintes, à
ses superstitions. Les dieux sont relégués loin de la terre, ils ne sont
pas intervenus dans la création de l'univers (ils n'en ont pas besoin
et celui-ci est mal fait), ils ne s'occupent pas des affaires humaines.

   « Le principe que nous poserons pour débuter, c'est que rien
n'est jamais créé de rien par l'effet d'un pouvoir divin. Car si la
crainte tient actuellement tous les mortels asservis, c'est qu'ils voient
s'accomplir sur terre et dans le ciel maint phénomène dont ils ne
peuvent aucunement apercevoir la cause, et qu'ils attribuent à la
puissance divine. Aussi, dès que nous aurons vu que rien ne peut

être créé de rien, nous pourrons ensuite mieux découvrir l'objet de nos recherches, et voir de quels éléments chaque chose peut être créée, et comment tout s'accomplit sans l'intervention des dieux » (*De la nature*, livre I, vers 146 sq.).

« Peu de choses, on le constate, sont vraiment nécessaires au corps. (...) La nature elle-même (*natura ipsa*) ne réclame rien de plus agréable – même s'il n'y a pas dans la maison de statues en or de jeunes gens tenant des torches dans leur main droite pour fournir de l'éclairage aux soupers nocturnes, même si la demeure n'a ni le brillant de l'argent ni l'éclat de l'or, même si les cithares ne font pas retentir des édifices ornés de lambris dorés – à partir du moment où, étendus ensemble sur l'herbe tendre, au bord d'un cours d'eau, sous les branches d'un arbre élevé, les hommes apaisent leurs besoins corporels agréablement, sans avoir recours à de grands frais, surtout quand le temps est au beau et que la saison parsème de fleurs les prairies verdoyantes » (livre II, vers 20-33).

Dans une période de crise (les valeurs ancestrales de simplicité « naturelle » sont remises en cause par le luxe apporté à Rome par ses conquêtes et par son hellénisation), le devoir du sage est de rechercher le souverain bien (*summum bonum*) : si le stoïcien le trouve dans la beauté morale (*honestum*) qui s'atteint par la pratique de la vertu (*virtus*) et nécessite le plein exercice de la volonté et de la raison, l'épicurien le cherche dans le plaisir (*voluptas*), défini comme absence de douleur. Voies différentes, mais même but : l'ataraxie, le calme absolu qui caractérise le sage délivré des passions.

Pour la morale épicurienne, vivre selon la nature (*vivere secundum naturam*) constitue un état de bien-être obtenu par le libre accomplissement en soi-même du mouvement de la nature (la *phusis* des Grecs) : il s'agit donc de satisfaire les besoins « naturels et nécessaires », comme manger quand on a le ventre vide. Il ne faut pas rechercher plus, car c'est alors que commencent les besoins « non nécessaires » qui conduisent au contraire de la *voluptas*, c'est-à-dire à la douleur. Conscient de la vanité épuisante des choses (amour, gloire, pouvoir), l'épicurien fuit les passions.

On le voit, ce système matérialiste, que l'on a voulu caricaturer comme une invitation à la débauche, prône, au contraire, un art de vie austère, presque ascétique, gouverné par les plaisirs de la raison, la simplicité des besoins, la sérénité.

C'est exactement la « philosophie » que n'a cessé de prôner Diderot dans son œuvre – « Il n'y a rien de solide que de boire, manger, vivre, aimer et dormir » (*Le Rêve de d'Alembert*, 1769) –, celle qu'il prête aux « sages » Tahitiens, comme en témoigne clairement la référence épicurienne que représentent les vers d'Horace placés en exergue à son *Supplément* (la nature, ignorant le péché, nous invite à satisfaire nos désirs).

On voit aussi que le matérialisme épicurien privilégie la considération du concret sur les spéculations d'ordre spirituel, religieux ou idéaliste. Une telle doctrine ne nie pas l'existence des dieux : s'ils sont, comme on le dit, immortels et bienheureux, il n'est rien sur la terre des hommes, pas même leurs prières, qui puisse les émouvoir, ni même leur importer.

En revanche, le matérialisme des « libertins » des XVIIe (comme Cyrano de Bergerac) et XVIIIe siècles se radicalise en devenant résolument athée et en réduisant l'homme à un ensemble d'organes et de flux régi par des lois mécaniques (« l'homme-machine » de La Mettrie : « Songer au corps avant que de songer à l'âme, c'est imiter la nature qui a fait l'un avant l'autre »). Ainsi d'Holbach, l'ami de Diderot, soutient que « c'est le corps qui pense et qui juge, qui souffre et qui jouit ».

Cette méta/physique (au-delà de la physique) proprement a/thée (sans dieu) deviendra aussi celle de Diderot : un athéisme matérialiste cherchant à prouver que le monde n'a pas de commencement, qu'il est composé de matière, que cette matière a toujours été, et qu'il n'y a donc nul besoin d'un dieu créateur. « Si vous voulez que je croie en Dieu, il faut que vous me le fassiez toucher » (Diderot, *Lettre sur les aveugles*, 1749) – voir Guide Bac, fiche n° 1, « Le débat sur l'autorité : l'autorité divine ».

III - UTOPIA IN FABULA

I – *Utopia* ou l'invention de l'île « de Nulle part »

Le philosophe anglais Thomas More (1478-1535), ami du grand humaniste Érasme, fut Premier ministre d'Henri VIII ; cependant, fidèle au catholicisme romain, il est condamné à mort par Thomas Cromwell et décapité le 6 juillet 1535, au moment où son œuvre connaissait une grande renommée dans toute l'Europe.

Un temps attiré par la vie monastique – il a traduit en anglais *La Cité de Dieu* de saint Augustin – , More cultive l'érudition d'un parfait humaniste de la Renaissance. Ses idées « libérales » s'épanouissent dans la rédaction de sa fiction sociale et philosophique écrite en latin sous le titre de *De optimo reipublicae statu deque nova insula Utopia* (« Du meilleur état de la chose publique et de la nouvelle île d'Utopia »), éditée à Louvain en 1516, puis à Londres en 1518.

Thomas More a donc créé le mot et le concept d'« Utopie », croisant doublement l'héritage platonicien : le mythe de l'Atlantide et celui de la cité idéale développé dans *La République* (voir ci-dessus « Platon et la "cité idéale" » dans le dossier II « Modèles antiques »). Son île imaginaire, dont il donne la carte proprement fantastique (produit de l'imagination), s'appelle « Nulle part » (aucun lieu), un nom forgé à partir de la négation grecque *ou* (non) et du substantif *topos* (lieu).

Le succès de l'ouvrage rendit aussitôt le terme populaire : devenu nom commun, le mot « utopie », ainsi « francisé » par Rabelais, apparaît en français dès 1532 au sens de « pays imaginaire où un gouvernement idéal règne sur un peuple heureux ». De là, on passera au sens courant (XIXe siècle) et souvent dépréciatif d' « idéal, vue politique ou sociale qui ne tient pas compte de la réalité » ; c'est ainsi qu'on parlera d' « utopies à la française » pour parler de fraternité, paix universelle, égalité naturelle, droits de l'homme. En ce sens, utopie a pour synonyme « chimère, illusion, mirage, rêve, rêverie ».

C'est donc avec son *insula Utopia* que More jette les fondements de sa réflexion politique : une « philosophie pure », à l'opposé du pragmatisme de Machiavel (voir *Le Prince*, Pocket Classiques n° 6036). Son ouvrage se divise en deux parties : dans la première, il critique les systèmes concrets existants, à la manière d'un sociologue ; dans la seconde, il décrit sa cité idéale, à la manière d'un théoricien nourri de Platon.

La première partie imagine une discussion avec un voyageur philosophe érudit, Raphaël Hythlodée, ce qui permet à More une critique virulente contre les sociétés européennes de son temps, et tout particulièrement contre la société anglaise. Pour Raphaël, le malheur public vient non du pouvoir dans son essence, mais des abus de pouvoirs de tous ordres, issus de certaines formes de pouvoir (monarchique, religieux), qui ont le monopole de la richesse. Or « le riche s'efforce de rogner sur le salaire du pauvre » : c'est le propre même de la richesse que d'être abusive. Il faut donc s'attaquer à la racine même du mal : la propriété privée. « L'unique moyen de distribuer les biens avec équité, avec justice, et de constituer le bonheur du genre humain, c'est l'abolition de la propriété ». On voit à quel avenir est appelé ce principe audacieux (de Rousseau au « socialisme » de Saint-Simon et de Fourier).

Il est donc abusif de châtier si sévèrement certains délits comme le vol, puisque c'est la misère, donc la richesse, qui les induit : à punir le voleur comme un assassin, on encourage le voleur à assassiner. Cette critique courageuse des lois extrêmement répressives de l'époque s'accompagne d'une condamnation de l'ignorance dans laquelle on maintient le peuple : « Si vous souffrez que les gens du peuple soient mal enseignés et corrompus dès l'enfance, et si vous les punissez, lorsqu'ils sont arrivés à l'âge d'homme, pour des crimes qu'ils ont, pour ainsi dire, sucés avec le lait, qu'est-ce sinon faire des voleurs et les châtier ensuite ? ».

La seconde partie, qui n'est pas moins subversive, imagine une description de l'île de « Nulle part » rapportée à l'auteur par un voyageur. En Utopie, tous les magistrats sans exception sont soumis au vote de leurs concitoyens, ce qui suppose une forme de gouvernement proprement « démocratique » (le principe du pouvoir revient au peuple) qui exclut la monarchie de droit divin : la « république » est gouvernée par le prince Utopus qui en est en même temps le fondateur et le législateur (les lois sont peu nombreuses et claires). Le travail est obligatoire pour tous, dans la limite de six heures par jour, pour permettre le loisir personnel et la culture de l'esprit (au moins dix heures). La plus noble des tâches est l'agriculture et nul n'en est exempté ; considérés comme éléments improductifs, les intellectuels ne sont tolérés qu'en nombre limité. L'argent n'existe pas : toute la vie économique est fondée sur l'échange de marchandises entreposées dans de grands magasins publics. Les métaux précieux sont méprisés et l'or ne sert qu'à fabriquer les chaînes de ceux qui ont mérité l'esclavage. Les repas, très frugaux, sont pris en commun (tout cela étant directement inspiré des principes communautaires développés par Platon).

La peine de mort est abolie, sauf en cas d'adultère réitéré. Les fiancés n'ont le droit de se marier qu'après avoir mis leur attirance physique à l'épreuve ! Cependant, en cas d'incompatibilité d'humeur, le divorce est toujours possible. Bien entendu, la propriété individuelle est interdite, la guerre proscrite (il n'y a conscription générale que pour la défense de l'île) et l'instruction obligatoire. Enfin, à une époque où l'Europe est bientôt déchirée par les conflits religieux, toutes les religions sont admises en Utopie ; l'intolérance et le fanatisme sont punis par l'exil ou l'esclavage : « La religion ne doit être propagée que par la persuasion, non par l'insulte ou la violence. » On constate donc que More ne remet en question ni l'institution de l'esclavage ni celle du catholicisme. De fait, il parvient à concilier les préceptes de la charité chrétienne avec un épicurisme modéré.

L'œuvre, dont toute l'Europe admira la hardiesse, eut aussitôt un immense succès et de très nombreux imitateurs, qui écrivirent diverses fables allégoriques dans le cadre d'un lieu privilégié « hors du monde » pour mettre à nu les rapports sociaux (voir ci-après). Si, par précaution, le propos s'abrite derrière la fiction d'un divertissement, il n'en reste pas moins qu'il pose avec le plus grand sérieux des principes moraux essentiels : ils alimenteront directement les débats au XVIIIe siècle. En montrant que « penser le politique » c'est toujours « penser l'utopie », car elle est la pensée du possible et non du nécessaire, l'*Utopie* de More fonde toute la philosophie politique moderne.

▶ Deux brefs extraits à mettre en relation avec les positions de Diderot :
1. La définition du « plaisir » où l'on retrouve les préceptes de la sagesse antique (voir « Philosophie et morale : *secundum naturam vivere* » dans le dossier II « Modèles antiques »).
2. La cérémonie du choix des époux, où l'on pourra apprécier l'humour de More, que l'on pourra mettre en relation avec l'humour de Diderot décrivant les pratiques amoureuses des Tahitiens (voir « Le débat sur la sexualité », Guide Bac, fiche n° 1).

• « C'est une vie agréable, autrement dit, le plaisir, que la nature elle-même nous prescrit comme la fin de toutes les actions ; vivre selon les prescriptions de la nature, telle est leur définition de la vertu. (...) Après avoir tout bien pesé et examiné, les Utopiens estiment que toutes nos actions, et parmi elles les vertus elles-mêmes, envisagent en définitive le plaisir comme bonheur et fin.

Ils nomment plaisir tout mouvement ou tout état du corps ou de l'âme dans lesquels l'homme, en suivant les directives de la nature, éprouve une jouissance. Ce n'est pas sans raison qu'ils ajoutent : "l'appétence naturelle". Car, si non seulement les sens mais également la droite raison poursuivent tout ce qui est agréable par nature, ce vers quoi l'on tend sans causer d'injustice, sans perdre une jouissance plus grande, sans provoquer un surcroît de fatigue, il existe par ailleurs des choses auxquelles les humains, victimes d'une illusion aussi vaine que générale, attribuent une douceur étrangère à la nature » (*L'Utopie*, livre second, chap. VI, « Doctrine morale »).

• « Dans le choix des époux, les Utopiens observent, avec beaucoup de sérieux et de gravité, une coutume qui, à nous du moins, parut des plus déplacées et même, au premier abord, ridicule. La femme, qu'elle soit vierge ou veuve, par les soins d'une matrone vertueuse et sage, est exposée nue au prétendant et, par l'entremise d'un homme d'une probité éprouvée, le fiancé est à son tour présenté nu à la jeune fille. Nous trouvions cette coutume déplacée et nous la réprouvions en riant. Mais eux s'étonnaient beaucoup, au contraire, de l'insigne folie de tous les autres peuples : lorsqu'il s'agit d'acheter un cheval, affaire qui n'expose qu'un peu d'argent, on prend tant de précautions que l'on exige, avant de conclure le marché, que l'animal, qui est pourtant déjà presque nu, soit dépouillé de la selle et de tous ses harnais, de peur qu'un ulcère ne soit caché sous cet équipement ; mais, dans le choix d'un conjoint, affaire dont dépend le plaisir ou le dégoût de toute une vie, on agit avec une telle négligence que, laissant le corps enveloppé de vêtements, on se contente d'une partie à peine plus grande que la main – on ne voit rien d'autre que le visage – pour apprécier la valeur d'une femme tout entière, pour se l'attacher et courir le risque, qui n'est pas négligeable, si un défaut se révèle par la suite, de faire mauvais ménage avec elle » (*L'Utopie*, livre second, chap. VII, « L'amour »).

II – Voyages en utopie(s)

L'ouvrage de More s'achève par un souhait : « Il y a dans la république utopienne bien des choses que je souhaiterais voir dans nos cités. Je le souhaite plutôt que je ne l'espère » (*L'Utopie*, livre second, chap. X, « Discours final »). Car l'utopie est par essence hors de l'histoire : hors de l'espace, comme son nom l'indique, mais aussi hors du temps, elle est sans nul doute une *eu / topia* (*eu* signifie « bien » en grec), c'est-à-dire un lieu de bonheur, mais elle est dépourvue de toute réalité.

À la suite de More, le modèle utopique a servi de cadre fictionnel à de très nombreux récits où le merveilleux de la fable vient se conjuguer à la réflexion morale et philosophique. Il envahit essais, romans, voire pièces de théâtre, dans cette période clé de remise en question des valeurs qui ont fondé l'Occident chrétien, du mouvement humaniste à celui des Lumières.

Sont ici présentées quelques-unes de ces fictions qui ont marqué la littérature française.

| 1534 | Rabelais, l'abbaye de Thélème in *Gargantua*, chap. LV |

▶ **Une communauté laïque et mixte, imaginée par Rabelais pour une élite sociale et intellectuelle, selon les préceptes de la morale épicurienne.**

« Toute leur vie était employée non par lois, statuts ou règles, mais selon leur vouloir et franc arbitre. Se levaient du lit quand bon leur semblait, buvaient, mangeaient, travaillaient, dormaient quand le désir leur venait ; nul ne les éveillait, nul ne les parforçait ni à boire, ni à manger, ni à faire chose autre quelconque. Ainsi l'avait établi Gargantua. En leur règle n'était que cette clause : FAIS CE QUE VOUDRAS, parce que gens libères, bien nés, bien instruits, conversant en compagnies honnêtes, ont par nature un instinct et aiguillon, qui toujours les pousse à faits vertueux et retire de vice, lequel ils nommaient honneur. Iceux, quand par vile sujétion et contrainte sont déprimés et asservis, détournent la noble affection, par laquelle à vertus franchement tendaient, à déposer et enfreindre ce joug de servitude ; car nous entreprenons toujours choses défendues et convoitons ce que nous est dénié. »

Pocket Classiques n° 6089, p. 425

| 1682 | Fontenelle, *La République des philosophes ou Histoire des Ajaoiens*
Le texte fut publié seulement en 1768 |

▶ **Une île, Ajao, dans le Pacifique au large du Japon, où le philosophe Fontenelle imagine un état comme une illustration parfaite du matérialisme épicurien (les concepts de Dieu et d'âme ont été inventés « par d'habiles politiques » afin de maintenir les hommes « dans une crainte perpétuelle d'un prétendu avenir »).**

« Ces peuples ne reconnaissent aucun fondateur ni de leur République, ni de leur Religion. Aussi n'y a-t-il parmi eux ni secte ni parti, soit dans la Religion, soit sur les affaires d'État. Ils n'ont ni livre sacré ni loi écrite : ils ont seulement certains principes émanés du sein de la raison la plus saine, et de la Nature même ; principe dont l'évidence et la certitude sont incontestables, et sur lesquels ils règlent tous leurs sentiments et toutes leurs opinions. Cela étant ainsi, ces sentiments peuvent-ils manquer d'être sûrs, sains et purs ? 1. Principe. *Ce qui n'est point, ne peut donner l'existence à quelque chose.* 2. Principe. *Traitez les autres comme vous voudriez qu'ils vous traitent.* Du premier de ces principes sont tirés leurs sentiments sur la Religion ; et le deuxième règle toute leur conduite, tant pour le civil que pour la politique. »

| 1699 | Fénelon, la Bétique in *Les Aventures de Télémaque*, livre VII |

▶ **Un pays merveilleux et préservé, entre âge d'or et utopie, quelque part en Espagne, non loin du détroit de Gibraltar. Une occasion de donner une leçon de vertu aux princes dans un roman didactique inspiré par l'*Odyssée*.**

« Ce pays semble avoir conservé les délices de l'âge d'or. Les hivers y sont tièdes, et les rigoureux aquilons n'y soufflent jamais. L'ardeur de l'été y est toujours tempérée par des zéphyrs rafraîchissants, qui viennent adoucir l'air vers le milieu du jour. Ainsi toute l'année n'est qu'un heureux hymen du printemps et de l'automne, qui semblent se donner la main. La terre, dans les vallons et dans les campagnes unies, y porte chaque année une double moisson. Les chemins y sont bordés de lauriers, de grenadiers, de jasmins et d'autres arbres toujours verts et toujours fleuris. Les montagnes sont couvertes de troupeaux, qui fournissent des laines fines recherchées de toutes les nations connues. Il y a plusieurs mines d'or et d'argent dans ce beau pays ; mais les habitants, simples et heureux dans leur simplicité, ne daignent pas seulement compter l'or et l'argent parmi leurs richesses : ils n'estiment que ce qui sert véritablement aux besoins de l'homme. »

| 1721 | Montesquieu, les Troglodytes in *Lettres persanes*, lettres XI à XIV |

▶ **Une leçon de morale politique : organisé en société rurale fondée sur la collectivité patriarcale, le peuple des Troglodytes vivait une forme d'âge d'or, quelque part en Arabie ; mais les progrès de la civilisation finissent par corrompre sa bonté naturelle, avec l'apparition de la richesse et de l'ambition. Une nou-**

velle génération saura restaurer la félicité originelle par le respect de lois vertueuses.

« La Nature ne fournissait pas moins à leurs désirs qu'à leurs besoins. Dans ce pays heureux, la cupidité était étrangère : ils se faisaient des présents où celui qui donnait croyait toujours avoir l'avantage. Le peuple troglodyte se regardait comme une seule famille ; les troupeaux étaient presque toujours confondus ; la seule peine qu'on s'épargnait ordinairement, c'était de les partager » (fin de la lettre XII).

Pocket Classiques n° 6021, pp. 44-45

| 1725-1750 | Marivaux, trois comédies « sociales » et « philosophiques » |

▶ **Trois « utopies »** *in vivo*, **mises en scène sur des îles imaginaires comme trois « cours d'humanité »** (*L'Île des esclaves*, **II**) ; **une véritable thérapie sociale destinée à apprendre :**
* **aux maîtres qu'ils ont le devoir de ménager leurs subordonnés :** *L'Île des esclaves* **(1725) ;**
* **aux humains qu'ils ont le devoir d'être raisonnables :** *L'Île de la Raison ou Les Petits Hommes* **(1727) ;**
* **aux hommes qu'ils ont le devoir de considérer les femmes comme leurs égales :** *La Colonie* **(1729 et 1750).**

Arthénice – « Nous avons été obligés, grands et petits, nobles, bourgeois, et gens du peuple, de quitter notre patrie pour éviter la mort ou pour fuir l'esclavage de l'ennemi qui nous a vaincus. (...) Nos vaisseaux nous ont portés dans ce pays sauvage, et le pays est bon. (...) Le dessein est formé d'y rester, et comme nous y sommes tous arrivés pêle-mêle, que la fortune y est égale entre tous, que personne n'a droit d'y commander, et que tout y est confusion, il faut des maîtres, il en faut un ou plusieurs, il faut des lois. (...) Ces maîtres, ou bien ce maître, de qui le tiendra-t-on ? » (*La Colonie*, scène II).

L'Île des esclaves, Pocket Classiques n° 6225

| 1758 | Voltaire, l'Eldorado in *Candide*, chap. XVIII |

▶ **Un petit royaume en Amérique du Sud, baptisé** *El Dorado* **par les Espagnols : replié sur lui-même, il a su développer une technologie moderne et urbaine particulièrement avancée ; une sorte d'Atlantide qui aurait su échapper à la destruction.**

« Le royaume où nous sommes est l'ancienne patrie des Incas, qui en sortirent très imprudemment pour aller subjuguer une partie du monde et qui furent enfin détruits par les Espagnols. Les princes de leur famille qui restèrent dans leur pays natal furent plus sages ; ils ordonnèrent, du consentement de leur nation, qu'aucun habitant ne sortirait jamais de notre petit royaume ; et c'est ce qui nous a conservé notre innocence et notre félicité. (...) Comme nous sommes entourés de rochers inabordables et de précipices, nous avons toujours été jusqu'à présent à l'abri de la rapacité des nations de l'Europe, qui ont une fureur inconcevable pour les cailloux et pour la fange de notre terre, et qui, pour en avoir, nous tueraient tous jusqu'au dernier. »

Pocket Classiques n° 6006, p. 88

III − « Des progrès futurs de l'esprit humain »

Si les utopies littéraires ont connu un large succès, les tentatives d'utopies implantées dans la réalité ont été éphémères (comme celles des missionnaires du Nouveau Monde) ou ont été maintenues par la contrainte et souvent dans le sang. Pourtant, le rêve utopique n'a jamais cessé de trouver d'ardents défenseurs : pour les « socialistes » du XIXᵉ siècle (Saint-Simon, Fourier, Marx), il s'agira donc d'inverser le sens de l'Histoire, en plaçant l'âge d'or, non plus au commencement, mais à la fin, comme le terme de la civilisation et du progrès. Sur le modèle de Platon, il faut réconcilier le paradis originel avec la technique prométhéenne en garantissant à l'humanité le bonheur de l'âge d'or sans exclure le travail et en établissant une société organisée selon une structure et des règles strictes.

Foi dans le progrès, refus des préjugés et des dogmatismes moraux et religieux sont les piliers de ce nouvel espoir, tel que le fondent les idéaux de la Révolution française, préparés par les Lumières : « La Révolution s'arrête à la perfection du bonheur », prophétisait Saint-Just.

Ainsi l'exprime, le marquis de Condorcet, mathématicien, philosophe et député à la Convention dans son *Esquisse* à un vaste projet : un grand *Tableau historique des progrès de l'Esprit humain*, c'est-à-dire le panorama des combats de la raison, des Lumières, contre l'ignorance et les préjugés (cet ouvrage devait être constitué de nombreux volumes, mais Condorcet n'eut le temps d'en écrire que quelques fragments avant sa mort en prison en 1794).

« Nos espérances, sur l'état à venir de l'espèce humaine, peuvent se réduire à ces trois points importants : la destruction de l'inégalité entre les nations, les progrès de l'égalité dans un même peuple ; enfin, le perfectionnement réel de l'homme. Toutes les nations doivent-elles se rapprocher un jour de l'état de civilisation où sont parvenus les peuples les plus éclairés, les plus libres, les plus affranchis de préjugés, tels que les Français et les Anglo-Américains ?

Cette distance immense qui sépare ces peuples de la servitude des nations soumises à des rois, de la barbarie des peuplades africaines, de l'ignorance des Sauvages, doit-elle peu à peu s'évanouir ?

Y a-t-il, sur le globe, des contrées dont la nature ait condamné les habitants à ne jamais jouir de la liberté, à ne jamais exercer leur raison ?

Cette différence de lumières, de moyens ou de richesses, observée jusqu'à présent chez tous les peuples civilisés, entre les différentes classes qui composent chacun d'eux ; cette inégalité, que les premiers progrès de la société ont augmentée et pour ainsi dire produite, tient-elle à la civilisation même, ou aux imperfections actuelles de l'art social ? Doit-elle continuellement s'affaiblir pour faire place à cette égalité de fait, dernier but de l'art social, qui, diminuant même les effets de la différence naturelle des facultés, ne laisse plus subsister qu'une inégalité utile à l'intérêt de tous, parce qu'elle favorisera les progrès de la civilisation, de l'instruction et de l'industrie, sans entraîner ni dépendance, ni humiliation, ni appauvrissement ? En un mot, les hommes approcheront-ils de cet état, où tous auront les lumières nécessaires pour se conduire d'après leur propre raison dans les affaires communes de la vie, et la maintenir exempte de préjugés ; pour bien connaître leurs droits et les exercer d'après leur opinion et leur conscience ; où tous pourront, par le développement de leurs facultés, obtenir des moyens sûrs de pourvoir à leurs besoins ; où, enfin, la stupidité et la misère ne seront plus que des accidents, et non l'état habituel d'une portion de la société ?

Enfin, l'espèce humaine doit-elle s'améliorer, soit par de nouvelles découvertes dans les sciences et dans les arts, et par une conséquence nécessaire, dans les moyens de bien-être particulier et de prospérité commune ; soit par des progrès dans les principes de conduite et dans la morale pratique ; soit enfin par le perfectionnement réel des facultés intellectuelles, morales et physiques, qui peut être également la suite, ou de celui des instruments qui augmentent l'intensité ou dirigent l'emploi de ces facultés, ou même de celui de l'organisation naturelle.

En répondant à ces trois questions, nous trouverons, dans l'expérience du passé, dans l'observation des progrès que les sciences, que la civilisation ont faits jusqu'ici, dans l'analyse de la marche de l'esprit humain et du développement de ses facultés, les motifs les plus forts de croire que la nature n'a mis aucun terme à nos espérances. »

Condorcet, *Esquisse d'un tableau historique des progrès de l'Esprit humain*, Dixième époque, « Des progrès futurs de l'Esprit humain », 1re édition en 1795

IV - LE BON SAUVAGE

de la réalité au mythe

Insouciants et oisifs, libres et égaux, paisibles et heureux : les « sauvages » ont fait rêver des générations d'Européens. Mais ont-ils d'autre réalité que dans l'imagination d'Occidentaux trop « policés » ? On sait que le regard sur l'Autre est avant tout un regard sur Soi : en exaltant les qualités qu'il prête au « bon » sauvage, l'homme « blanc » parle surtout de lui, de ce qui lui manque, donc des défauts et des vices qui, à l'opposé de ce qu'il croit trouver chez les « primitifs », corrompent la société civilisée européenne.

Les jalons proposés ci-après invitent à repérer les grandes étapes de la prise de conscience de ce que l'on appelle « le relativisme culturel » : des premiers témoignages des découvreurs où le Nouveau Monde se pense encore en termes mythiques (l'âge d'or, l'éden biblique) à l'ethnographie moderne de Lévi-Strauss, des Cannibales de Montaigne – étranges, mais humains – aux Tahitiens de Diderot – simples, donc généreux –, en passant par le sauvage virtuel de Rousseau – pur, alors que nous sommes « dénaturés ».

Un peu d'étymologie

Le sauvage (du bas latin *salvaticus*, déformation de *silvaticus*, « qui est fait pour le bois ») est d'abord celui qui vit en liberté dans la forêt (*silva*).

La vie dans la forêt est donc la première marque de la sauvagerie (voir les nombreux récits des découvreurs décrivant les « sauvages » vivant dans d'épaisses forêts), mais les espèces animales – dont l'homme – dites sauvages ne sont pas forcément, comme le voudrait l'étymologie, des espèces de la forêt ; ce sont plutôt des espèces à l'« état de nature ». Ainsi une forme d'assimilation plus ou moins consciente de la nature à la forêt ferait considérer celle-ci comme l'idéal de la Nature (voir *Supplément*, pp. 65, 72).

Quelques repères

▶ 1492 : la découverte d'un « Nouveau Monde »

Parti d'Espagne le 3 août 1492, le Génois Christophe Colomb « découvre l'Amérique » à l'aube du 12 octobre, en longeant les récifs d'une île des Bahamas, puis il explore Cuba et Haïti, avant de rentrer en Espagne, où il est reçu en triomphe, en mars 1493. Par la suite, Colomb effectuera trois autres voyages d'exploration (1493-1496 ; 1498-1500 ; 1502-1504) qui l'amènent toujours aux Antilles, ainsi que sur une partie de la côte du Honduras.

Colomb avait tenu un journal de bord précis, aujourd'hui perdu, mais une partie en a été recopiée par Bartolomé de Las Casas pour rédiger son *Historia de las Indias*, entre 1550 et 1563.

« Ces gens ne sont d'aucune secte, ni idolâtres. Très doux et ignorants de ce qu'est le mal, ils ne savent se tuer les uns les autres. Ils sont sans armes et si craintifs que l'un des nôtres suffit à en faire fuir cent » : Colomb est émerveillé par les habitants de l'île qu'il a baptisée San Salvador ; il croit y retrouver le paradis de l'âge d'or et donne ainsi naissance à un mythe puissant, celui du « bon sauvage ». Ce qui ne l'empêche pas de capturer quelques indigènes et de bientôt installer l'esclavage.

Arrivé à Hispaniola (Haïti) en 1502, Las Casas est devenu prêtre pour se consacrer à la défense des Indiens. Il estime à quinze millions le nombre d'indigènes massacrés entre 1492 et 1542 (Jean-Claude Carrière a imaginé de manière romanesque le fameux débat qui aurait opposé en 1550-1551 le dominicain Las Casas à Sépul-véda sur la question de savoir si les « sauvages » Indiens étaient des hommes à part entière dans *La Controverse de Valladolid*, Pocket n° 4689).

▶ 1499 : l'invention de l'Amérique

Le Florentin Amerigo Vespucci, qui s'est embarqué à Cadix en mai 1499 pour le compte de l'Espagne, reconnaît les côtes du Venezuela. L'Espagne refusant de financer une nouvelle entreprise, c'est pour le compte des Portugais que Vespucci repart en mai 1501 : il navigue jusqu'au Rio de La Plata (Argentine). Rentré au Portugal en juillet 1502, il déduit de ses explorations qu'il a eu affaire à un nouveau continent, et non pas, comme le croyait Colomb, à une île proche des Indes. Il aurait encore effectué un voyage au Brésil en 1503-1504.

En 1506, il publie la *Lettre d'Amerigo Vespucci des îles récemment retrouvées dans ses voyages* : il s'y attribue un rôle de découvreur, et, surtout, il y affirme l'existence du nouveau continent.

Traduite d'italien en latin, la lettre est rapidement diffusée sous le titre de *Mundus Novus* (Nouveau Monde) : les Européens découvrent l'existence de peuples sauvages qui ne connaissent ni propriété, ni armes, ni religion, ni interdit sexuel.

En l'honneur de Vespucci, les terres découvertes porteront le nom d'Amérique.

▶ 1503 : un Normand au Brésil

En 1503, le Normand Binot Paulmier de Gonneville quitte Honfleur en quête des « richesses des Indes ». Son navire longe l'Afrique, s'égare et atteint des rivages inconnus, que l'on sait aujourd'hui situés sur la côte de Santa Catarina au Brésil.

Le capitaine y est cordialement reçu par une tribu d'Indiens Carijó. Au terme d'un séjour de six mois, il prend le chemin du retour avec le fils du chef, Essomericq. Une tradition normande raconte que Gonneville avait promis de ramener le « sauvage » chez lui, « vingt lunes plus tard », mais il ne put tenir parole. Il aurait adopté l'Indien, le mariant à l'une de ses parentes et lui laissant à sa mort son nom, ses armes et sa fortune. Essomericq aurait vécu jusqu'à 95 ans et aurait eu quatorze enfants.

▶ 1580 : le modèle des Cannibales

En 1562, conseiller au parlement de Bordeaux, Montaigne accompagne la cour du roi Charles IX à Rouen et y rencontre trois Indiens du Brésil. Il tente de s'entretenir avec eux, mais le dialogue tourne court faute d'interprète efficace ! Cependant, Montaigne dispose d'autres sources : il connaît les témoignages de Colomb et de Vespucci, et, directement ou indirectement, ceux de Las Casas.

Les *Essais* (1ʳᵉ édition en 1580) reviennent à plusieurs reprises sur les indigènes de ces contrées qu'on appelle encore les Indes occidentales ; au nom du relativisme culturel, Montaigne cherche à briser le préjugé que l'on se fait de la civilisation et de la barbarie : « Je trouve qu'il n'y a rien de barbare et de sauvage en cette nation, à ce qu'on m'en a rapporté, sinon que chacun appelle barbarie ce qui n'est pas de son usage » (I, XXXI).

Le chapitre « Des cannibales » (livre I, chap. XXXI, Pocket Classiques nᵒ 6182, pp. 124-142) fait l'éloge des peuples caraïbes (le mot espagnol *canibal* vient de *caribal*, qui signifie « hardi » en langue indigène des Caraïbes) : ces nations vivent encore sous « les lois naturelles » et réalisent pourtant « la conception et le désir même de la philosophie ». Quel dommage, regrette Montaigne, que Platon n'en ait pas eu connaissance ! « C'est une nation, dirais-je à Platon, en laquelle il n'y a aucune espèce de trafic, nulle connaissance de lettres ; nulle science de nombres ; nul nom de magistrat ni de supériorité politique ; nul usage de service, de richesse ou de pauvreté ; nuls contrats ; nulles successions ; nuls partages ; nulles occupations qu'oisives, nul respect de parenté que commun ; nuls vêtements ; nulle agriculture ; nul métal ; nul usage de vin ou de blé. Les paroles mêmes qui signifient le mensonge, la trahison, la dissimulation, l'avarice, l'envie, la détraction, le pardon, inouïes. » Suit un tableau enchanteur de la végétation qui rend cette heureuse oisiveté possible.

Le chapitre « Des coches » (livre III, chap. VI, Pocket Classiques, pp. 314-316), ajouté en 1588, condamne la destruction de la brillante civilisation aztèque et les massacres engendrés par la cupidité des Européens. À un moment où l'horreur des guerres de religion hante encore les esprits, un réquisitoire exceptionnel contre les crimes du colonialisme : « Tant de villes rasées, tant de nations exterminées, tant de millions de peuples passés au fil de l'épée, et la plus riche et belle partie du monde bouleversée pour la négociation des perles et du poivre ! »

Au XVIIᵉ siècle, les « sauvages » intéressent moins. Pendant le long règne de Louis XIV, Montaigne tombe presque dans l'oubli. Le goût du « naturel » et de la simplicité originelle est sorti du débat moral et philosophique pour passer dans un genre littéraire, la pastorale, hérité de l'Antiquité (les Grecs Théocrite, père de l'« idylle », court poème chantant l'amour entre bergers, et Longos, père du roman « pastoral » avec ses tendres bergers ingénus, Daphnis et Chloé ; le Latin Virgile, la référence obligée en matière de « bucoliques »). Les douces lois de la nature sont chantées au pied du chêne par le flûtiau du pâtre, tandis que la bergère en cotillons garde ses blancs moutons. L'utopie se fait proprement « idyllique » : L'Astrée (1607-1627) d'Honoré d'Urfé, dont Jean-Jacques Rousseau sera grand lecteur, est le chef-d'œuvre français de cette littérature.

On peut voir que la veine pastorale inspirera aussi beaucoup les récits de voyageurs, tel celui de Bougainville ou de son compagnon Commerçon (voir le dossier « La découverte et l'exploration de Tahiti ») : le sauvage y est souvent peint comme un avatar du berger de la mythique et bienheureuse Arcadie.

▶ 1704 : la parole est au Huron

Au cours du siècle précédent, l'image des Indiens d'Amérique du Nord (colonisation du Canada dès 1603) heureux, hospitaliers et pacifiques se retrouve plus particulièrement sous la plume des missionnaires qui visaient par là à donner une leçon de morale aux chrétiens européens ; mais, en ce début de XVIIIᵉ siècle, c'est La

Hontan, avec ses *Dialogues curieux entre le baron de Lahontan et un sauvage de bon sens qui a voyagé*, publiés à Amsterdam en 1704, qui va véritablement cristalliser le mythe du « bon sauvage » et inspirer toutes ses représentations pour longtemps.

Engagé dans les campagnes françaises au Canada (de 1683 à 1692), le baron de La Hontan a partagé la vie des Hurons, dont celle du chef Adario. Son ouvrage est constitué de cinq entretiens fictifs qu'il aurait eus avec Adario sur la religion, les lois, le bonheur, la médecine et le mariage. Censé avoir séjourné en France, Adario procède par comparaison en opposant terme à terme les usages et les croyances des deux contrées.

Face aux inégalités choquantes de notre pays, il montre une nation qui « a banni pour jamais de chez elle toute différence en matière de richesses et d'honneur, toute subordination en fait d'autorité (...) où chacun consacre son adresse et son industrie au bonheur commun ». Une seule solution : la révolution. Adario ne propose rien moins qu'une mutinerie généralisée contre le monarque : « Il ne tiendrait donc qu'à ces troupes de faire rentrer la nation dans ses droits, d'anéantir la propriété des particuliers. »

Bien entendu, c'est l'Amérindien, plutôt que l'Européen, qui sort victorieux de cette dispute oratoire : le « primitif » incarne la nature humaine originelle et foncièrement bonne, dont l'Européen s'est éloigné en se christianisant et en se « civilisant ». Lahontan résume ainsi les idées philosophiques de son époque sur les vices de la société européenne et les illogismes des dogmes chrétiens : son programme « égalitaraire » sera repris par les Lumières tout au long du siècle.

Quant au procédé littéraire qui consiste à faire endosser par un sauvage (ou un étranger) la critique de nos mœurs, il est appelé à un brillant avenir. Montesquieu imagine des touristes persans à Paris (*Lettres persanes*, 1721). Voltaire fait débarquer son Huron en Bretagne (*L'Ingénu*, 1767 ; voir dans les Lectures complémentaires) : il doit beaucoup à Adario et l'on pourra constater dans les extraits suivants combien ses propos ont pu aussi influencer ceux du Tahitien Orou chez Diderot.

Tandis que le sauvage devient l'arme favorite de la critique de notre société, un courant « ethnographique » avant la lettre se développe : on commence à s'intéresser aux sauvages pour eux-mêmes, en particulier grâce aux récits des missionnaires qui rapportent des informations vécues (ils restent assez longtemps en poste pour apprendre les langues indigènes). C'est dans les *Lettres édifiantes et curieuses* des jésuites que les philosophes, quoi qu'ils en disent, puiseront une bonne part de leur information : dans ce domaine, l'ouvrage le plus remarquable est celui du père Lafitau, *Mœurs des sauvages américains comparées aux mœurs des premiers temps* (1724).

« Je connais mieux le génie des Sauvages qu'une infinité de Français qui ont passé toute leur vie avec eux, car j'ai étudié leurs mœurs avec tant d'exactitude, que toutes leurs manières me sont aussi parfaitement connues que si j'avais passé toute ma vie avec eux. C'est ce qui me fait dire qu'ils n'ont jamais eu cette sorte de fureur aveugle que nous appelons amour. Ils se contentent d'une amitié tendre, et qui n'est point sujette à tous les excès que cette passion cause à ceux qui en sont possédés ; en un mot ils aiment si tranquillement qu'on pourrait appeler leur amour une simple bienveillance : ils sont discrets au-delà de tout ce qu'on peut s'imaginer, leur amitié, quoique forte, est sans emportement, veillant toujours à se conserver la liberté du cœur, laquelle ils regardent comme le trésor le plus précieux qu'il y ait au Monde. D'où je conclus qu'ils ne sont pas tout à fait si Sauvages que nous. »

(La Hontan, *Mémoires de l'Amérique septentrionale*,
« Amours et mariages des Sauvages », 1703)

« Ces Peuples ne peuvent pas concevoir que les Européens qui s'attribuent beaucoup d'esprit et de capacité soient assez aveugles ou ignorants pour ne pas connaître que le Mariage est pour eux une source de peine et de chagrin. Cet engagement pour la vie leur cause une surprise dont on ne peut les faire revenir ; ils regardent comme une chose monstrueuse de se lier l'un avec l'autre sans espérance de pouvoir jamais rompre ce nœud ; enfin de quelques bonnes raisons qu'on puisse les presser, ils se tiennent fermes et immobiles à dire que nous naissons dans l'esclavage, et que nous ne méritons pas d'autre sort que celui de la servitude.

(...) Il est permis à l'homme et à la femme de se séparer quand il leur plaît.

(...) Les Sauvages ne sont pas susceptibles de jalousie, et ne connaissent point cette passion. Ils se moquent là-dessus des Européens ; ils appellent une véritable folie la défiance qu'un homme a de sa femme, comme si (disent-ils) ils n'étaient pas assurés que ce fragile Animal est dans l'impossibilité de garder la foi. » (*Ibid.*)

ADARIO

« Ce que tu dis de la nudité ne s'accorde guère avec le bon sens. Je conviens que les peuples chez qui le *tien* et le *mien* sont introduits ont grande raison de cacher non seulement leurs parties viriles, mais encore tous les autres membres du corps. Car à quoi servirait l'or et l'argent des Français, s'ils ne les employaient à se parer avec de riches habits ? puisque ce n'est que par le vêtement qu'on fait état des gens. N'est-ce pas un grand avantage pour un Français de pouvoir cacher quelque défaut de nature sous de beaux habits ? Crois-moi, la nudité ne doit choquer uniquement que les gens qui ont la propriété des biens. Un homme laid parmi vous autres, un mal bâti trouve le secret de se rendre beau et bien fait, avec une belle perruque et des habits dorés, sous lesquels on ne peut distinguer les hanches et les fesses artificielles d'avec les naturelles. Il y aurait encore un grand inconvénient si les Européens allaient nus ; c'est que ceux qui seraient bien armés trouveraient tant de pratique et tant d'argent à gagner, qu'ils ne songeraient à se marier de leur vie, et qu'ils donneraient occasion à une infinité de femmes de violer la loi conjugale. Imagine-toi que ces raisons n'ont aucun lieu parmi nous, où il faut que tout serve, sans exception, tant petits que grands ; les filles qui voient de jeunes gens nus jugent à l'œil de ce qui leur convient. La Nature n'a pas mieux gardé ses proportions envers les femmes qu'envers les hommes. Ainsi, chacune peut hardiment juger qu'elle ne sera pas trompée en ce qu'elle attend d'un mari. Nos femmes sont capricieuses, comme les vôtres, ce qui fait que le plus chétif Sauvage peut trouver une femme. »

(La Hontan, *Dialogues avec un Sauvage*,
« Sur la nudité et les mœurs », 1704)

ADARIO

« J'appelle un homme celui qui a un penchant naturel à faire le bien et qui ne songe jamais à faire du mal. Tu vois bien que nous n'avons point de Juges ; pourquoi ? parce que nous n'avons point de querelles ni de procès. Mais pourquoi n'avons-nous pas de procès ? C'est parce que nous ne voulons point recevoir ni connaître l'argent. Pourquoi est-ce que nous ne voulons pas admettre cet argent ? c'est parce que nous ne voulons pas de lois, et que depuis que le monde est monde, nos Pères ont vécu sans cela. Au reste il est faux, comme je l'ai déjà dit, que le mot de Lois signifie parmi vous les choses justes et raisonnables, puisque les riches s'en moquent et qu'il n'y a que les malheureux qui les suivent. Venons donc à ces lois ou choses raisonnables. Il y a cinquante ans que les Gouverneurs de Canada prétendent que nous soyons sous les Lois de leur grand Capitaine. Nous nous contentons de nier notre dépendance de tout autre que du grand Esprit (...).

Nous sommes nés libres et frères unis, aussi grands Maîtres les uns que les autres ; au lieu que vous êtes tous des esclaves d'un seul homme. Si nous ne répondons pas que nous prétendons que tous les Français dépendent de nous, c'est que nous voulons éviter des querelles. Car sur quel droit et sur quelle autorité fondent-ils cette prétention ? Est-ce que nous nous sommes vendus à ce grand Capitaine ? Avons-nous été en France vous chercher ? C'est vous qui êtes venus ici nous trouver. Qui vous a donné tous les pays que vous habitez ? De quel droit les possédez-vous ? Ils appartiennent aux *Algonkins* depuis toujours. Ma foi, mon cher Frère, je te plains dans l'âme. Crois-moi, fais-toi Huron. Car je vois la différence de ma condition à la tienne. Je suis maître de mon corps, je dispose de moi-même, je fais ce que je veux, je suis le premier et le dernier de ma Nation ; je ne crains personne, et ne dépends uniquement que du grand Esprit. Au lieu que ton corps et ta vie dépendent de ton grand Capitaine ; son vice-roi dispose de toi, tu ne fais pas ce que tu veux, tu crains voleurs, faux témoins, assassins, etc. Tu dépends de mille gens que les Emplois ont mis au-dessus de toi. Est-il vrai ou non ? sont-ce des choses improbables et invisibles ? Ha ! mon cher Frère, tu vois bien que j'ai raison ; cependant tu aimes encore mieux être Esclave Français, que libre Huron. Ô le bel homme qu'un Français avec ses belles Lois, qui croyant être bien sage est assurément bien fou ! puisqu'il demeure dans l'esclavage et dans la dépendance, pendant que les Animaux mêmes jouissant de cette adorable liberté ne craignent, comme nous, que des ennemis étrangers. (...)

Ha ! vive les Hurons qui sans Lois, sans prisons, et sans tortures, passent la vie dans la douceur, dans la tranquillité, et jouissent d'un bonheur inconnu aux Français. Nous vivons simplement sous les Lois de l'instinct, et de la conduite innocente que la Nature sage nous a imprimée dès le berceau. Nous sommes tous d'accord, et conformes en volonté, opinions et sentiments. Ainsi, nous passons la vie dans une si parfaite intelligence, qu'on ne voit parmi nous ni procès, ni dispute, ni chicanes. »

(*Ibid.*, « Sur les lois et la justice »)

▶ 1755 : le sauvage virtuel et son champion

Un malentendu tenace fait de Jean-Jacques Rousseau, théoricien de l'état de nature, le meilleur champion du « bon sauvage » : le « citoyen de Genève » aura beau s'en défendre, ses adversaires (Voltaire, en particulier) et ses partisans (les cohortes romantiques de la fin du siècle, plus « rousseauistes » que Rousseau lui-même !) s'entendront pour accréditer cette caricature ; un courant « primitiviste » toujours renouvelé ne cessera de revendiquer sa paternité.

En 1750, Rousseau devient tout à coup célèbre par son *Discours sur les sciences et les arts*. Répondant à une question de l'Académie de Dijon, il a soutenu avec éclat que « les mœurs ont dégénéré chez tous les peuples du monde à mesure que le goût de l'étude et des lettres s'est étendu parmi eux ». Bien qu'en complet porte à faux avec l'optimisme intellectuel du moment, le *Discours* est récompensé ; du jour au lendemain, le lauréat est propulsé sur le devant de la scène intellectuelle et la controverse fait rage : le texte est reçu comme un pamphlet pratiquant l'art consommé du paradoxe.

Cinq ans plus tard, Rousseau répond à une nouvelle question posée par l'Académie de Dijon : « Quelle est la source de l'inégalité parmi les hommes et si elle est autorisée par la loi naturelle ? » (voir le texte dans les Lectures complémentaires). Certes, l'égalité originelle des hommes est un point sur lequel tous s'accordent, y compris les chrétiens, mais c'est l'origine de l'inégalité qui fait problème. Pour les chrétiens, elle résulte du péché originel : Rousseau, lui, n'accuse ni Dieu ni la nature humaine, mais la société. Il construit donc, par hypothèse, une histoire de l'humanité avant l'inégalité, c'est-à-dire essentiellement avant la propriété, et invente l'image d'un « sauvage » purement virtuel.

Pour Rousseau, l'histoire de l'humanité se découpe schématiquement en trois étapes :

- dans l'état de nature, l'homme n'est encore qu'un animal proprement « sauvage » (il vit dans la forêt) et solitaire, une « brute » stupide, dépourvue de langage et de pensée, ignorant les notions de bien et de mal ;
- puis vient l'état sauvage (ou second état de nature), où les hommes, chasseurs ou bergers, assurent seuls leur propre subsistance ; c'est un âge idyllique et éphémère auquel Rousseau consacre l'essentiel de son *Discours* ;
- enfin naît l'état social avec l'agriculture, qui requiert nécessairement propriété privée, police, état, argent : inégalitaire et oppressive, la socialisation fait donc le malheur de l'homme en même temps que sa grandeur, puisqu'elle lui a aussi apporté la conscience.

Cependant, Rousseau ne propose pas de revenir en arrière pour « marcher à quatre pattes » comme l'en accuse Voltaire (lettre à Rousseau, 30 août 1755), car il sait bien que l'Histoire est irréversible. Il n'y pense même pas pour lui-même : « Je sens trop en mon particulier combien peu je puis me passer de vivre avec des hommes aussi corrompus que moi. » La seule solution sera donc le ressourcement complet de l'homme corrompu au sein d'une société rénovée : en 1762, le *Contrat social* et *Émile* en définiront les principes collectifs et individuels (voir dans la fiche n° 2 du Guide Bac).

▶ 1771 : la parole est au Tahitien

Après avoir été américain, le sauvage à la mode est tahitien : le *Voyage autour du monde par la frégate* La Boudeuse *et la flûte* L'Étoile *de M. de Bougainville* ainsi que la curiosité provoquée dans les salons parisiens par Aotourou, l'indigène que l'explorateur a ramené de la « Nouvelle Cythère », relancent le débat sur les mérites comparés de l'état de nature avec la civilisation (voir le texte dans les Lectures complémentaires).

On sait comment le compte rendu que rédige Diderot de ce *Voyage* en 1772 aboutit à la rédaction du *Supplément au voyage de Bougainville*.

Diderot y conjugue le réquisitoire véhément, où il retrouve les accents d'indignation de Montaigne (le discours du vieillard tahitien, chap. II), et l'idylle à la mode pastorale (l'accueil des indigènes et leurs fêtes). Publié en 1798, cet essai « engagé » ne trouvera guère d'échos avant le XXᵉ siècle.

▶ 1774 : la lumière vient des sauvages

Avec son *Histoire philosophique et politique des établissements et du commerce des Européens dans les deux Indes,* l'abbé Raynal entreprend une histoire monumentale des activités des puissances commerçantes et coloniales européennes depuis les premiers voyages de découverte jusqu'à la Révolution américaine. Raynal écrit avec une équipe de collaborateurs, dont Diderot est le plus connu (le texte, paru une première fois en 1772, fut remanié avec la collaboration de Diderot en 1774 et 1780).

Conçue en réponse à la crise politique et économique provoquée par la guerre de Sept Ans, prenant un ton de plus en plus radical à travers ses trois éditions, cette histoire philosophique et politique prêche la fraternité universelle des nations par le commerce, tout en fustigeant les abus du colonialisme et de l'esclavage (Voltaire a consacré à la colonisation brutale du Pérou une tragédie, *Alzire ou les Américains* en 1736, et son disciple Marmontel revient sur le sujet dans *Les Incas* en 1777 : le public y trouva de beaux morceaux de bravoure sur la tolérance).

À la fois ouvrage encyclopédique, consulté par tous ceux qui s'intéressaient au négoce, et machine de guerre idéologique, inspirant penseurs radicaux et révolutionnaires dans leur lutte contre les forces de la réaction, l'*Histoire des deux Indes* fut un des « bestsellers » de l'historiographie européenne, qui reflétait le turbulent optimisme de son temps.

> « Sans doute il est important aux générations futures de ne pas perdre le tableau de la vie et des mœurs des sauvages. C'est

peut-être à cette connaissance que nous devons tous les progrès que la philosophie morale a faits parmi nous. Jusqu'ici les moralistes avaient cherché l'origine et les fondements de la société dans les sociétés qu'ils avaient sous leurs yeux. Supposant à l'homme des crimes pour lui donner des expiateurs, le jetant dans l'aveuglement pour devenir ses guides et ses maîtres, ils appelaient mystérieux, surnaturel et céleste ce qui n'est que l'ouvrage du temps, de l'ignorance, de la faiblesse ou de la fourberie. Mais, depuis qu'on a vu que les institutions sociales ne dérivaient ni des besoins de la nature ni des dogmes de la religion, puisque des peuples innombrables vivaient indépendants et sans culte, on a découvert les vices de la morale et de la législation dans l'établissement des sociétés. On a senti que ces maux originels venaient des fondateurs et des législateurs, qui, la plupart, avaient créé la police pour leur utilité propre, ou dont les sages vues de justice et de bien public avaient été perverties par l'ambition de leurs successeurs, et par l'altération des temps et des mœurs. Cette découverte a déjà répandu de grandes lumières, mais elle n'est encore pour l'humanité que l'aurore d'un beau jour. Trop contraire aux préjugés établis pour avoir pu si tôt produire de grands biens, elle en fera jouir, sans doute, les races futures ; et, pour la génération présente, cette perspective riante doit être une consolation. Quoi qu'il en soit, nous pouvons dire que c'est l'ignorance des sauvages qui a éclairé, en quelque sorte, les peuples policés. »

(*Histoires des deux Indes*, livre XV, chap. IV,
« Gouvernement, habitudes, vertus, vices,
guerres des sauvages qui habitent le Canada »)

« L'homme naît avec un germe de vertu, quoiqu'il ne naisse pas vertueux. Il ne parvient à cet état sublime qu'après s'être étudié lui-même, qu'après avoir connu ses devoirs, qu'après avoir contracté l'habitude de les remplir. La science qui conduit à ce haut degré de perfection s'appelle morale. C'est la règle des actions, et si l'on peut s'exprimer ainsi, l'art de la vertu. On doit des encouragements, on doit des éloges à tous les travaux entrepris pour écarter les maux qui nous assiègent, pour augmenter la masse de nos jouissances, pour embellir le songe de notre vie, pour élever, pour perfectionner, pour illustrer notre espèce. Bénis, et bénis soient à jamais ceux dont les veilles ou le génie ont procuré au genre humain quelqu'un de ces avantages. Mais la première couronne sera pour le sage dont les écrits touchants et lumineux auront eu un but plus noble, celui de nous rendre meilleurs. (...)

Nous vivons sous trois codes, le code naturel, le code civil, le code religieux. Il est évident que tant que ces trois sortes de législations seront contradictoires entre elles, il est impossible qu'on soit vertueux. Il faudra tantôt fouler aux pieds la nature pour obéir aux institutions sociales, et les institutions sociales pour se conformer aux préceptes de la religion. Qu'en arrivera-t-il ? C'est qu'alternativement infracteurs de ces différentes autorités nous n'en respecterons aucune, et que nous ne serons ni hommes, ni citoyens, ni pieux. »

(Ibid., t. 4, livre XIX, chap. XIX)

« L'Europe doit au Nouveau Monde quelques commodités, quelques voluptés. Mais, avant d'avoir obtenu ces jouissances, étions-nous moins sains, moins robustes, moins intelligents, moins heureux ? Ces frivoles avantages, si cruellement obtenus, si inégalement partagés, si opiniâtrement disputés, valent-ils une goutte du sang qu'on a versé et qu'on versera ? Sont-ils à comparer à la vie d'un seul homme ? Combien n'en a-t-on pas sacrifié, n'en sacrifie-t-on pas, n'en sacrifiera-t-on pas dans la suite, pour fournir à des besoins chimériques dont ni l'autorité ni la raison ne nous délivreront jamais ? (...)

Puissent des écrivains plus favorisés de la nature achever par leurs chefs-d'œuvre ce que mes essais ont commencé ! Puisse, sous les auspices de la philosophie, s'étendre un jour d'un bout du monde à l'autre cette chaîne d'union et de bienfaisance qui doit rapprocher toutes les nations policées ! Puissent-elles ne plus porter aux nations sauvages l'exemple des vices et de l'oppression ! Je ne me flatte pas qu'à l'époque de cette heureuse révolution mon nom vive encore. Ce faible ouvrage qui n'aura que le mérite d'en avoir produit de meilleurs sera sans doute oublié. Mais au moins je pourrai me dire que j'ai contribué, autant qu'il a été en moi, au bonheur de mes semblables, et préparé peut-être de loin l'amélioration de leur sort. Cette douce pensée me tiendra lieu de gloire. Elle sera le charme de ma vieillesse, et la consolation de mes derniers instants. »

(Ibid., t. 4, livre XIX, chap. XV)

La fin du XVIIIe siècle est « l'âge d'or » du mythe du bon sauvage : poètes et philosophes, mais aussi peintres et graveurs enjolivent le paradis exotique.

Pourtant, à mesure qu'on s'efforce de connaître les sociétés sauvages, on mesure qu'au contact des Blancs elles sont toutes en train de dégénérer, voire de disparaître. L'alcoolisme et les maladies vénériennes (la syphilis) se répandent chez les Indiens (voir le témoignage de Bougainville), tandis que les Noirs sont anéantis par l'esclavage.

► 1801 : la poésie du Nouveau Monde

À vingt-trois ans, Chateaubriand a visité l'Amérique du Nord. Parti pour écrire « l'épopée de l'homme de la nature », il a tempéré son enthousiasme en observant les mœurs sauvages. En 1801, il publie *Atala* : tout en s'inscrivant dans la mode rousseauiste d'une exaltation de la nature, Chateaubriand s'en distingue à la fois par son objectif et par l'évolution de l'homme sauvage.

D'une part, le roman se fait fable édifiante pour affirmer les « beautés de la religion chrétienne » (ce sera le sous-titre du *Génie du christianisme* en 1802) à travers le sacrifice de son héroïne ; d'autre part, les relations entre sauvages et civilisés y sont ambiguës : si l'Indien Chactas subit la loi des colons blancs, il est initié à la vertu par un « saint ermite », le père Aubry, et finalement converti. Ainsi la religion des « Blancs » atténue ce qu'a pu avoir de violent le processus de « civilisation » des « bons sauvages » (la tribu des Natchez de Louisiane a été exterminée par les Français en 1727).

« Au reste, je ne suis point comme M. Rousseau, un enthousiaste des Sauvages ; et quoique j'aie peut-être autant à me plaindre de la société, que ce philosophe avait à s'en louer, je ne crois point que la *pure nature* soit la plus belle chose du monde. Je l'ai toujours trouvée fort laide, partout où j'ai eu l'occasion de la voir. Bien loin d'être d'opinion que l'homme qui pense soit un *animal dépravé,* je crois que c'est la pensée qui fait l'homme. Avec ce mot de *nature,* on a tout perdu. (...) Peignons la nature, mais la belle nature : l'art ne doit pas s'occuper de l'imitation des monstres. (...) Après tout, si l'on examine ce que j'ai fait entrer dans un si petit cadre, si l'on considère qu'il n'y a pas une circonstance intéressante des mœurs des Sauvages, que je n'aie touchée, pas un bel effet de la nature, pas un beau site de la Nouvelle-France que je n'aie décrit ; si l'on observe que j'ai placé auprès du peuple chasseur un tableau complet du peuple agricole, pour montrer les avantages de la vie sociale sur la vie sauvage ; si l'on fait attention aux difficultés que j'ai dû trouver à soutenir l'intérêt dramatique entre deux seuls personnages, pendant toute une longue peinture de mœurs et de nombreuses descriptions de paysages (...), ces considérations me mériteront peut-être quelque indulgence de la part du lecteur » (*Atala*, Préface de la 1re édition, Pocket Classiques n° 6191).

L'évocation poétique des déserts du Nouveau Monde jointe à celle des tourments de la passion devait avoir un retentissement considérable sur la sensibilité de la première génération romantique, mais le XIXe siècle abandonne le mythe du bon sauvage. L'Europe industrielle et coloniale comme les nouveaux utopistes pensent en termes de progrès. L'avenir radieux est devant l'homme, pas derrière lui (voir la fin du dossier III, « Utopia in fabula »). La bonne conscience civilisatrice du siècle, incarnée par Jules Ferry, ne connaît guère ni le doute ni le remords.

▶ 1955 : vers « la pensée sauvage »

Au milieu du XXᵉ siècle, la réflexion sur l'inexorable retour de la « barbarie » humaine (les guerres mondiales, l'holocauste, la décolonisation) et les nouveaux schémas de pensée structurale réactualisent la question du regard sur l'Autre : l'anthropologie et l'ethnologie sont devenues des sciences.

Fondateur de l'école structuraliste en anthropologie, Lévi-Strauss a écrit de nombreux ouvrages sur différentes ethnies amérindiennes, du Brésil et du Canada notamment. À la fois essai sur l'ethnologie (dont Lévi-Strauss attribue l'invention à Rousseau dans un texte fameux intitulé « J.-J. Rousseau, fondateur des sciences de l'homme ») et récit de missions au Brésil dans les années 1930, *Tristes Tropiques* (1955) dénonce la poursuite du génocide contre les Indiens d'Amazonie.

Lévi-Strauss étudie particulièrement la structure des mythes : c'est l'analyse du phénomène totémique qui le conduit, en 1962, à employer l'expression devenue célèbre de « pensée sauvage ». Il l'utilise pour décrire le fonctionnement de la pensée à l'état brut, « naturel », « sauvage » en quelque sorte, telle qu'on peut l'observer même dans les sociétés où se développe une pensée scientifique, et non pour qualifier celle des peuples dits sauvages. Cette pensée est « rationnelle » : ses visées explicatives ont une portée scientifique. En effet, la pensée sauvage « codifie, c'est-à-dire classe rigoureusement en s'appuyant sur les oppositions et les contrastes, l'univers physique, la nature vivante et l'homme même tel qu'il s'exprime dans ses croyances et ses institutions. [Elle] trouve son principe dans une science du concret, une logique des qualités sensibles telle qu'on la retrouve dans certaines activités comme le bricolage ».

On pourra voir dans les extraits suivants comment Lévi-Strauss prend le parti de Rousseau contre Diderot.

> « Aucune société n'est parfaite. Toutes comportent par nature une impureté incompatible avec les normes qu'elles proclament, et qui se traduit concrètement par une certaine dose d'injustice, d'insensibilité, de cruauté. Comment évaluer cette dose ? L'enquête ethnographique y parvient. (...)
>
> Aboutirions-nous donc au procès de tout état social quel qu'il soit ? à la glorification d'un état naturel auquel l'ordre social n'aurait apporté que la corruption ? « Méfiez-vous de celui qui

vient mettre de l'ordre », disait Diderot dont c'était la position. Pour lui, « l'histoire abrégée » de l'humanité se résumait de la façon suivante : « Il existait un homme naturel ; on a introduit au-dedans de cet homme un homme artificiel ; et il s'est élevé dans la caverne une guerre continuelle qui dure toute la vie. » Cette conception est absurde. Qui dit homme dit langage, et qui dit langage dit société. Les Polynésiens de Bougainville (en « supplément au voyage » duquel Diderot propose cette théorie) ne vivaient pas en société moins que nous. À prétendre autre chose, on marche à l'encontre de l'analyse ethnographique, et non dans le sens qu'elle nous incite à explorer.

En agitant ces problèmes, je me convaincs qu'ils n'admettent pas de réponse, sinon celle que Rousseau leur a donnée : Rousseau, tant décrié, plus mal connu qu'il ne le fut jamais, en butte à l'accusation ridicule qui lui attribue une glorification de l'état de nature – où l'on peut voir l'erreur de Diderot mais non pas la sienne –, car il a dit exactement le contraire et reste seul à montrer comment sortir des contradictions où nous errons à la traîne de ses adversaires ; Rousseau, le plus ethnographe des philosophes : s'il n'a jamais voyagé dans des terres lointaines, sa documentation était aussi complète qu'il était possible à un homme de son temps, et il la vivifiait – à la différence de Voltaire – par une curiosité pleine de sympathie pour les mœurs paysannes et la pensée populaire ; Rousseau, notre maître, Rousseau, notre frère, envers qui nous avons montré tant d'ingratitude, mais à qui chaque page de ce livre aurait pu être dédiée si l'hommage n'eût pas été indigne de sa grande mémoire. Car, de la contradiction inhérente à la position de l'ethnographe, nous ne sortirons jamais qu'en répétant pour notre compte la démarche qui l'a fait passer, des ruines laissées par le *Discours sur l'origine de l'inégalité*, à l'ample construction du *Contrat social* dont l'*Émile* révèle le secret. À lui, nous devons de savoir comment, après avoir anéanti tous les ordres, on peut encore découvrir les principes qui permettent d'en édifier un nouveau.

Jamais Rousseau n'a commis l'erreur de Diderot qui consiste à idéaliser l'homme naturel. Il ne risque pas de mêler l'état de nature et l'état de société ; il sait que ce dernier est inhérent à l'homme, mais il entraîne des maux : la seule question est de savoir si ces maux sont eux-mêmes inhérents à l'état. Derrière les abus et les crimes, on recherchera donc la base inébranlable de la société humaine.

(...)

L'étude de ces sauvages apporte autre chose que la révélation d'un état de nature utopique, ou la découverte de la société parfaite au cœur des forêts ; elle nous aide à bâtir un modèle théorique de la société humaine, qui ne correspond à aucune réalité

observable, mais à l'aide duquel nous parviendrons à démêler
« ce qu'il y a d'originaire et d'artificiel dans la nature actuelle
de l'homme et à bien connaître un état qui n'existe plus, qui
peut-être n'a point existé, qui probablement n'existera jamais, et
dont il est pourtant nécessaire d'avoir des notions justes pour
bien juger de notre état présent ». J'ai déjà cité cette formule pour
dégager le sens de mon enquête chez les Nambikwara ; car la
pensée de Rousseau, toujours en avance sur son temps, ne dis-
socie pas la sociologie théorique de l'enquête au laboratoire ou
sur le terrain, dont il a compris le besoin. L'homme naturel n'est
ni antérieur, ni extérieur à la société. Il nous appartient de retrouver sa forme, immanente à l'état social hors duquel la condition
humaine est inconcevable ; donc, de tracer le programme des
expériences qui « seraient nécessaires pour parvenir à connaître
l'homme naturel » et de déterminer « les moyens de faire ces
expériences au sein de la société ».

Mais ce modèle – c'est la solution de Rousseau – est éternel
et universel. Les autres sociétés ne sont peut-être pas meilleures
que la nôtre ; même si nous sommes enclins à le croire, nous
n'avons à notre disposition aucune méthode pour le prouver. À
les mieux connaître, nous gagnons pourtant un moyen de nous
détacher de la nôtre, non point que celle-ci soit absolument ou
seule mauvaise, mais parce que c'est la seule dont nous devions
nous affranchir : nous le sommes par état des autres. Nous nous
mettons ainsi en mesure d'aborder la deuxième étape qui consiste,
sans rien retenir d'aucune société, à les utiliser toutes pour dégager ces principes de la vie sociale qu'il nous sera possible d'appliquer à la réforme de nos propres mœurs, et non de celles des
sociétés étrangères : en raison d'un privilège inverse du précédent, c'est la société seule à laquelle nous appartenons que nous
sommes en position de transformer sans risquer de la détruire ;
car ces changements viennent aussi d'elle, que nous y introdui-
sons.

En plaçant hors du temps et de l'espace le modèle dont nous
nous inspirons, nous courons certainement un risque, qui est de
sous-évaluer la réalité du progrès. Notre position revient à dire
que les hommes ont toujours et partout entrepris la même tâche
en s'assignant le même objet, et qu'au cours de leur devenir les
moyens seuls ont différé. J'avoue que cette attitude ne m'inquiète
pas ; elle semble la mieux conforme aux faits, tels que nous les
révèlent l'histoire et l'ethnographie ; et surtout elle me paraît plus
féconde. Les zélateurs du progrès s'exposent à méconnaître, par
le peu de cas qu'ils en font, les immenses richesses accumulées
par l'humanité de part et d'autre de l'étroit sillon sur lequel ils
gardent les yeux fixés ; en sous-estimant l'importance d'efforts
passés, ils déprécient tous ceux qu'il nous reste à accomplir. Si

les hommes ne se sont jamais attaqués qu'à une besogne, qui est de faire une société vivable, les forces qui ont animé nos lointains ancêtres sont aussi présentes en nous. Rien n'est joué ; nous pouvons tout reprendre. Ce qui fut fait et manqué peut être refait : « L'âge d'or qu'une aveugle superstition avait placé derrière [ou devant] nous, est *en nous*. » La fraternité humaine acquiert un sens concret en nous présentant, dans la plus pauvre tribu, notre image confirmée et une expérience dont, jointe à tant d'autres, nous pouvons assimiler les leçons. Nous retrouverons même à celles-ci une fraîcheur ancienne. Car, sachant que depuis des millénaires l'homme n'est parvenu qu'à se répéter, nous accéderons à cette noblesse de la pensée qui consiste, par-delà toutes les redites, à donner pour point de départ à nos réflexions la grandeur indéfinissable des commencements. Puisque être homme signifie, pour chacun de nous, appartenir à une classe, à une société, à un pays, à un continent et à une civilisation ; et que pour nous, Européens et terriens, l'aventure au cœur du *Nouveau Monde* signifie d'abord qu'il ne fut pas le nôtre, et que nous portons le crime de sa destruction ; et ensuite, qu'il n'y en aura plus d'autre : ramenés à nous-mêmes par cette confrontation, sachons au moins l'exprimer dans ses termes premiers – en un lieu, et nous rapportant à un temps où notre monde a perdu la chance qui lui était offerte de choisir entre ses missions. »

(*Tristes Tropiques*, 1955, fin de l'ouvrage,
Pocket, Terres humaines, n° 3009)

V - LA DÉCOUVERTE ET L'EXPLORATION DE TAHITI

Dans la « logique » des géographes de l'Antiquité, un vaste continent du Sud devait nécessairement faire contrepoids aux terres du Nord : ils inventent ainsi un espace proprement virtuel et fabuleux où pourrait bien se trouver le paradis mythique. En 1531, Oronce Fini dresse une mappemonde où il dessine le plus précisément possible les contours imaginaires de la *Terra Australis recenter inventa sed nondum plene cognita* (« Terre australe récemment découverte mais non encore pleinement connue »).

En 1749, Buffon peut encore écrire : « Ce qui nous reste à connaître du côté du pôle austral est si considérable qu'on peut sans se tromper l'évaluer à plus d'un quart de la superficie du globe, en sorte qu'il peut y avoir dans ces climats un continent terrestre aussi grand que l'Europe, l'Asie et l'Afrique prises toutes trois ensemble » (*Histoire naturelle*, 1er volume paru en 1749).

Ce sont les voyages de Cook qui mettent fin au mythe en donnant à voir un océan immense et « vide » de terre continue, mais parsemé d'îles de toutes tailles.

► **Repères chronologiques**

Ve siècle	Premières migrations de Polynésiens à Tahiti, principalement à partir des îles Marquises et de la Société. (Malgré certaines tentatives de démontrer que les Polynésiens seraient venus du continent américain, la théorie la plus fondée aujourd'hui est celle d'une origine asiatique remontant à plus de 6 000 ans).
1520-1521	Fernand de Magellan, un navigateur portugais aux commandes de cinq vaisseaux espagnols, traverse le premier cet océan qui devait contenir la « *terra australis incognita* » et qu'il baptise « Pacifique ». Il y accède par le détroit qui porte aujourd'hui son nom. Après un périple de 110 jours, un seul des bateaux et seulement 30 des 200 marins revoient l'Espagne. Durant ce voyage, ils n'aperçoivent que les îles Mariannes, en plus des Philippines, qui deviendront plus tard une colonie. L'itinéraire de Magellan a démontré aux gens de son époque la sphéricité de la terre.
1567 1595	L'Espagnol Mendaña de Neira effectue un premier voyage dans le Pacifique : il aperçoit les îles Salomon, sans toutefois pouvoir les localiser sur la carte. Durant son second voyage, Mendaña, accompagné par le navire de Fernand de Quiros, découvre le groupe sud des îles qu'il appelle Marquises, du nom de son épouse. Le navire de Mendaña disparaît quelque part en Micronésie.
1605/1606	Fernand de Quiros repart avec deux vaisseaux : il traverse l'archipel des Tuamotou et aborde sans doute à Tahiti, qu'il appelle « Sagittaria ».
1767	L'Anglais Samuel Wallis découvre Tahiti.
1768	Le Français Bougainville prend possession de Tahiti au nom du roi de France et la baptise « Nouvelle Cythère ».

1769	Le capitaine anglais James Cook débarque le 13 avril 1769 dans la baie de Matavai à Tahiti (il y restera trois mois). Quand il demande aux indigènes le nom de leur terre, ceux-ci lui répondent : *O Taïti* (« c'est Taïti ») ; il baptise donc l'île Tahiti et donne au groupe entier le nom d'« îles de la Société », en l'honneur de la Société royale de Londres (Cook visite trois fois Tahiti de 1769 à 1777, ainsi que les îles Sous-le-Vent et les Marquises).
1842	Tahiti passe sous protectorat français.

Après la signature de la paix avec l'Angleterre en 1763, l'orgueil national français, blessé par la perte du Canada et de la Louisiane, est stimulé par la rivalité avec les Anglais : les deux pays envoient alors vers les coins les plus reculés du globe une série de navigateurs intrépides qui n'auront de cesse, tout en servant leurs nations respectives, d'étendre les connaissances scientifiques générales.

• 1766-1769 : Wallis et Carteret

Partis ensemble en 1766, les Anglais Wallis et Carteret se perdent de vue lors d'une tempête à la sortie du détroit de Magellan.

Samuel Wallis débarque le premier sur l'île que les indigènes appellent Tahiti. Son récit de voyage, paru après celui de ses successeurs Bougainville et Cook, n'attire guère l'intérêt, et l'apport scientifique de l'expédition demeure limité.

De son côté, Carteret explore principalement les parties équatoriales du Grand Océan, atterrit sur l'île Pitcairn et longe une partie des côtes de la Nouvelle-Hollande (actuelle Australie).

• 1766-1769 : Bougainville

En même temps que les voyages de découverte des Anglais, le Français Louis-Antoine de Bougainville, « honnête homme » du siècle des Lumières par excellence, c'est-à-dire mondain et curieux de tout, part pour une expédition officielle dans le Pacifique, après le déménagement de la colonie française des Malouines. Traversant le Grand Océan à bord de ses deux corvettes *La Boudeuse* et *L'Étoile*, Bougainville aborde Tahiti huit mois après son prédécesseur. L'expédition ne restera que neuf jours sur le sol tahitien, entre le 2 (date à laquelle l'équipage aperçoit les premières terres) et le 16 avril 1768 (départ des deux frégates).

Si l'intérêt proprement scientifique du voyage de Bougainville peut paraître limité, il n'en demeure pas moins qu'on lui doit deux apports majeurs :

– du côté scientifique, Bougainville est le premier navigateur à observer systématiquement les longitudes en mer, ce qui a pour conséquence de corriger la carte du « Grand Océan » en lui conférant ses justes dimensions ;

– du côté littéraire et philosophique, le récit de voyage du commandant de bord (voir son texte dans les Lectures complémentaires), augmenté de celui de Commerçon, botaniste et naturaliste du Roi embarqué dans l'expédition (voir Lectures croisées, dans Au fil du texte), crée la légende de Tahiti.

Même si Bougainville modifie par la suite l'image enchanteresse qu'il présente de l'île, un accueil chaleureux est fait à Paris au souriant prince tahitien Aotourou, dont le mode de vie idéalisé correspond si exactement au mythe du « bon sauvage » (voir le dossier « Le bon sauvage : de la réalité au mythe »).

• 1768-1779 : Cook

L'Anglais James Cook est sans conteste l'autorité des mers du Sud. En trois voyages (1768-1771 sur l'*Endeavour* ; 1772-1775 sur la *Resolution* et l'*Adventure* ; 1776-1779 sur la *Discovery* et la *Resolution*), Cook résout les deux grands mystères du Pacifique :

– grâce à des navigations poussées loin dans le Sud, Cook démontre qu'il ne peut y avoir de continent à coloniser (le mythique continent austral) sous les latitudes antarctiques ;

– en sillonnant l'Océan dans tous les sens, Cook est le véritable découvreur de la Polynésie, dont il est le premier à reconnaître l'unité ethnique.

Sa reconnaissance des îles Hawaï lui est fatale : il est tué lors d'une attaque d'indigènes sur une plage de l'archipel, le 14 février 1779.

Les trois voyages d'exploration de Cook tirent un trait sur la période précoloniale de cette région du monde : les missions religieuses anglaises suivent rapidement l'explorateur et les rapports économiques qui s'instaurent entre l'archipel et la colonie de Botany Bay en Australie ne manquent pas d'activer la décomposition des anciennes structures de la société polynésienne.

Imprimé en France par

BUSSIÈRE

à Saint-Amand-Montrond (Cher)
en août 2012

POCKET – 12, avenue d'Italie – 75627 Paris Cedex 13

N° d'impression : 122050
Dépôt légal : octobre 2002
Suite du premier tirage : août 2012
S12907/10